高等职业院校创新创业教育新形态教材

创新思维与创业

李建萍　张发群　编著

中国铁道出版社有限公司
CHINA RAILWAY PUBLISHING HOUSE CO., LTD.

内 容 简 介

本书是利用形式逻辑的方法指导创新思维的应用，重点讲述创新思维方法以及运用这些方法进行物流领域方面的创新，包括分解思维、概念联想思维、逆向思维、信息的变形与重组思维以及其他思维方法，旨在帮助读者了解和运用创新思维方法化解创业过程中的问题。

本书精选了多个创业案例，并以此为载体，一方面分析讲解创新思维方法在创新创业中的具体应用；另一方面，从创业者解决问题的方法中，归纳整理出与本书所列的创新思维方法相互印证的思维规律。

本书适合作为高等职业院校各专业（尤其是物流管理专业）创新思维和创业课程的教材。

图书在版编目（CIP）数据

创新思维与创业/李建萍，张发群编著. —北京：中国铁道出版社有限公司，2023.4

高等职业院校创新创业教育新形态教材

ISBN 978-7-113-29903-3

Ⅰ.①创… Ⅱ.①李… ②张… Ⅲ.①创业-高等职业教育-教材 Ⅳ.①F241.4

中国国家版本馆 CIP 数据核字(2023)第 000829 号

书　　名：创新思维与创业
作　　者：李建萍　张发群

策　　划：潘星泉　　　　**编辑部电话：**（010）51873090
责任编辑：潘星泉　许　璐
封面设计：刘　颖
责任校对：苗　丹
责任印制：樊启鹏

出版发行：中国铁道出版社有限公司（100054，北京市西城区右安门西街 8 号）
网　　址：http://www.tdpress.com/51eds/
印　　刷：天津嘉恒印务有限公司
版　　次：2023 年 4 月第 1 版　2023 年 4 月第 1 次印刷
开　　本：787 mm×1 092 mm　1/16　**印张：**13　**字数：**301 千
书　　号：ISBN 978-7-113-29903-3
定　　价：40.00 元

前　言

在中国共产党第二十次全国代表大会召开后，在深入学习贯彻二十大提出的六项“坚持”之一——“坚持守正创新”之际，学习创新思维方法，进行创新创业的实践，就有着更加重要的意义！

本书设计理念坚持“理论指导实践，突出实践教学”的宗旨，以任务为驱动，以“问题意识”培养为重点，以物流领域的创新创业案例为特色，体现“教、学、做”一体的教学思路。同时，巧妙地把素质培养案例引入创新思维方法的相关分析中，使读者在学习过程中体会到创新思维的现实作用和意义，并得到一定的启发。本书的目标是培养和发展读者的思维技能，使读者能够把这种技能迁移应用于学习、生活和工作等多个方面。

本书包括两部分共九个模块的内容。第一部分从模块一到模块六，讲述创新的思维方法、思维品质与度量，以及这些方法如何应用于读者思维的开发；第二部分从模块七至模块九，讲述创新思维在物流领域的创新与创业中的运用。本书案例丰富，其中引用素质培养案例、物流领域案例以及古今中外的创新创业案例达50多个，既形象生动又不乏思想性，促进读者对创新思维方法的学习和实践。

本书的创新点包括：

(1) 应用形式逻辑的方法讲解创新思维的方法；(2) 在创新创业的问题意识中，增加了对所提“问题”的质量的评价标准；(3) 把创新思维和创业教育与物流领域的创新与创业相结合，解决了通用的创新思维与创业的教学缺乏针对性的问题，使创新思维方法应用的场景具体化，并通过这个抓手或落脚点，引导读者在创新创业实施过程中贯穿创新思维，遇到问题灵活应变和应对，并做到举一反三，能把这些创新思维方法应用于其他领域的创新创业中。同时也为其他行业、专业领域的人士在创新创业教学教育的探索上提供了借鉴。

本书模块一、二、三、七由张发群编写，模块四、五、六、八、九由广州铁路职业技术学院李建萍编写。张发群是广州铁路职业技术学院企业兼职教师，曾任多家企业高管，也担任过广东佛山顺德华强本邦电器有限公司高级咨询顾问。深圳市数字物流有限公司刘远民总经理有17年物流创业经历，提供了公司商业计划书案例和行业企业案例，并对本书的编写提出了宝贵意见。在此表示衷心的感谢！

由于编写时间仓促，加之编者水平有限，书中不足之处在所难免，欢迎读者批评指正。

编　者

2022年12月

目　录

模块一　认识创新思维与创业

学习目标

1. 认识提高创新能力的关键不是学习创新技巧，而是培养创新素质。
2. 认识思维和创新思维的区别，理解创新思维的本质。
3. 认识创新与创业的关系，理解创业离不开创新。

重点与难点

1. 掌握思维品质的度量方法。
2. 深刻理解创业必须创新的缘由。
3. 对创新素养的认识以及在实践中的锻炼。

任务 1.1　了解创新与创新素养

“创新”一词目前已成为媒体曝光率最高的词汇之一，再谈创新思维的意义似乎是画蛇添足了。但必须指出，除了如很多人认为的“创新”多是和技术人员、工程师和科学家等的工作密切相关之外，创新实际上和每个人的日常生活、学习和工作有着紧密联系。只要我们希望自己在生活、学习和工作的每个方面都做得更为出色一些，就不可以因循守旧、日复一日地重复着往常习惯、延续着旧方法，就有必要用“创新思维”方法来对待这一切。就这个意义上说，创新思维是使我们每个人都变得更为“聪明”的思维方法。对于有意向创业的人，更有必要学习创新的有关知识。

1.1.1　何为“创新”？

狭义的创新是指为整个社会和人类文明带来变革的新因素的产出，即通常所说的创造、发明与革新。广义的创新除了以上所述，还包括对于提升自我生命质量的一切新想法、新发现和新行为。

“创新”的概念，最早是由美籍奥地利经济学家约瑟夫·熊彼特在 1912 年发表的《经济发展理论》中首先提出，他把创新概括为五个方面：(1)生产一种新产品；(2)采用一种新技术(生产方法、工艺流程)；(3)开辟新市场；(4)开拓并利用原材料或半成品的新的供应来源；(5)采用新的生产组织形式或管理方式。显然，这是从经济学角度对创新的定义，有很大局限性。

此后，很多学者把这个概念进一步拓展至科学技术领域和其他更广泛的领域。例如西蒙·库兹涅茨把创新看作“为达到一个有用的目的而采用的一种新方法”。德鲁克认为“创新不是一种技术用语，而是一种经济用语或社会用语，……创新所创造出来的，是新财富或行动潜力……”①，包括“创造性的模仿”②等，使创新的概念有了更广泛的意义，它突出的是“与众不同”。创新的产出可以是一种新观念、新思想、新构想、新思维方法、新解题技巧等，或是一种新产品。不同水平层次的实践，就有不同水平层次的创新。创作一件小工艺品，产生一个小发明，是小创新；而创造出能改变人们生产、生活、学习方式的新产品、新技术、新理论，就是高水平创新。

关于“创新”及其在人类社会发展中的作用，马克思早就做过许多论述，指出：创新的产物不一定是全新的东西，也不一定是物品，旧事物的改造、精神产品的形成也属于创新。

【例 1】 SpaceX 实现首次商业载人航天发射，商业航天翻开新篇章③

北京时间 2020 年 5 月 31 日凌晨 3 时 22 分，SpaceX 最新的载人“龙”飞船通过猎鹰 9 号火箭，在美国肯尼迪航天中心 39A 发射台成功发射。这是全球首次商业载人轨道发射，即首次由一家私营企业提供飞船和火箭发射服务，独立执行载人轨道飞行任务，充分验证了商业航天公司承担重大国家任务的合作模式，意味着太空商业化发展里程碑的到来，对各国商业航天的发展和政策制定都有示范性效应，极大激发商业航天市场的发展活力。

近年来，创新技术的应用和创新商业模式的发展让国际商业航天市场不断出现新的增长点。载人航天与深空探测是航天业技术水平要求最高的领域，商业公司进入载人航天领域充分证明了商业航天公司的技术水平能够承担最高难度的航天任务。SpaceX 发展了运载火箭可重复使用技术，使发射成本显著降低，引领了各国新一代火箭的研发。据统计，2018 年全球航天经济总量已突破 4 000 亿美元，其中商业航天收入达 3 300 亿美元左右。到 2028 年，卫星制造和发射市场将发生根本转变：制造和发射的卫星数量将增加四倍，平均每年发射的卫星将从 230 颗增加到 990 颗；未来 10 年，卫星市场规模将达到 2 920 亿美元，比前 10 年的 2 280 亿美元增长 28%（不含低轨卫星星座）。著名行业资讯公司 Bryce Space and Technology 统计显示，2019 年全世界初创商业航天公司的投资总额达到 57 亿美元，超过了 2018 年的 35 亿美元。

【分析】 这是一个高水平创新案例。但这并不是全新的事物，在这之前，载人太空航天飞行已经有过多次了。SpaceX 公司实现首次商业载人航天发射，是在仅适用于科研领域的载人宇宙飞船的基础上的创新——开启了商业航天载人的新时代。从而也吸引了资本在全世界初创商业航天公司的投资。

【思考】 请找一个最近发生的企业创新的案例，并分析其中的创新之处。

1.1.2 创新素养

创新的主体是“人”，创新是创新者的行为过程和结果。讲到创新，就不能忽略创新者的因素。

---

① 德鲁克. 管理、使命、责任、实务（责任篇）[M]. 王永贵，译. 北京：机械工业出版社，2006.

② 德鲁克. 创新与企业家精神[M]. 蔡文燕，译. 北京：机械工业出版社，2007.

③ 资料来源：中国证券报·中证网。

最新研究指出，创新教育与培养不应仅限于创新思维方法和技术一个方面，更重要的是对创新者“创新素养”的全方位培养。“一个人的创新能力，即创新素养，不仅体现在思维能力和智力水平上，一个人的完整的创新素养应包括创新人格、创新思维和创新实践三个方面。创新人格表现在好奇、开放、挑战等多个方面；创新思维主要表现为发散思维、辐合思维（也称求同思维）和组合思维；创新实践则体现在对目标或问题的识别、信息或资源的搜索、付诸行动形成方案及作品。”①其中“创新人格”是其他两个方面的基础，也是最主要的方面。

固然，创新人格的形成与先天因素——遗传基因和家庭影响关系很大，但后天主要因素——学校的教育和培养同样可以起到举足轻重的作用。“问题意识”的培养对创新者和创业者的人格素养的形成有十分重要的意义。例如，好奇心重的人往往表现在对很多事物都爱问一个“为什么”，而在试图回答自己提出的问题过程中，又会碰到更多更广泛的问题，这又进一步拓宽了他们的好奇心，并由此进一步加深了对事物的认识和理解。

众所周知，人格的形成主要不是由学习书本知识形成的，更多是源于多方面影响，包括接受长期的无目的或有目的训导。就教育而言，仅对书本知识内容改革是远远不够的，更重要的是贯彻全程的开放式教学方法，学习者在接受周而复始的自由辩论和讨论、提出问题和质疑等训练中得以成长。

因此，本书的内容虽然是关于创新思维方法和创业，但必须用全新的方法来教学。即尝试全程用“问题意识”引领知识学习的教学方法，用经常性的鼓励、引导启发学习者自己发现问题和提出问题，来培养“好奇、开放、挑战”等为主要特征的创新人格；用组织学习者自己深入探讨问题、构思问题的解决办法，进而形成解决方案，并辅助开展课外活动和社会实践，来培养学习者的创新实践能力。同时，改变以往学习成绩的评定方法，即不再以学习者对教师给出的特定问题的答案是否符合书本知识为依据来评定学习者的学习成绩，而是依据学习者所提问题的多寡、问题的质量以及针对问题而提出的解决方案的质量，来评定学习成绩。

任务 1.2　认识思维和创新思维

什么是思维？思维的本质是什么？创新思维和思维又是什么关系？我们要深入地学习创新思维，就更有必要弄清楚它们。

1.2.1　思维的本质与分类

1. 思维的本质

思维作为科学的研究对象，现在一般归入认知心理学，形成心理学中的一个分支，也称为认知科学。

在钱学森的倡导下，从 20 世纪 80 年代开始我国创立了思维科学。思维科学和认知心理学不同，认知心理学把认知的全过程都作为研究对象，“认知科学是从获取信息开始的，信息的传输、存储、加工、输出等都是它的研究对象。思维科学只研究对所获得的信息如何加工，而不

---

① 甘秋玲，白新文，刘坚，等. 创新素养：21 世纪核心素养 5C 模型之三[J]. 华东师范大学学报（教育科学版），2020，38(2)：57-70.

去研究信息的获取、传输、存储等”。①

不同学派对思维有不同的理解和解释，但也形成了基本统一的认识，形成了一致的思维观——“建构操作论的思维观”(简称“建构论”)，即“通过建构，构造成某种新的成果……建构了相对于自己的新成果的操作过程，就是思维”。②

“多数研究思维问题的专家都倾向于认为思维科学应以思维过程的信息处理即信息的输入、加工、存储、检索、输出和利用为思维科学的主要研究内容和主要任务。”③

信息的加工是指对外界信息的搜索、变形、重组。对于获取的信息，包括书本知识、生活和工作经验，以及媒体的信息、相互交流的信息等，要经过一定的组织和处理，选择一个合适的方法存储下来(也就是记忆方法)。在需要运用信息的时候，采用自己熟悉的检索方法从大脑中，以及从外界检索、搜寻、提取筛选出来，经过加工整理，成为对处理和解决问题有用的信息，即思考的结果、结论、决策等。从思维的本质来看，思维就是对信息的加工过程。

2. 思维的分类

不同学科为了不同的研究方向和目的，采用不同的方式对思维分类。即便是思维科学领域的学者也各自做出了不同的分类。此外，有关思维范畴的很多概念和术语，学术界还没有一个公认的确切定义，如思维类型、思维形态、思维模式、思维图式、思维方式等，因而在类别名称的使用上也各有不同。

钱学森认为，“思维学只有三个部分：逻辑思维，微观法；形象思维，宏观法；创造思维，微观与宏观结合。创造思维才是智慧的源泉；逻辑思维和形象思维都是手段。”④

采用思维测量学的分类方法可将思维分为常规思维和创新思维(又称创造性思维)两大类。常规思维又可划分为逻辑思维和形象思维；创新思维又可划分为理性思维和非理性思维。所谓理性思维就是发散思维，包括分解思维、联想思维和逆向思维；非理性思维包括直觉思维、灵感思维和形象思维。具体如图 1-1 所示。

这种分类依据的是思维方法上某些共同的特征，以及对这些思维方法规律性研究掌握的深度。

对于发散思维，在思维过程中都可以借用形式逻辑中的一些思维形式(如概念、判断等)的外壳来进行。至于非理性思维，因为它遵循着某种我们目前还不知道的规律运行，所以直觉、灵感思维不但最没有逻辑规律，而且在操作方法上也最没有重复性，在思维科学的研究中难度最大，至今研究成果很少。在本书中，应用这些概念时只从一般通俗的意义上理解，没有做过于严格的区别。

---

① 卢明森. 创新思维学引论[M]. 北京：高等教育出版社，2005.

② 苏富忠. 思维科学[M]. 哈尔滨：黑龙江人民出版社，2002.

③ 王传旭，邱章乐. 思维测量学[M]. 北京：首都师范大学出版社，2010.

④ 钱学森. 论信息空间的大成智慧：思维科学、文学艺术与信息网络的交融[M]. 上海：上海交通大学出版社，2007.

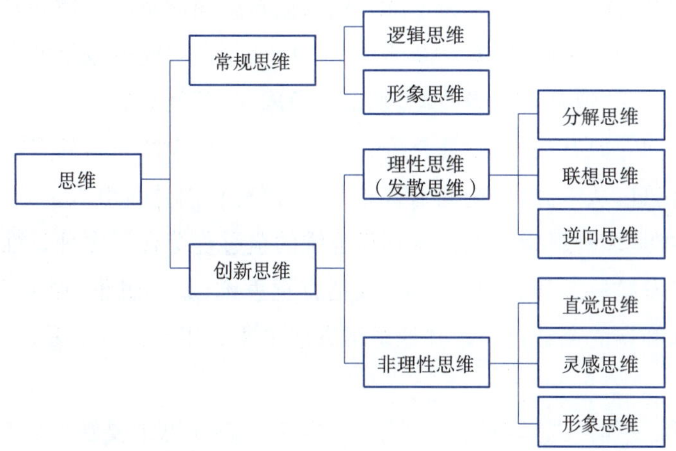

图 1-1　思维方法的分类

1.2.2　创新思维及其特征

“创新思维与创造性思维有些微差异，但并无本质不同；我们之所以把创造性思维作为创新思维的高级形态，并把创造性思维作为创新思维学的核心内容，主要是因为以往研究的都是创造性思维。因此，我们在行文中常常将创造性思维与创新思维混合使用。”①进一步说，思维、创新思维和创造性思维在本质上是相同的，那就是都要有新成果。苏富忠说：“不建构新成果的过程，往往是既有过程的回忆、再现，不属于思维。”②与大多数学者一样，本书把创新思维等同于创造性思维。

那么，什么是创造性思维呢？“从信息的角度来看，创造性思维就是通过对信息的分解、组合，探索出新东西的思维。”③从思维的本质来看，思维就是对信息的加工过程，而创新思维就是在否定原有经验知识的基础上，对原有的知识、经验以及其中包含的信息的进一步的鉴别、筛选，并建立新连接或重新组合，形成新知识的过程。创新思维的本质就是对信息的加工、变形和重组的过程。

思维、创新思维和创造性思维的区别只是对成果“新”的程度、范围大小的区别。如果新成果仅仅是对个人而言是“新”，而超出个人就不“新”了，这就只是一般的思维。如果新成果是对一个单位、一个地域或一个国家范围而言，就是创新思维。如果新成果是全世界范围内前所未有的，就是创造性思维了。

创新思维是思维的一种类型，是属于思维中最高层次的思维类型。相对于其他思维类型来讲，创新思维要求它的成果是新概念、论点、结论或方法。因而，创新思维过程所体现出来的思维质量就是思维各项品质中的极致表现。从这个本质区别出发，我们可以得出创新思维的几个重要特征：

---

① 卢明森. 创新思维学引论[M]. 北京：高等教育出版社，2005.

② 苏富忠. 思维科学[M]. 哈尔滨：黑龙江人民出版社，2002.

③ 田运. 思维论[M]. 北京：北京理工大学出版社，2000.

其一，以既有的硬件和软件成果为基础。构成创新思维成果的一切元素都不是全新的，而是在原有成果中存在的。因此，所有创新活动都不应该忽视对既有成果的再分析和再认识，有一幅中国画中的题词说“追慕古人得高趣，别出心裁成一家”就含有这个意思。当然，这种再分析和再认识并不是固守原有观点，而是充分认识了既有成果中的矛盾焦点，把问题分析得更透彻，遍及其中各种信息，从中分解、挖掘出有益元素，再对它们重新组织。

其二，创新思维是多种思维的综合。创新思维的全过程综合了多种思维方法，但其中起主要和关键作用的是发散思维和非理性思维（包括直觉思维、灵感思维、形象思维），因为这是创新过程中关键点和难点的突破过程。其他思维方法主要作用是创意的发起、创新过程的补充、完善和条理化。

其三，创新思维过程是选择与试错的统一。既然创造性思维要解决的是前人未曾解决的问题，那么这个思维过程就必然是选择与试错的统一。

其四，创新思维是试错型思维。创造性思维的上述特点决定了它并不是每次都能取得成功，甚至有可能毫无成效或者得出错误的结论。

【例 2】青蒿抗疟发掘之路。

获 2015 年诺贝尔生理学或医学奖的我国著名科学家屠呦呦，在青蒿抗疟发掘的过程充满了艰辛。自 1969 年 1 月开始，她领导课题组从系统收集整理历代医籍、本草、民间方药入手，在收集 2 000 余方药基础上，编写了 640 种药物为主的《抗疟单验方集》，对其中的 200 多种中药开展实验研究，历经 380 多次失败，利用现代医学和方法进行分析研究、不断改进提取方法，终于在 1971 年获得成功。

【分析】一般来说，选择过程不是机械地、逐个考虑所有的可能性，一一去做试错检验，而是依据经验选择可行性、成功概率最高的方案优先实施。因此，选择试错过程就不可能一蹴而就，必然要在试错过程中不断地学习和总结。这种选择与试错的统一就表现为不断的建构和评价，这是一切创新思维都不可避免和缺少的重要阶段。

【思考】请找一个创新的案例，用以说明“创新思维是试错型思维”。

任务 1.3　了解思维品质及其度量

思维品质是指人的思维在深度、广度、独立性、流畅性和敏捷性等方面的优劣程度。这些品质反映在思维的各种类型中。凡有好的思维品质就容易得出好的创新成果，凡是优秀的创新成果都伴随着优秀的思维品质，思维品质与创新密切相连。而思维品质如何度量呢？下面我们一一介绍。

1.3.1　思维品质

思维品质可以表现为思维的深度、思维的广度、思维的独立性、思维的敏捷性和思维的流畅性五个方面。

1. 思维的深度

思维的深度即思维的深刻性，是指善于透过表面现象发现问题的本质，达到对事物的深刻理解。

用一句普通的话说，对问题就是不要满足于似乎正确的、浅显的答案，而要追根寻源地找到最终的答案。就像小孩子问问题一样，就一个不懂的问题不断地一步一步地追问"为什么"。

【例 3】地心说和日心说

地心说是中世纪公认的学说，又名天动说。古代人缺乏足够的宇宙观测数据，以及怀着以人为本的观念，使他们误认为地球就是宇宙的中心，并且托勒密的地心说体系可以很好地和当时的观测数据相吻合，因此地心说被大众广泛接受并被当时的教廷认为是神圣不可侵犯的真理的一部分，被看作了正式的宇宙观。

尼古拉·哥白尼(1473—1543)是波兰的天文学家，凭借其在临终前出版的不朽名著《天体运行论》，成为西方近代早期日心说的重要复兴者，或者说，他第一次使得日心说在数学技术层面可以媲美抗衡自古希腊流传下来的"地心、地静"体系(以托勒密的《至大论》为代表)。布鲁诺支持哥白尼日心说，发展了"宇宙无限说"。在他所处的时代中，这些都使其成为风口浪尖上的人物，因而，他常常被人们看作近代科学兴起的先驱者、捍卫科学真理并为此献身的殉道士。

事实上，直到 1609 年伽利略使用天文望远镜发现了一些不利于地心说、而反过来可以支持日心说的新的天文现象后，日心说才开始引起人们的关注。然而，由于哥白尼的日心说所得的数据和托勒密体系的数据都不能与观测相吻合，因此日心说此时仍不具优势。直至开普勒以椭圆轨道取代圆形轨道修正了日心说之后，日心说在与地心说的竞争中才取得了真正的胜利。

【分析】日常生活中，人们看到的和接触到的事物和现象，大多数是独立的、分散的、表面的现象，甚至很多是假象。上述案例讲到的地心说，事实上是地球围绕太阳旋转，但我们看到的却是太阳围绕地球东升西落；人们坐在行走的车上，看到的是"近景退、远景进"的现象，但事实是远方的山川与路边的树木景观都退向后方。当我们要利用大自然、改造大自然以造福人类时，只停留在对事物表面的了解是远远不够的。只有进一步对事物本质深刻理解，发现事物间的联系与规律，我们才能改造事物、创新成果。现有的一切科学知识和成果，如自然科学中的牛顿力学、量子力学和相对论等，社会科学中的哲学、经济学、文学等等都是经过这样的过程而发展起来并不断深化的。

思维的深刻性可以使人们在纷杂的现象中看到规律、在种种假象中看到真相，更可以使人们通过探索性思维洞悉事物的本质。

【思考】请找一个案例，能反映思维主体具有思维的深度。

2. 思维的广度

思维的广度就是思维的广阔性。思维的广度的含义首先是指善于全面地思考问题，其次，也是更重要的，是指运用多方面的知识经验从多种角度寻求解决问题的方法。

思维的广度要求人们尽可能全面地看待和思考问题，从而可以对所有资源进行全方位整合、系统地布局谋划、整体构建与全面调控。很简单的一个工作也因考虑不周而无法执行或完成。例如外出旅游会因为忘记携带相关证件而取消计划；再如在休息日，车间的加班安排会因为没有通知仓库管理员加班而领不出材料导致无法生产；而大型的工程项目会因一个小的疏忽而酿成重大的事故。

思维可以多方向发散，宽幅度、多渠道地寻求问题的各种可能性答案。如挖水井时，挖了很深还没有水，除了继续向深处挖之外，还应考虑要在其他地方多找几处试验，而不应在原处做可能无果的工作。一种方法行不通时，除了力度不够，还有可能是方法的错误，要另图新谋。这就是要充分展开思维的广度来想问题。

思维的变通性、灵活性是思维广度的另一种表现，是指对问题做出灵活变通的应对能力。

【例 4】非常用途试验。

心理学家吉尔福特曾设计"非常用途试验"。试验中，他让受试者在 8 分钟内，列出红砖所有可能的用途。

A 学生回答：盖房子、盖谷仓、建教室、筑围墙、修烟囱、铺路面、修炉灶等。

B 学生回答：做门槛、压纸、钉钉子、磨红砖粉、汽车防滑垫等。

【分析】A 学生的回答只限于"建筑材料"这一"常规用途"，因而被认为思维的变通性差。而 B 学生变换了角度，提出了很多"非常规用途"，所以 B 学生思维的变通性比 A 学生好。

【例 5】树上还剩几只鸟。

老师想了解一位学生对问题的思维广度。问他："树上有十只鸟，开枪打死一只，还剩几只？"

学生："是无声手枪或别的无声的枪吗？"

老师："不是。"

学生："枪声有多大？"

老师："80～100 分贝。"

学生："那就是说会震得耳朵疼？"

老师："是。"

学生："在这个城市打鸟犯不犯法？"

老师："不犯。"

学生："您确定那只鸟真的被打死啦？"

"确定。"老师已经不耐烦了，"拜托，你告诉我还剩几只就行了，可以吗？"

学生："好的，树上的鸟听力有问题？"

老师："没有。"

学生："有没有关在笼子里的？"

老师："没有。"

学生："边上还有没有其他的树？树上还有没有其他的鸟？"

老师："没有。"

学生："有没有残疾的或饿得飞不动的鸟？"

老师："没有。"

学生："打鸟的人眼有没有花？保证是十只？"

"没有花，就十只。"老师已经满脑门是汗，且下课铃声已响。

但学生继续问："有没有傻得不怕死的？"

老师："都怕死。"

学生："会不会一枪打死两只？"

老师："不会。"

学生："所有的鸟都可以自由活动吗？"

"完全可以。"

"如果您的回答没有骗人，"学生满怀信心地说，"打死的鸟要是挂在树上没掉下来，那么就剩一只。如果掉下来了，就一只不剩。"

老师当场晕倒。

【分析】这个孩子的思维足够宽广，不但把树上的小鸟会不会死的各个方面都想到了，而且还想到了老师会不会骗人。这就是思维具有广阔性的表现。

【思考】请找一个案例，能反映思维主体具有思维的广度。

3. 思维的独立性

思维的独立性是指善于发挥个人的主观能动性，独立地提出问题、认识事物、得出自主思考的结论。所谓"独具慧眼""另辟蹊径"等都是思维独立性的表现。自主独立的思维不易受传统观念影响、不会人云亦云，不迷信书本与权威，往往能够产生独创性的思维成果。

【例 6】玻璃管高频放大管的研发。

20 世纪 50 年代初，某军事科研部门研制一种高频放大管，被"能否使用玻璃管"的问题难住了。后来主管部门让发明家贝利领导的小组承担任务，同时还下达指示：不许查阅有关书籍。贝利小组经艰苦努力，终于研制成一种高达 1 000 个计算单位的玻璃管高频放大管。完成任务后，研制人员很想将不准查书的原因弄明白。他们查阅有关书籍后全都大吃一惊，原来书上明明白白写着：如果采用玻璃管，高频放大的极限频率是 25 个计算单位。而自己却创造出了 1 000 个计算单位的玻璃管高频放大管。后来贝利深表感慨地说；"如果我们当时查了书，一定会对研制这样的高频放大管产生怀疑，就会没有信心去研制了。"

【分析】科学上很多创造性成就和重大理论突破，都是对前人的结论，甚至是流传千年的权威结论产生怀疑，进而深入研究的结果。如哥白尼对地心说的怀疑、伽利略对亚里士多德某些结论的怀疑等，都体现了创新者具有思维独立性的优秀品质。

【例 7】黄鼠狼到底吃不吃鸡？

黄鼠狼又名黄鼬。在农村时常能听到谁家一年有多少只鸡被黄鼠狼吃掉的传闻。因此，一提到黄鼠狼，就难免让人想到"黄鼠狼给鸡拜年——没安好心"这个家喻户晓的谚语。看来，黄鼠狼以鸡为食已根植于人们心中。

黄鼠狼吃鸡是一种正常现象，但不是常态。作为一种进化了百万年的鼬科动物，它的演化史、自然史，它的生物学、生态学上的属性，决定了黄鼬的主要食物是啮齿动物，而不是家鸡。华东师范大学教授、著名兽类学家盛和林早在 20 世纪六七十年代，就做了大量研究黄鼬的工作，并于 1983 年第 3 期《大自然》杂志上发表了一篇科普文章《黄鼬功大过小》。他写道："我们曾在江苏、上海、浙江、安徽、湖北、河南、吉林、黑龙江、内蒙古、山西、河北等主要产区解剖过 4 978 只黄鼬的胃，发现它们主要吃老鼠、蛙类和昆虫，也吃些蛇、蜥蜴、小杂鱼，甚至蜗牛、蚂蟥、蚯蚓等无脊椎动物。在食物严重缺乏时，个别的也以带甜味的芦苇根和薯块充饥。在解剖中，仅发现两个胃有家禽，一个胃内有幼家兔。"

盛和林负责撰写了《中国动物志 兽纲 第八卷 食肉目》中的"黄鼬"部分，他用较长的篇幅分析黄鼬的食性。毫无疑问，就这个物种而言，黄鼬的主要食物是啮齿动物，而不是家鸡。但同时，他也指出："某些黄鼬可能经常盗食家鸡，甚至一次咬死多只，成为特殊的有害个体。"

我们切记，不要因为黄鼠狼"给鸡拜年"，就彻底否定黄鼠狼的"功劳"。对动物的评价，万万不可强加入人们的主观态度。在自然界中，每一个物种都是有益的，没有所谓的害虫、害兽之分。

【分析】用实验事实把这个"黄鼠狼以鸡为食"看似"正确"的观点推翻了，如果只是盲从自古以来的谚语，不从独立思考的角度并通过实验或实践来验证，人们的这种认识误区可能会一直传递下去，甚至会做出伤害黄鼠狼的行为。

4. 思维的敏捷性

思维的敏捷性是指善于针对问题快速地做出反应，它是思维在速度方面的品质。思维敏捷的核心——即思维又多又快，畅通无阻。思维敏捷性有利于思维迅速地发散，从多角度、多方位、多侧面广泛而深入地思考问题，从而创造出思想成果。20 世纪 60 年代，某心理学家就采用过所谓急速的、暴风雨式的联想来训练大学生思维的敏捷性。训练时要求学生像夏天的风暴一样，在短时间内迅速地抛出一些观念，不要迟疑，不要考虑质量的好坏，讲得愈快、愈多、表明流畅性愈好。反之，思维迟钝、呆板是很难有所创新的。

【例 8】曹植七步作诗。

南朝宋·刘义庆《世说新语·文学》：文帝尝令东阿王七步中作诗，不成者行大法；应声便为诗曰："煮豆持作羹，漉菽以为汁。萁在釜下燃，豆在釜中泣。本自同根生，相煎何太急！"帝深有惭色。

【分析】曹植在七步这么短的时间之内脱口成诗，曹丕听了以后潸然泪下，没能下得了手，只是把曹植贬为安乡侯，他的才思敏捷性在危难中解救了自己。

【思考】请找一个案例，它能反映思维主体具有思维的敏捷性。

5. 思维的流畅性

思维的流畅性是指推理的简洁性、直接明了性。就像顺畅的河流，拐弯少，河流中的杂物少。从某一现象能直接思考到事物的本质及其发展的后果，相比需要经过多步推理才能得到同样的结果，显然二者之间的思维能力、质量是大不相同的。思维的流畅性可以使人们减少许多不必要的中间思维环节，不仅提高了思维效率，更重要的是减少了多余的中间过程对思维的干扰。很多情况下，这种干扰会把思路引入歧途。

【例 9】陈景润的“1＋2”论文。

哥德巴赫(C. Goldbach,1690—1764)是 18 世纪的一位业余数学爱好者,是数学大师欧拉(L. Euler,1707—1783)的朋友。1742 年 6 月 7 日,他写信给欧拉,提出:每一个不小于 6 的偶数都可以表示为 2 个奇素数的和。1742 年 6 月 30 日,欧拉在回信中表示,这个猜想是正确的,但无力给出证明。到了 1770 年,华林将这个猜想公之于世,并附带提出:每一个不小于 9 的奇数都可以表示为 3 个奇素数的和。后人把这两个猜想并称为“哥德巴赫猜想”。

陈景润在证明“1＋2”的过程中,很早就得出了结果,并于 1966 年 5 月,在中国科学院的刊物《科学通报》第 17 期宣布他已经证明了“1＋2”。这是自 1742 年哥德巴赫问题问世以来,在 240 年间的最好成果。后来,陈景润于 1973 年发表了他修订过的论文:《大偶数表为一个素数及一个不超过二个素数的乘积之和》,这就是“1＋2”。

陈景润的论文长达两百多页,闵嗣鹤教师细心地阅读了这篇论文稿,检查了又检查,核对了又核对,肯定了他的证明是正确的,靠得住的。他对陈景润说,去年人家证明“1＋3”是用了大型高速电子计算机,而你证明“1＋2”却完全靠你自己运算,难怪论文写得太长了,建议他加以简化。

陈景润说:“1965 年,我初步达到了‘1＋2’。但是我的解答太复杂了,写了两百多页的稿子。数学论文的要求是一要正确性,二要简洁性。譬如从北京城里走到颐和园那样,可能有多条路,但要选择一条准确无错误、最短而且最好的道路。我那个长篇论文是没有错误,但走了远路,绕了点儿道,长达两百多页,也还没有发表。国外没有承认它,也没有否认它,因为它没有发表。”①又经过了七年的努力,陈景润不但找到了更为简洁的证明过程,更重要的是在研究过程中又创造出了一个令世界同行称赞的“陈氏定理”。

【分析】陈景润的论文第一稿有 200 多页,这说明他的论证过程足够曲折复杂。就像他自己说的那样“走了远路,绕了点儿道”,不能像直流的河水一样顺畅。经过再次研究后的论证,如他所说是“更为简洁”了。可以想象,其中提到的“陈氏定理”的证明也不是简单过程。但作为“定理”,其有更广泛的用途,所以不能作为“1＋2”论述的正文,这不但大大缩减了原论文的曲折和长度,丰富了数学理论,还给解决数学领域的其他复杂问题增加了一个重要的工具。

【思考】请找一个案例,它能反映思维主体具有思维的流畅性。

对于创新思维而言,思维广度和深度这两项品质的优劣是最主要的。思维发散程度,就是要求思维从广度上充分展开。因此,也可以说创新思维最主要的特征就是思维有足够宽的广度。思维的广度和思维的深度既有各自的独立性,又相互影响和依存。思维有足够宽的广度,也容易发掘深层次的思维。就像挖井,把井口挖大了,就容易向深处挖。

1.3.2 思维品质度量的概念

一个人的思维是否具有发散性以及发散程度的高低,要从他的思考过程和创新成果来衡

---

① 资料来源:《人民文学》。

量和评估。在创新思维训练中，只要思考出问题的可能性方案即可，并不要求得到问题的可行性方案。

我们用思维的“深度”和“广度”这两个维度来度量发散思维的品质。首先了解概念树、属-种关系、同级关系、概念树的级数等几个概念。

1. 概念树

概念树是形式逻辑的知识。任意一个系统的概念集合，集合中任意两个概念间的关系一般有三种，即属-种关系、同级关系、非属-种关系。我们把集合中的每一个概念用一个方框框起来，把具有属-种关系的两个概念用线条连接起来，属概念框放在连线上方，种概念框放在连线下方，形成一棵倒置的树状图，称为概念树。

下面以我国的水果分科的概念树为例来认识和理解概念树。截至目前尚未精确统计，我国著名植物学家俞德浚编著的《中国果树分类学》的附录“中国原产及引种果树分科名录”中，列举了 59 科 694 种。按照这个分科名录，我们做出了水果分科的部分概念树示例，如图 1-2 所示。

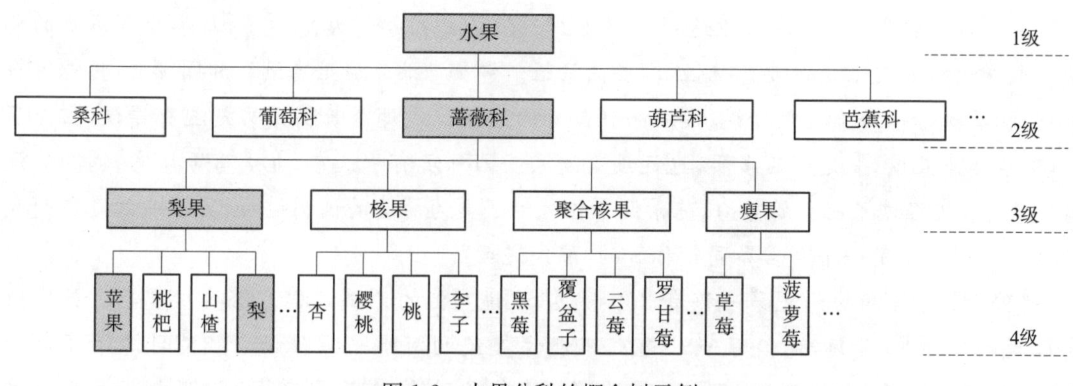

图 1-2　水果分科的概念树示例

2. 属-种关系

在概念树的同一个概念枝中，高层概念被称为低层概念的属概念，低层概念被称为高层概念的种概念，即概念间的属-种关系是对同一个概念枝中的两个概念而言的。如图 1-2 所示，在概念枝{水果，蔷薇科，梨果，梨}中，“水果”是“蔷薇科”的属概念，“蔷薇科”是“水果”的种概念；“蔷薇科”是“梨果”的属概念，“梨果”是“蔷薇科”的种概念等等。

3. 同级关系

在一个概念树上，处于同一层级的概念，称为同级概念。如图 1-3 所示的“桑科”“葡萄科”“蔷薇科”“葫芦科”和“芭蕉科”是同级概念；“苹果”“杏”“黑莓”是同级概念。而不在同一概念枝上的概念就是非种属关系。

4. 概念树的级数

在概念树的任何一个“概念枝”上的一串概念，都是一个概念层集，其中级数最大的概念枝，其级数就代表了该概念树的级数。如图 1-3 所示，{水果，蔷薇科，梨果，梨}是一个“概念枝”，{水果，蔷薇科，梨果，苹果}是另一个“概念枝”，以此类推得到这个概念树的所有“概念枝”，其中概念枝的最大级数是 4，因而这个“水果”概念树的级数是 4。

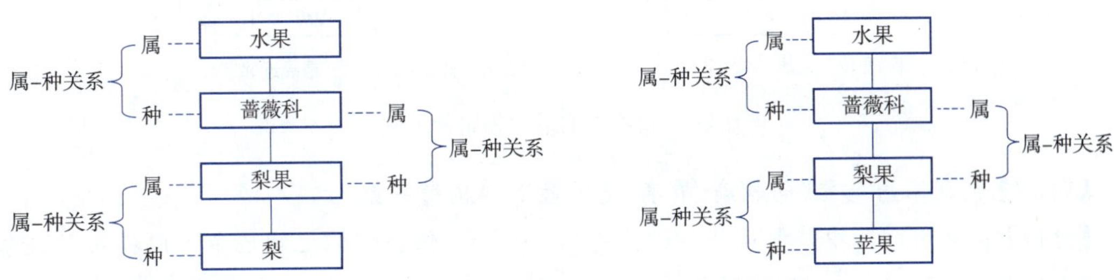

图 1-3　概念树的级数示例

1.3.3　发散思维广度的度量

发散思维广度的度量涉及最近邻属种和单纯集两个定义。下面介绍这两个定义，以及如何用它们来度量发散广度。

定义 1　最近邻属种。如图 1-4(a)所示，在一定的划分依据下，概念 A 和 B 是属-种关系；如图 1-4(b)所示，如果在 A 和 B 之间能插入一个新概念 M，使 A、M 是属-种关系，M、B 是属一种关系，则称概念 A 和 B 不是最近邻属-种关系，否则称概念 A 和 B 是最近邻属-种关系。

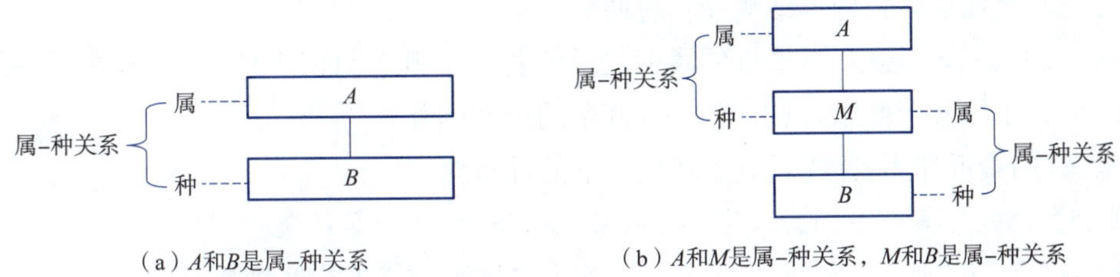

图 1-4　定义 1 示例

【例 10】生物分类系统中的最近邻属-种关系。

生物分类系统是阶元系统，通常包括七个主要级别：界(Kindom)、门(Phyllum)、纲(Class)、目(Order)、科(Family)、属(Genus)、种(Species)七个级别。其中，“界”是最高一层，“种”是最低一层，相邻的两个层次，如“界-门”“门-纲”“纲-目”等是最近邻属-种关系，而不相邻的任意两个层次，如“界-纲”“目-属”等都不是最近邻属-种关系。

【例 11】设“食品-香蕉”是属-种关系，判断它们是否为最近邻属-种关系。

如图 1-5(a)所示，设“食品-香蕉”是属-种关系。如图 1-5(b)所示，在它们之间插入新概念“水果”，使“食品-水果”“水果-香蕉”分别是属-种关系，因此判断“食品-香蕉”不是最近邻属-种关系。

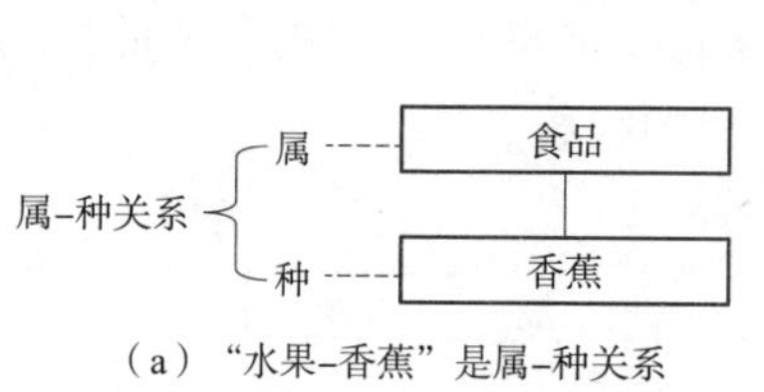

（a）“水果–香蕉”是属–种关系

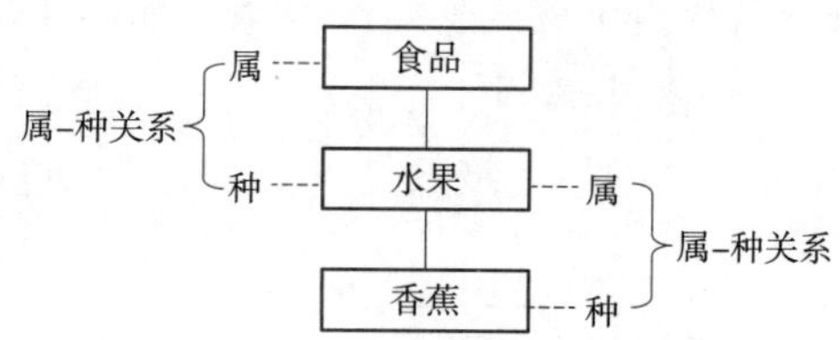

（b）“食品–香蕉”不是最近邻属种关系

图 1-5　食物中的最近邻属种示例

【例 12】 判断家用电器“电风扇–吊扇”是否最近邻属种关系。

【分析】 在家用电器中，“电风扇–吊扇”是属–种关系，但在它们之间已不可以插入新概念，所以“电风扇–吊扇”是最近邻属–种关系。

定义 2　单纯集。有若干概念 $A_1, A_2, A_3, \cdots, A_n$，它们组成集合 $R=\{A_1, A_2, A_3, \cdots, A_n\}$，如果 $A_1, A_2, A_3, \cdots, A_n$ 两两间既不是最近邻属–种关系，也不是在同一属概念下的同级关系，则称集合 R 为单纯集。在此单纯集中，概念的数量称为单纯集的维度。

【例 13】 判断概念集 $R=\{$水果，桑科，葡萄科，梨，桃$\}$，判断 R 是否单纯集。

【分析】 “水果–桑科”“水果–葡萄科”分别是最近邻属种关系，而且“桑科”“葡萄科”都属于“水果”，它们是同级关系，因此概念集 R 不是单纯集。

【例 14】 判断概念集 $R=\{$木板，乒乓球，床单，枕头，梨果，苹果，桃$\}$是否为单纯集。

【分析】 “床单”“枕头”同属“床上用品”，它们是同级关系；“梨果–苹果”是最近邻属–种关系。因此概念集 R 不是单纯集。

如何把非单纯集转化为单纯集呢？有两个方法：

方法一，把非单纯集中，是最近邻属种关系的若干个概念只留下任意一个，在同一个属概念下是同级关系的若干概念，只保留一个，其余的全部删除。

方法二，用最近邻属–种的属概念替代其下的种概念。

【例 15】 把概念集 $R=\{$鼠标，笔，纸，核果，杏，梨$\}$转化为单纯集。

【分析】 “笔”和“纸”同属“文具”，是同级关系；“核果–杏”是最近邻属–种关系。

使用方法一，概念集 R 可以转化为以下 4 个单纯集。

$R_1=\{$鼠标，笔，核果，梨$\}$

$R_2=\{$鼠标，笔，杏，梨$\}$

$R_3=\{$鼠标，纸，核果，梨$\}$

$R_4=\{$鼠标，纸，杏，梨$\}$

使用方法二，“笔”和“纸”的属概念是“文具”，可用“文具”替代“笔”和“纸”；“杏”的属概念是“核果”，因此可去掉“杏”，留下“核果”。

概念集 R 可以转化为单纯集：$R_1=\{$鼠标，文具，核果，梨$\}$。

通过以上分析，我们可以用概念单纯集的维度来度量发散思维广度，单纯集的维度越大，表明发散思维广度的品质越高。

【例 16】 请判断哪位学员的发散思维广度的品质较高。

请列出毛笔的用途，假设学员甲的答案是{写字，画画，做数学题，描眉化妆}，学员乙的答案是{写字、笔杆可以吹肥皂泡、笔杆可以破开做牙签、笔杆可以做指挥棒}。

【分析】 甲答案列举了四种用途，其中{写字，画画，做数学题}都属于同一类用途，毛笔本身特有用途，即"书写"用途。因此，这四个用途组成的概念集不是单纯集，把它转化后形成的单纯集为{书写应用，描眉化妆}，其维度是2。

乙答案同样是四种用途，但却分属不同的应用场合，属于不同的类别，概念间不是最近邻属种关系。所以乙的答案是单纯集，其维度是4。

显然，乙的发散思维广度的品质要高于甲。

1.3.4　发散思维深度的度量

发散深度的度量要用到一个新定义——概念层集。

定义3　概念层集。如图1-6(a)所示，概念A和B是属-种关系，但不是最近邻属-种关系；如图1-6(b)所示，如果能在A、B之间插入若干个概念M_1，M_2，…，M_n，并同A、B组成一个概念集R，而且A和M_1，M_1和M_2，…，M_n和B分别形成最近邻属-种关系，称概念集R为概念层集，概念层集中概念的数量称为概念级。

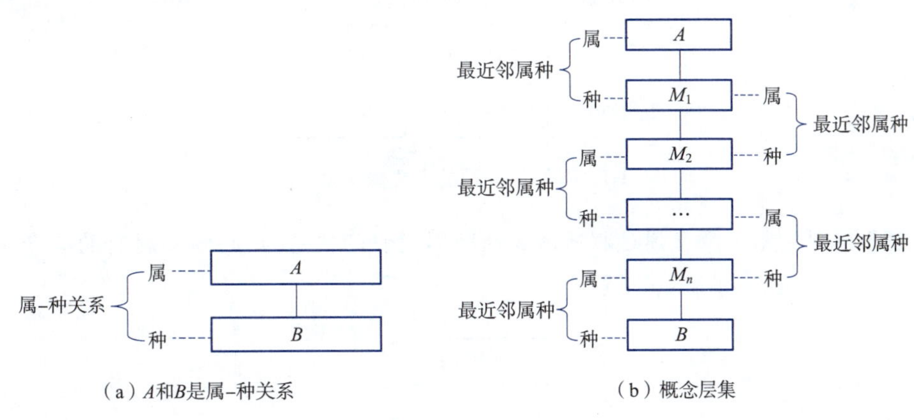

图1-6　定义3图示

【例17】 如例9所列举的生物分类系统R={界，门，纲，目，科，属，种}就是一个概念层集，其概念级是7级。

【例18】 以图1-2为例，判断概念集R={水果，蔷薇科，聚合核果，黑莓}是否概念层级，如果是，其概念级是多少。

【分析】 概念集R中的概念"水果-蔷薇科"，"蔷薇科-聚合核果"，"聚合核果-黑莓"分别是最近邻属-种关系，因此R是概念层集，其概念级是4级。

以例17为例，概念层集中有一个处于最高层的属概念——"水果"，有一个处于最底层的种概念——"黑莓"，其余处于这二者之间的既是属概念、又是种概念——如"蔷薇科"和"聚合核果"。从高层到低层分别称为一级概念、二级概念等。

1. 用概念层级度量思维深度

对求解型问题的思维深度的度量。如图 1-7 所示,对于某个“问题 Q_1”,要寻求其解决方法时,得到的结果是一个“方法 A_1”。而“方法 A_1”中需要一些条件要素,如物{原材料,设备,工具等}、技术、工艺流程等。这些要素组成了“方法 A_1”的概念集合。如果“方法 A_1”中的某个要素达不到解决问题的要求,需进一步思考研究,则这个要素称为“问题 Q_2”。经过进一步思考研究,得出解决“问题 Q_2”的“方法 A_2”。如此类推,还可能会得到“方法 A_3”“方法 A_4”等多层级的“方法”。解决这些“问题”的“方法”就构成了一个概念树的分支,这个分支的层级就是思考“问题 Q_1”的深度。

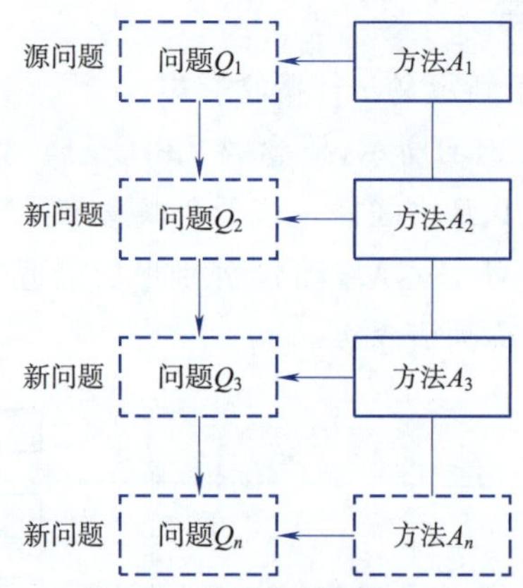

图 1-7　求解型问题的方法概念树示例

【**例 19**】以研究制造原子弹过程所涉及的核心材料的概念为例,核心材料的概念是“铀”,其概念树如图 1-8 所示,其概念级是多少?

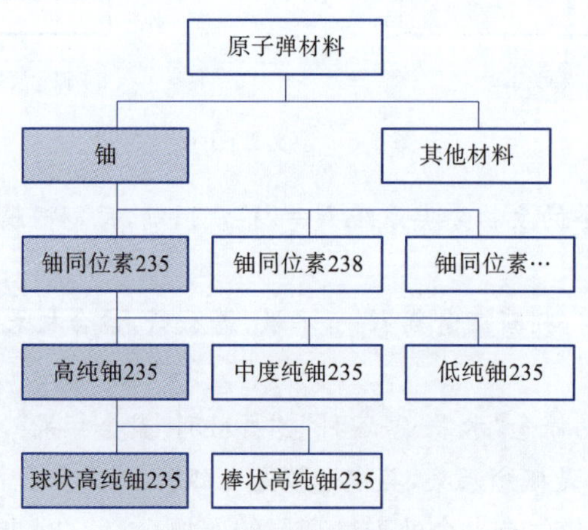

图 1-8　原子弹材料的概念树

【**分析**】从图 1-8 可看到,“铀-铀同位素 235 -高纯铀 235 -球状高纯铀 235”,这条概念枝的概念级为 4 级。

这种度量方法多用在寻找解决问题的方法中,即“求解型”问题。

2. 用“连续因果关系对”的数量度量思维深度

如图 1-9 所示。我们思考一个“问题 Q_1”并得到一个“答案 A_1”，如果“答案 A_1”和“问题 Q_1”存在因果关系，则它们构成了“因果关系对”。如果对该“答案 A_1”或其中部分内容还有疑问，则可把疑问作为“问题 Q_2”，并就这个“问题 Q_2”做深入的思考，进一步得出“答案 A_2”，则这个“问题 Q_2”和“答案 A_2”又构成了一个新的“因果关系对”。如此类推，还可以做更深一步的思考，得出更多的“因果关系对”，直至找到问题的根源。这些“连续因果关系对”的数量就是思维深度的级数。

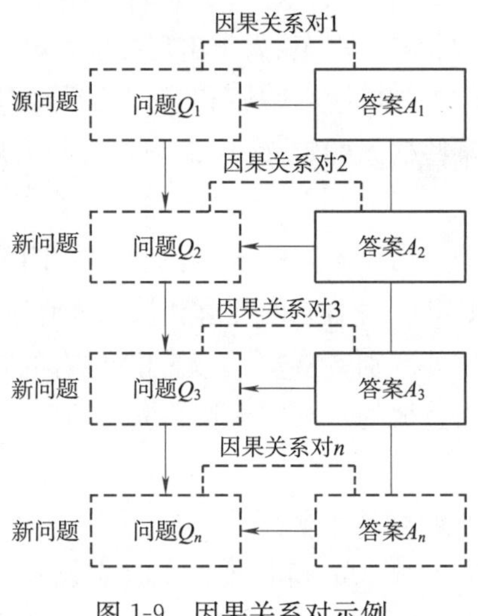

图 1-9　因果关系对示例

【例 20】丰田汽车停机的真正原因。

丰田汽车公司前副社长大野耐一曾举了一个例子来找出停机的真正原因。

Q_1：为什么机器停了？

A_1：因为机器超载，保险丝烧断了。

Q_2：为什么机器会超载？

A_2：因为轴承的润滑不足。

Q_3：为什么轴承会润滑不足？

A_3：因为润滑泵失灵了。

Q_4：为什么润滑泵会失灵？

A_4：因为它的轮轴耗损了。

Q_5：为什么润滑泵的轮轴会耗损？

A_5：因为杂质跑到里面去了。

【分析】经过连续五次不停地问“为什么”，才找到问题的真正原因和解决的方法——在润滑泵上加装滤网。如果员工没有以这种追根究底的精神来发掘问题，他们很可能只是换一根保险丝草草了事，真正的问题还是没有解决。如古话所言：打破砂锅问到底。从结果着手，沿着因果关系链条，顺藤摸瓜，直至找出原有问题的根本原因，则是高质量的思维深度的品质。

【思考】请找一个类似例 19 的案例，通过连续多次追问，找到问题的根源。

当然，经专家研究和使用过的对发散思维的度量方法还有很多，比较著名的有“托兰斯创造性思维测验”“南加利福尼亚大学测验”和“芝加哥大学创造力测验”。本书提出的度量方法是一种新尝试。

综合上述，思维广度和思维深度的度量结果具有相对性。用概念集的维度和级数来度量发散思维的品质，得到的只是一个相对结果，而不是一个绝对结果。这是基于以下原因：

首先，受时代变化影响。概念的内涵和外延会随着时间推移，以及人们生活习惯和习俗的改变而发生变化，因而对概念的使用方式、条件、场合都会有所不同。同一个概念集中，概念之间的相互关系也会发生变化。例如，在汽车、火车出现之前，人们对于“马”和“车”的概念，一般可理解为“马拉车”的关系。而在当今社会，“马”和“车”几乎没有关系了。特别是随着科学理论和学术水平的发展，人们对某些概念的定义、认识和理解都有所不同，对其发散思维品质的度量结果就可能不同。

其次，受个人背景阅历影响。由于不同的人，特别是不同年龄段的人，其生活阅历、职业、工作经历不同，学历、专业知识不同，对概念的理解和认识都有所不同。因此，度量结果所体现的不仅仅是思维能力、思维品质的区别，还包含了人们所拥有的知识和经验的多寡。在我们所做过的实验中，男女性别差异所造成的对某些事物和概念的理解都存在差异，度量结果就很不相同。

【例 21】不同历史时期的生物分类方法。

汉初的《尔雅》把动物分为虫、鱼、鸟、兽四类。“虫”包括大部分无脊椎动物；“鱼”包括鱼类、两栖类、爬行类等低级脊椎动物及鲸、虾、蟹、贝类等；“鸟”是鸟类；“兽”是哺乳类。按此分类方法，“狮子”所在概念枝为{动物，兽，狮子}，该概念层集是 3 级。

而按照旧的生物分类系统{界，门，纲，目，科，属，种}的分类方法，“狮子”所在概念枝为{动物界，脊索动物门，哺乳纲，食肉目，猫科，豹属，狮子}，该概念层集是 7 级。

目前国际上采用的是三域系统分类方法，即{域，界，门，纲，目，科，属，种}，按此分类方法，“狮子”所在概念枝为{真核生物域，动物界，脊索动物门，哺乳纲，食肉目，猫科，豹属，狮子}，该概念层集是 8 级。

【思考】请找一个案例，它能反映不同历史时期的分类方法。

因此，在使用这种度量方法时，选取的对象最好是同一类人群，即具有相同的年龄段、相同的学历、专业，从事大致相同工作的人群。所得结果也只在这群人的范围内有相对的高低、强弱差别。即便这样，对度量结果依然要做剔除性分析，即把答案中与理论知识、专业知识，以及性别的差异所造成的影响尽可能地划分出来，使度量结果尽显思维能力的效果，这方面仍要做很多研究工作。

任务 1.4　认识创新与创业的关系

本节通过对创业的定义、创业精神、创业者的人格特征的叙述，一方面使读者有创业思想上的准备，另一方面可以顺理成章地得出创新和创业的关系，即创新未必要创业，而创业必须要创新。

1.4.1　创业与创业精神

1. 创业的定义

创业的定义非常多，我们从中选取两个进行分析。“创业是不拘泥于当前资源的约束，寻求机会、进行价值创造的行为过程。”①“所谓创业，是指创业者对自己拥有的资源（信息、机会、技术）或通过努力能够拥有的资源进行优化整合，从而创造更大的经济价值或社会价值，并实现某种追求或目标的过程。”②

我们分析上述两个创业定义中共同的核心概念：“资源”“资源整合”和“创造价值”。

一般来说，创业涉及的“资源”包括有形和无形两种资源。

(1)有形资源，包括人力，即创业所需要的技术人员、管理人员和一般职员等；资金；物资，即设备、原材料；场所，即厂房场地。

(2)无形资源，包括知识，即各种专业专利技术、管理技术；信息，即经济信息、市场信息、企业名录等；关系网，即有助创业以及经营的人际关系等。

对于创业者，“资源”可来自“自身拥有的”和“通过努力能够从外部环境中获取的”。对于一个初涉社会的大学生创业者来说，自身拥有的资源肯定是很少的，绝大部分要来自于外部的支持，并通过努力向社会争取。而这种“争取”所要付出的努力，对于普遍欠缺社交能力的大学生来说，就是一种“全新”的工作，对自身而言没有“创新”能力是不可能完成的。

“资源整合”要分三步走，第一步是搜寻、争取资源；第二步是挖掘、发现、创造尚未问世的资源；第三步才是整合资源。

上述定义中的“不拘泥于当前资源的约束”包含两层意思：其一，“当前资源”不管是“自身拥有”的还是外部的，都是现存于世、可见的；其二，“不拘泥于当前的”显然是针对那些尚未问世的，有待发现、发明创造出来的新资源。这就要用创新、创造来实现。

我们再看“资源整合”一词，这里的整合，包括资源种类的选择、配置和组合，各种资源数量上的配比组合，以及各种资源使用的时间、顺序的排列组合。

“创造价值”，就是制造或提供满足客户需求的产品或服务，这是企业的立身之本。

一句话，创业的本质就是“对资源的搜寻、挖掘、发现、创造、优化整合”。对比前文讲到的“创新思维的本质就是信息的加工、变形和重组的过程”，从上述创业定义中的“优化整合”来看，信息就是创业者头脑外部的现实世界中的各种资源在其头脑中的反映。创业者对资源进行优化整合之前，必须先经过头脑对信息重组，即创新思维过程。由此可见，创业的本质与创新思维的本质有极大的共同之处。所不同的是创新思维是创业前，创业者在头脑中进行的准备，而创业则是创业者的创新思维成果的实现过程。

---

①　李肖鸣，朱建新. 大学生创业基础[M]. 北京：清华大学出版社，2013.

②　林瑞青. 大学生创业与就业指导[M]. 北京：中国人民大学出版社，2015.

2. 创业精神

创业精神是创业者的理想追求，是创业者的心理支柱，是创业者力量和智慧的源泉，创业精神是创业者在创业过程中的重要行为特征的高度凝练。“创业精神的本质是创新意识和主动精神。”①创业精神主要体现在三方面——更高更好的理想追求，勇于创新、敢于担当的勇气和艰苦奋斗、百折不挠的毅力。

与其他工作相比，创业是一项十分艰苦、风险很高的工作，而且创业的成功率很低。据统计②，我国大学生创业比例大概是3%，创业失败率达95%(破产、清算的)。如图1-10所示，美国创业公司的存活率随融资轮数增加而减少，在H轮的存活率只有0.03%，即一万多家创业企业，在H轮存活下来的约3家，而中国与美国接受风险投资的创业失败率基本相同，约99%。这就是创业的经济规律。

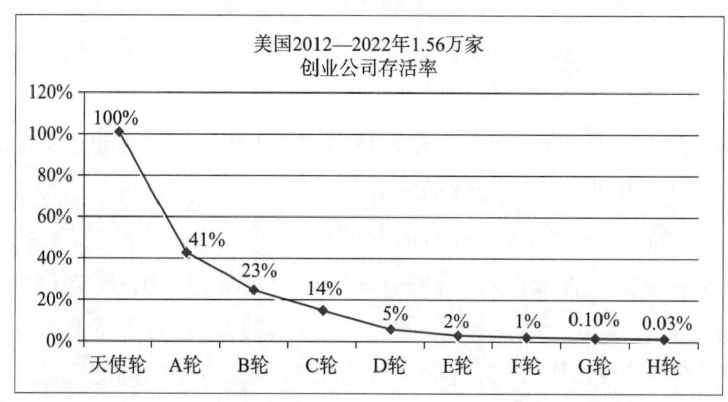

图1-10 美国创业公司接受风险投资的存活率

虽然创业失败率高，但这并不妨碍我们创新。创业精神的实质是一种创新实践。著名的管理学家彼得·德鲁克就说过：“企业家精神既非科学又非艺术，而是一种实践。”“创新是企业家特有的工具。凭借创新，他们将变化看作是开创另一个企业或服务的机遇”。③

我们进一步深层次理解“实践活动”一词，从哲学的高度看，“实践是主体依据一定的目的变革客体的感性活动”④。实践活动具有目的性、自主性和创造性三个特征，而创造性是本质特征。

综上所述，创业是一种创新实践活动，创业者必须具备创业精神，而创业精神的核心就是创新。

3. 创业者的人格素养

创业者的人格素养表现在两个方面，一是心理素养，二是行为特征。

(1)心理素养。心理素养包括四个方面：第一，高度的责任感。责任感源于振兴中华民族，或源于传统文化中“国家兴亡，匹夫有责”的英雄胸怀，或源于对一方热土、乡里亲人有强烈热爱的亲情、或源于对家庭的责任。这些都是激发其改变不理想状况而奋起创业的内心起点。

---

① 李肖鸣，朱建新. 大学生创业基础[M]. 北京：清华大学出版社，2013.

② 资料来源：广东卫视《财经郎眼》栏目。

③ 德鲁克. 创新与企业家精神[M]. 蔡文燕，译. 北京：机械工业出版社，2007.

④ 高清海. 哲学的创新[M]. 长春：吉林人民出版社，1997.

第二，高欲望，追求出类拔萃。一个人的进取心，一个人期望改变自身现状，获得更高的生活水准，或者追求名利地位，也是激发创业、创新的一种心理因素。第三，有个人兴趣爱好。第四，充满自信心。在投身于创业实践之前，仅有上述心理素养还是不够的，还必须对自己的未来行动结果充满信心。这种自信心源于往常的自助行为大都获得成功的事实经验基础之上。当成功事例积累得越多，对自己日后的学习、工作乃至创业成功的自信心就越强，创业成功的可能性越大。

(2)行为特征。行为特征表现在四个方面：第一，偏好质疑，善于发现问题。质疑和问题是创新的第一步，是伴随创业心理必然的行为。其关键是发现问题点在何处，瞄准问题点提出正确、准确和清晰的问题。第二，行为执着，不达目的不罢休。第三，灵活应变。第四，脚踏实地，吃苦耐劳。缺乏这种精神，不要说创业，就连一般的工作也做不好。其中，第二和第三个方面是一个问题的两面。对于长期难以解决的问题和困难，是执着地坚持，还是灵活应变？哪一种行为是正确的呢？这要看创业者面临这种情形时，为下一步行动所做的决策的依据而定。如果对待问题和困难准备了多种方案尚未尝试完，不能因尚未尝试的方案和办法难度很大就望而生畏，持之以恒的努力就属于“行为执着”。反之，如果对待问题和困难只有一种应对办法，一成不变地做下去，大多数的结果会是无功而返。这时候，就应该“灵活应变”，另想办法。当确认现有资源等条件不足时，甚至要放弃原定的目标。

【例 22】佳怡供应链企业集团的创业之路。

佳怡供应链企业集团于 1999 年在山东济南创办，经过多年的发展，佳怡已经成为中国北方物流行业的翘楚，已发展成为国家 5A 级物流企业、中国物流百强企业。

佳怡创业的初衷是源于电子商务的悄然兴起，创业者战略前瞻性地意识到电子商务未来的蓬勃发展必须有完善的物流体系所支撑，当即把企业定位为：支撑电子商务发展并提供专业的第三方物流服务。当时市场并不认可这种超前的物流理念，创业者启动市场异常艰难。创业者先后在服装市场、汽配市场去寻找客户；由于缺乏资金，创业者租不起汽车，只能利用公交车、自行车、纯人力进行货物的接收与配送；租不起仓库，创业者们就露天分拣货物。面对物流行业“脏、乱、差”的市场环境，佳怡实行“小批量，多频次”的市场定位，从第一次业务的盈利 50 元、第一个合同客户松下电器的签约、第一辆汽车济南牌厢货车、第一个分支机构的建立，创业者们用理想和信念激励自己，用真诚和执着感动了越来越多的客户，经过五年艰苦创业和不懈努力，成功解决了企业的生存问题，佳怡的业绩和规模不断扩大，在客户之间的良好口碑也在迅速传播。

【分析】案例中的创业者从创业开始到解决企业的生存问题，整整经历了五年的时间，其间问题层出不穷。如果创业者缺乏创业精神，创业者的人格素养不足以面对和化解困难和挫折，创业成功的概率会大大降低。而创业失败、努力，再失败、再努力的过程常会发生，这就要求创新创业者要具有不怕挫折和失败的心理和行为。

我国工程院院士钟南山曾寄语留学生们：“我们经历点挫折、磨炼有好处。我从大学毕业快 60 年了，实际上得到最大的还是从挫折里得到的，而不是从成功中得到的。”①

---

① 资料来源：新浪网。

1.4.2 创新与创业的关系

创新可以在任何领域进行，因而创新不一定要创业。就创业的内涵、创业的特征、创业的过程，以及对创业者的人格要求，无一不与创新有密切的关系，甚至可以说两者是完全相通的。

众所周知，世界上没有两片完全相同的树叶。即便是模仿别人并经营得好的企业，也不可能是百分之百地依葫芦画瓢，而是善于利用自己手中的资源来学习和模仿其他企业的产品、工艺、技术、管理……，因此其模仿的过程也必定有其独到之处。从广义上讲，这种模仿也是一种创新。

斯奈尔（Steven）将介于创新与模仿之间的状态归结为 6 种类型，即假货/剽窃、仿冒/克隆、设计复制、改进、技术提升以及其他行业应用等。① 模仿不仅包括单纯地对先进产品和著名品牌的模仿，也涵盖了模仿市场领先者的管理方法、组织运行模式、市场进入策略、投资决策时机等企业管理的各个方面。真正优秀的企业，如华为、联想、中集集团等高速成长并在国内国际市场已处于领先地位的企业，无不先后经历过上述阶段，并已经开始致力于原创性创新，成为国际市场的翘楚。这种尚未达到原创性的高度，又有别于简单地甚至违法地抄袭和复制之间的方式，我们称之为模仿式创新。

【例 23】模仿魔方生产。

匈牙利工程师鲁比克 1974 年发明了魔方系列玩具，1980 年后很快风行世界各地。1980 年至 1982 年间掀起了第一次热潮，共售出了 4 亿多个，魔方为许多工厂带来了巨大好处。一些生产魔方的企业重视市场信息，重视对魔方的改进，以适应市场需求的变化。例如，日本的企业在六面体魔方的基础上，将外形改变成四面体，每面有九个可以自由转动的三角形，这样就吸引了新的顾客。又如，法国一家工厂生产的一种魔方拼图，由 13 块曲边三角板组成，能拼成各种图像，增加了趣味性。2009 年鲁比克发明了新智力玩具“鲁比克 360”，大大增加了魔方的难度，并由此增加了吸引力。图 1-11 展示了几种魔方。

二阶魔方

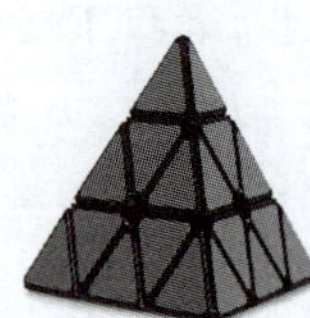
金字塔魔方

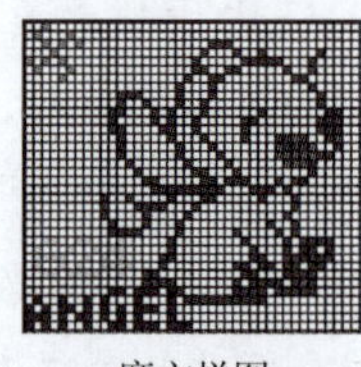

魔方拼图

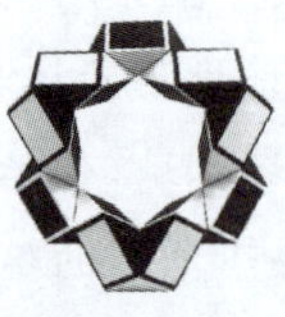
鲁比克蛇

鲁比克360

图 1-11　魔方示意图

【分析】在产品模仿中，企业的主要任务是要对模仿对象的知识进行重组、变异、改进与创新，以创造出新知识特别是具有自主知识产权的新知识，并尽快将这些新知识“内化”或“物化”到企业的产品和工艺中，即开发和生产出较模仿产品更具市场竞争力的创新产品，或推出更先进的工艺方法和技术，从而赢得市场竞争优势，并力争超越模仿对象企业，实现后来居上的目标。因为在模仿已有产品的同时，它已在市场上流行开来，一味照搬照抄，永远只能跟在别人后面。②

---

① Steven P S. Managing imitation strategy: how later entrants seize markets from pioneers[M]. New York: FreePress, 1994.

② 朱玉林. 新产品开发中的模仿与创新[J]. 企业改革与管理，2011(4):36-37.

【思考】请找一个产品模仿创新的案例，并分析它的模仿点和创新点。

学习小结

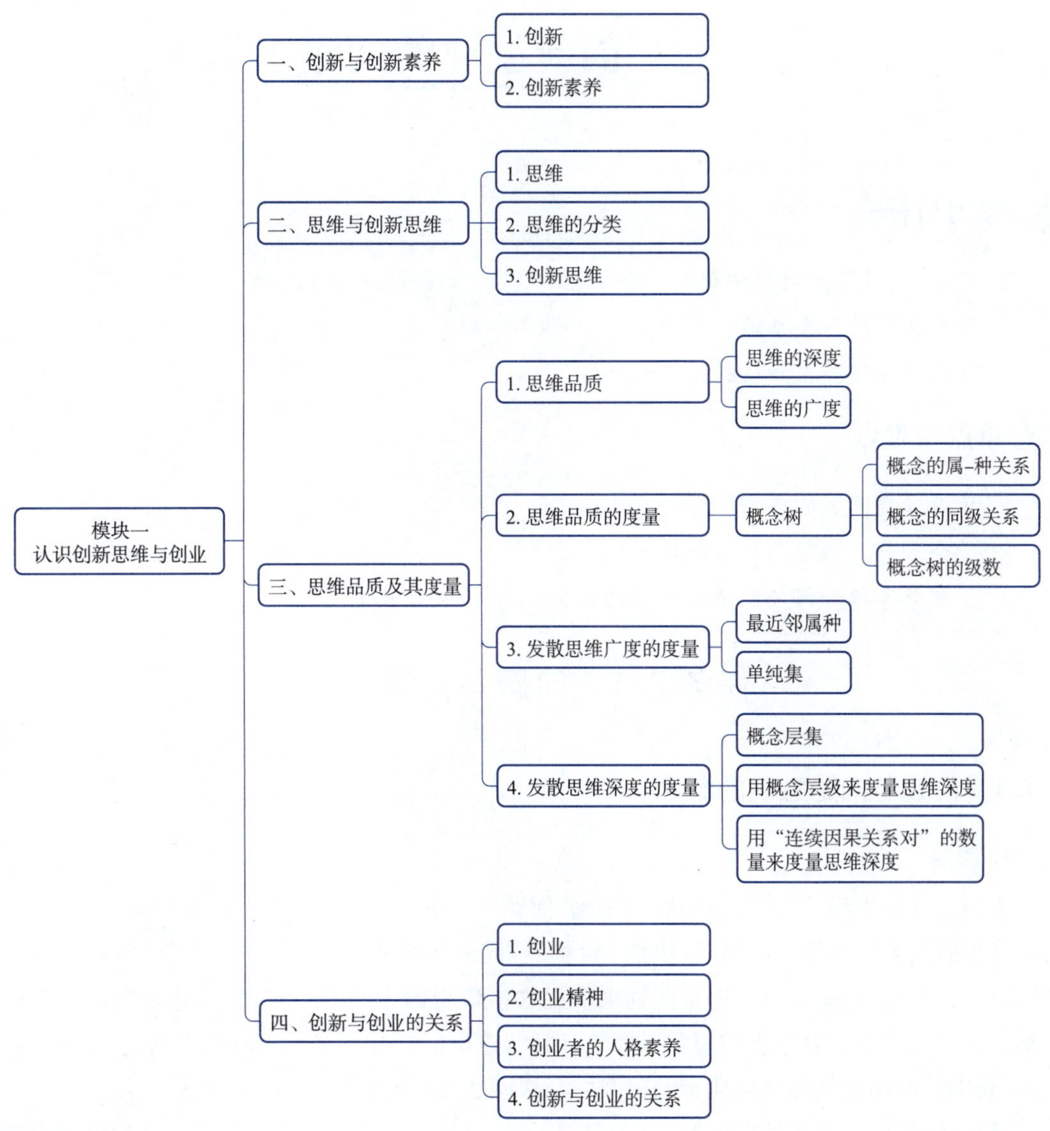

想一想

1. 试用自己的话解释一般思维和创新思维的区别，并找一个例子来说明这种区别。

2. 借鉴图 1-2 水果分科的概念树示例，选取一个实物的概念并画出它的概念树，要求其最近邻种概念集中至少有四个元素，其中一个概念枝至少有四个层级。

3. 以你所认识的某位创业者为例，了解或发现其创业过程中的创新活动，并对该创新活动做简要描述。

模块二 创新创业的问题意识

学习目标

1. 认识“问题”与“问题意识”。
2. 理解问题的八个来源。
3. 认识问题的类型和结构。

重点与难点

1. 培养爱提问题的习惯。
2. 学会如何正确且高质量地提问题。
3. 了解并掌握如何评价所提问题的优劣。

任务 2.1 问题与问题意识

2.1.1 问题与问题意识的概念

1. 问题

人们在日常生活、工作谈话中经常用到“问题”一词，比如“你负责处理某某问题”“这是个很有意思的问题”，等等。但是，这里的“问题”一词大多数不过是“任务”“现象”“事件”或“情景”的代名词。我们完全可以用这些词来取代这些口头语中的“问题”二字，比如“你负责处理某某事件”“这是个很有意思的现象”，等等，因此，这里的“问题”二字不是真正意义上的问题。

《新华汉语词典》《思维词典》和心理学家对“问题”这个概念有不同的说法。

《科学研究中的探索性思维》一书在列举了众多学者和科学家对问题的概括后说：“总之，问题表示了认识过程中认识主体与认识对象之间的距离，而科学问题表达了人的认识的已知部分与将被认识的未知部分的距离”。①

从以上说法可以归纳出问题的内涵有三点：①问题是人们思维和思考的对象；②思维目标与认识现状之间有差距；③不能以现有的(或熟悉、习惯的)理论、经验或方法来解决。

其中第一点明确指出“问题”就是思维的内容，就是说人们头脑中没有问题就是没有思维

---

① 徐本顺.科学研究中的探索性思维[M].济南：山东教育出版社，1992.

活动，这也说明了思维的核心或者本质。

在《TRIZ 及应用——技术创新过程与方法》(檀润华编著)一书中，作者用更简洁明了的词语说明“问题”的本质是：“期望状态”与“当前状态”相比较所存在的距离。例如，希望所采取的措施能达到的目标就是“期望状态”，而实际得到的效果就是“当前状态”。当“实际效果”小于“希望的目标”、有差距甚至相矛盾时，就产生了问题，即问题就是矛盾点。这里的“期望状态”除了代表愿望、理想、幻想，甚至某些“不切合实际的要求”之外，也包含了个人已拥有的经验、知识和对事物想当然的理解。而“当前状态”就是所遇到的事实、现象以及人体感官可感知效果等。这里既体现了“问题”层次的多重性，也表达出了“问题”的动态发展特性。层次的多重性表现为不同文化水平、工作和生活经验的人，包括对现状所持的态度的不同，对问题的看法是不相同的。有些“问题”对于具有较高文化和科学知识的人来说，可以轻而易举地处理，因而根本构不成问题；而对于文化水准较低的，或者是没有什么工作经验的，可能不仅是问题，而且是天大的难题。同样，对满足于现状的人，认为没有问题；而对于有较高的欲望，极力想改变现状的人，则认为问题很多、很大。

2. 问题意识

“问题意识”包含三方面的内容：一是人们是否自觉地承认、认识和敏锐地意识到无论何时在我们的工作中、学习中，在我们的周围总是存在大量的“问题”；二是能否以积极的心态对待“问题”；三是意识到有问题后，能否有条理地对问题进行整理，理出问题的枝蔓和核心，以便于解决和处理。

人们是否自觉地承认、认识和敏锐地意识到无论何时在我们的工作中、学习中，在我们的周围总是存在大量的“问题”。对每一个人、单位或组织，在任何时段，由于知识、经历都是有限的，面对的客观世界总会有很多不知道、不明白的事情。而且不知道的总是远远多于知道的，也就是说不管人们是否意识到，“问题”总是存在的，这是客观存在的正常现象。

很多人在理论上、口头上承认问题存在是普遍的客观事实，但一到现实的工作中，特别是当工作学习比较顺利，受到领导、上级表扬以及群众赞许时，在其意识和行为中往往表现出沾沾自喜、洋洋得意，以至高枕无忧。这时就已经忘记了“问题永存”的道理了。企业的老板最害怕的就是那些总认为“面前一切都是好的、正常的，没有问题”的管理人员。一些著名的世界级企业家在面对自己的公司如日中天的声望和经营业绩时，总不忘记这是一个竞争的世界，对面永远是虎视眈眈的“群狼”，他们总是以某种带有骇人听闻的语气警示自己公司的员工不能自满。微软比尔·盖茨说“微软离破产永远只有十八个月”，华为公司的任正非说华为“现在是春天吧，但冬天已经不远了”。他们的这种“危机意识”就是“问题意识”的具体表现。

对于能否以积极的心态对待“问题”。有的人虽然承认问题的存在，但并不准备认真、主动地解决它。它们或者采取“鸵鸟政策”，装作视而不见，或者干脆躲避“问题”，甚至出于某种缘故故意掩盖“问题”。还有的人对问题没有明确的态度，显然这些人不可能正视和面对问题，所以也不能认为他们有“问题意识”。

当然，所谓“积极的心态”，并不意味着一定要马上去动手解决，由于解决问题的条件不成熟，或者目前根本没有办法解决，因而“暂时不处理”或者“存在脑子里”，但这和“马上处理”一样，都是一种积极、认真的态度。

对于意识到有问题后，能否有条理地对问题进行整理，理出问题的枝蔓和核心，以便于解决和处理？有些人由于没有清晰的思路，因而他所面对的是一团杂乱无章的现象、线索和信息，以至根本说不出他所不明白的问题是什么。就像有的学生听不懂课程的内容时，老师问他哪里不懂，他却说不出来，只能回答"不知道，反正是听不懂"。所以他们并不能很清晰地说明问题的性质、矛盾的焦点和问题所涉及的种种相关的内容。

【思考】关于提问。

①你喜欢向他人提问题吗？说说你的想法。

②回顾一下你在学习、生活或社会实践中遇到的问题，并把它描述出来。

3. 树立问题意识的意义

有无"问题意识"一方面表现出一个人的思维和学习能力的高低，进而在一定程度上也就表现出其工作能力的高低，有时反映出一个人工作态度的好坏。

对于在校生，我们强调只有运用正确的学习方法，才能够获得更好的学习成绩。这里所说的正确的学习方法，其中重要的一条就是"带着问题学习"。

科学技术是人类社会发展和进步的第一动力，科学技术的进步依靠创新，而问题意识就是创新的起点。创新就是发现、提出问题，并对问题不断加深认识，找出并确定有价值的问题，逐一解决问题的过程。在这个过程中，首要的就是有无"问题意识"，也就是能不能意识到问题的存在，并明确地提出问题。在这个意义上，我们说问题意识是创新的源头、动力和基础。无论什么创新，都离不开发现问题和提出问题。

问题意识首先就是怀疑。历史上诸多著名的科学家、学者和政治家都十分重视"怀疑"，并对其提出质疑和问题。马列主义的创始人、革命家和学者——马克思在回答女儿问的问题"您的座右铭是什么"时，回答说："怀疑一切。"法国大文学家罗曼·罗兰说过："怀疑能把昨天的信仰摧毁，也能替明日的信仰开路。"爱因斯坦认为："提出一个问题往往比解决一个问题更重要。因为解决问题也许仅仅是一个数字上或实验上的技能而已，而提出新的问题、新的可能性，从新的角度去看待旧的问题，都需要有创造性的想象力，而且标志着科学的真正进步。"

可以说，正因为在他们头脑里总是充满着各种各样的问题，再加上对解决这些问题，期望得到对世界透彻地认识和得到理想的未来的动机，使他们获得了成功，既造福了人类世界，也成就了他们"伟人"的称号。

2.1.2 带着问题去学习和创业

这里有两个常识。一是带着目的和问题学习，才能学得好；二是多提问并且善于提问题，才能学得深、学得透。

对于准备创业的大学生来说，必须先做好创业的思想准备。思想准备包括两方面的内容，即端正创业动机和针对问题的准备。只有这样的创业，成功率才会高。大学生创业的动机大体上有以下几种：

(1)难以找到理想的就业岗位，不得不走自己创业的道路；

(2)家庭贫困,企图走捷径赚大钱,尽早脱贫;

(3)自信心爆棚,充满了赚大钱的梦幻动机创业;

(4)看到了某些行业、市场存在的问题,且自身拥有特殊的资源去解决问题而去创业;

(5)抱有创业报国高尚理念去创业。

对于上述的前三种动机,大多数情况下都存在急于求成的心理,因此缺乏对问题的思想准备。而在创业过程中不可避免会出现各种问题,商场如战场,留给创业者的处理时间是很短暂的,如无事先准备,到时就会因措手不及而一败涂地。抱着后两种创业动机的,特别是抱着第四种动机而创业的,因为是针对问题出发,并且做好了充分准备,所以成功的概率是很高的。

【思考】学习了这一节的内容,你怎么理解“机遇只偏爱那些有准备的头脑”这句话?

任务 2.2　问题的来源与类型

2.2.1　问题的来源

对于“问题意识”较弱的人,怎样增强他们在这方面的不足呢?我们认为,要从了解问题的源头上做起。

问题的来源是多方面的。我们在总结了那些做出了重大贡献的科学家、成功的企业家、政治家和社会活动家,以及许多对社会做出了出色贡献的普通工作者的成功、成绩和经验的基础上,认为问题主要来源于以下八个方面:

1. 从人的天性上讲,来源于好奇心和求知欲

人从儿童时期就对周围的事物产生好奇心理。从学说话开始,儿童就爱问“这是什么?”“那是什么?”。稍大一些后,就会进一步追问“为什么?”。在儿童看来,世界上没有一种事儿不新奇、不好玩、不值得探索,这就是“好奇心是人生来具有的天赋”的有力证明。

发明大王爱迪生从小就喜欢凡事都问个“为什么”,他向大人提出问题,如果大人摇头说“不知道”,他一定要追问“你为什么不知道”。有一次在算术课上,老师告诉同学:“2 加 2 等于 4。”爱迪生马上站起来说:“老师,2 加 2 为什么等于 4 呀?”老师被问得目瞪口呆。

【例 1】古道尔的童年。

英国著名的人类学家古道尔,从小就有强烈的好奇心和求知欲。在她六七岁时,有一次想了解母鸡是怎样下蛋的,便悄悄地钻进鸡窝里,仔细观察母鸡如何下蛋。这种对生物的强烈好奇心,到了成年以后发展成为浓厚的求知欲和兴趣。她为了研究黑猩猩,不畏艰险,只身进入热带丛林,在寂寞中全神贯注地辛勤工作十年,对黑猩猩的生活规律进行了长期观察和研究,获得了宝贵的第一手资料,根据这些资料撰写了《人类的近亲》《我在黑猩猩中生活》等专著,为人类学的研究做出了杰出的贡献。

【分析】这种儿童天生的好奇心在思维领域中是飞翔的翅膀,攀登的台阶。越是有成就的科学家就越是在自己一生中长期保持这种童心与活力,所以爱因斯坦说:“思维世界的发展,在某种意义上说，就是对‘好奇’的不断摆脱。”法国作家法朗士也说：“好奇心造就科学家和诗人。”

心理学家托兰斯曾经调查询问了 87 名教育家，要求每人提出五种创造型儿童的行为特征，他把这些特征按照出现的次数多少排列后发现，“好奇心强，不断提出问题”这个特征排在首位，比重占 68%。我国的心理学家王极盛在 20 世纪 80 年代中期对中国科学院的 28 位学部委员和 120 位一般科技工作者进行了调查分析，认为好奇心在与创新思维密切相关的 25 种非智力因素中仍然占有重要地位，他们的好奇心水平仍然保持在 3.6 分以上；不论在自然科学的基础研究、应用研究与发展研究中还是在技术创新以及社会科学研究中，好奇心都是起重要作用的五大主要因素（进取心、求知欲、自信心、好奇心、怀疑感）之一。

好奇心不但要用在那些“新奇”的事物上，有时更体现在一般的、常见的事物上。在这方面，成年人应该向儿童学习。随着年龄的增大，“经验”和“知识”的增多，成年人对很多日常的、司空见惯的事物就熟视无睹了。然而，很多的问题恰恰处在这诸多的“常见”中。有人问爱因斯坦，他那些最重要的科学概念是怎样产生的，爱因斯坦回答说，它们首先是因为他“不理解最明显的东西”而产生的。曾有人说过，当你提出一个“笨问题”时，通常可以得到一个“聪明的答案”。所谓“笨问题”，就是对那些最常见的、简单的事物和现象问“为什么”。而“聪明的答案”常常成为重要的科学技术的突破点。牛顿在对苹果掉到地上这一再平常不过的现象的思考中发现了万有引力定律，而无数的人面对相同的现象却毫无感觉。

好奇心的另一个表现就是有广博的兴趣。人的兴趣有广狭之分。兴趣广狭是指兴趣对象的范围的大小。如果一个人兴趣狭窄，必然会把自己局限在一个狭小的圈子里，不利于发现问题，也就难以有创造性思维。相反，如果一个人的兴趣广博，必然涉猎的范围广泛，有利于开拓思想，进行横竖比较，也就有利于不断发现问题，不断地研究它，从而大大地增加各方面的知识，积累了各种经验和素材，为创新思维创造条件。

中外许多思想家、科学家的创作、发现发明活动都是与他们的广泛兴趣和广博知识分不开的。马克思在写给女儿的信中曾经用了一句格言：人类的一切东西，对我都不是陌生的。法国作家大仲马在写作之余，爱收集菜谱，练习烹调技术，成了一流厨师。我国汉代杰出的科学家张衡有极广泛的兴趣，包括天文学、地理学、数学、机械学、文学和绘画等，并都有独到的成就。他的文学作品在文学史上也占有重要的地位，他还是东汉六大画家之一。列奥纳多·达·芬奇是意大利文艺复兴三杰之一，他是一位思想深邃、学识渊博、多才多艺的画家、寓言家、雕塑家、发明家、哲学家、音乐家、医学家、生物学家、地理学家、建筑工程师和军事工程师。他一边热心于艺术创作和理论研究，一边同时研究自然科学，为了真实感人的艺术形象，他广泛地研究与绘画有关的光学、数学、地质学、生物学等多门科学。

2. 来源于永不满足的“野心”

对自己既有知识学问的不满足，对既有成就的不满足，对工具、器具、生活用品、各种产品的完善程度上的不满足，对自己企业经营状况、管理水平的不满足，甚至某些“争胜好强”“嫉妒”等心理活动，都是不满足的表现。不满足，就是问题的来源之一。

有人把这种心理称为“野心”。日本著名数学教授藤原正彦说，创造力究竟是什么？首先是“野心”。这是一切问题的出发点。无论头脑多聪明的人，无论他多么认真地学习，如果没有野心什么也创造不出来。具有那种解开世界上其他人全都解不开的难题的愿望是十分重要的。他所说的野心就是对真理的追求这种崇高的愿望。我们可以用人的“满意度”或“幸福感”来度量一个人的“野心”的大小。“满意度”越小，“野心”越大。即总感到不满足，“野心”越膨胀。我们可以用公式来量化“满意度”：

$$\text{“满意度”或者“幸福感”}=\frac{\text{已经得到的}}{\text{期望得到的}}\times 100\%$$

这个公式说明，满意度取决于两个方面，“已经得到的、拥有的”和“期望但还没有得到的”，只有二者达到平衡、基本相等，或者大于“1”，人们才会感到“幸福”或者“满意”。

由于“野心”是“满意度”的倒数，所以，上面的公式里可看出，要提高“野心”，就是要降低“满意度”，也就是“永不满足”。从公式上看，可以通过两种途径降低满意度，一是增加“期望得到的”，二是放弃“已经得到的”。这两种方法可以达到殊途同归的效果。增加“期望得到的”，就是提高目标等级——你尚未得到的结果。例如得到了三等奖不满足，力争向二等奖努力，向一等奖冲击；得到了亚军就要把下一个目标定为冠军。在生产实践和科学研究中，把目标数值提高一丁点，往往就可能成为超水平的创造了。

放弃“已经得到的”，就是放弃已经得到的利益、成果、荣誉等。社会上有众多富有成就的企业家没有小富即安、心安理得地去享受已得到的利益、成果、荣誉等，而是放弃安逸的生活，重新投入到更艰苦的奋斗中去，力图造就百年老店式的长寿企业。我国乒乓球队每取得一个世界冠军，队员总被告诫要从零做起。冠军只代表过去，对未来、即将到来的下一次比赛，你什么也不是。

为了接受新观念，或者为了激发创新思维，还需要我们把某些已经获得的知识“忘掉”，就是说，努力摆脱已有知识的束缚——读书而不为书所累。

降低了满意度，你面前就会出现许许多多的问题——为得到更高的满意度、更高的目标带来的问题。

3. 来源于强烈的“责任心”

世界上的一切事物都不是十全十美的，总存在着这样那样的缺陷。当人们总在追求至善至美时，就总会感到某些用具的不方便、某些成果的不完满、某些文艺作品不够好看等等“问题”。进而要着手改进它们的时候，会遇到更多的“问题”。很多人会因缺少责任心，以种种理由躲避开来。诸如对待工作上的问题，因所在的职位低，或不是自己职责范围的事而弃之不理；对可能发生的危险，其利害与自己的关系不大，甚至无关系而不予理睬；因解决问题的难度大而放弃；因责任心不强无视或忽视存在的问题；因取得了些成就而沾沾自喜，故步自封，不再求上进而不去解决进一步的问题。而责任心强的人，则不会试图借助理由而躲避困难，反而是迎着问题上，追着困难走。面对国难当头，有多少平凡人抱着“位卑未敢忘忧国”之心，舍身报国，成为永垂千古英雄烈士。面对与己无关的危机场合，挺身而出解救危机，被广大民众所赞誉。因此，提高和增强责任心，是发现问题和解决问题的一个极其重要的前提。

【思考】关于兴趣爱好、“野心”和责任心。

①请说说你的兴趣爱好是什么？有没有最热衷的兴趣爱好？你能为它付出持之以恒的努力吗？

②请说说你是否有“野心”？这种“野心”具体是什么？

③检讨自己在哪些方面的责任心不足？

如果说兴趣爱好、“野心”和责任心，是“问题”的心理根源，那么接下来的五点，就是发现、寻找“问题”的技术根源。

4. 从对日常生活中感到不方便的地方发问

例如，为适应四季气候变化，人们一年四季都要换装，能不能制造一种四季都适用的衣服？市区十字路口的自动信号灯都是用时间控制的，常有横行道已经没有车了，直行道信号指示灯还是红的不能放行，浪费了司机和行人的等待时间，增加了道路堵塞的可能性，能不能发明一种智能信号指示灯系统，以减少等待时间、缓解道路拥堵？草坪上的自动浇水龙头一般是旋转喷水，水浇到行人身上也不会停。而且，这种龙头只适用于标准圆形草坪，否则要么水浇不到角落，要么水跨过草坪，浇到道路上去了。能不能制造一种智能自动浇水龙头，解决上述的问题？类似这样的问题大量存在，关键看你能否注意到。

【思考】就你在生活、学习以及周围环境中遇到的最不满意的方面进行发问，找出痛点，并试想一下能否革新改进？

5. 善于从对比和比较中发现问题

俗语讲得好：“不比不知道，一比吓一跳”。讲的就是很多问题都是通过对比和比较而发现的。对比和比较有很多不同的方法，首先是对同类事物、事件进行对比，找出其中的差别，追究产生这些差别的原因就是问题之一，而寻找消除这些差别、扩大并利用这些差别是另一类问题。伟大的科学家、进化论的提出者达尔文通过对比同种动物、植物在不同地理位置、不同的年代的状态区别，提出了什么原因造成这种差别的问题，并在研究这些问题的过程中得出了物竞天择、适者生存的进化论观点。

6. 从事实与理论的差别中发现问题

只要我们细心观察出现的异常现象，就会发现某些问题。异常现象包括“从未见到过的现象”和“与常识、理论相悖的现象”。在实验中，观察实验结果中常出现的反常现象，可能与理论、概念、假设条件等发生冲突，通过对这些冲突的深入研究，产生出新的科研成果。科学史上有无数这样的例子。1821 年，法国天文学家布瓦尔出版了天王星的轨道表。但实际上，布瓦尔通过自己的观测发现了一个秘密：天王星的公转轨道和自己测算出的理论轨道有一定差距，这就让布瓦尔百思不得其解，难道天王星受到了附近某个星球的引力影响，导致其公转的轨道和计算出来的轨道有一定差距？这颗星球是否为人类没有发现的太阳系新行星？正是布瓦尔发现的天王星公转轨道的异常，为天文学家发现海王星的踪迹埋下了伏笔。到了 1843 年，英国天文学家亚当斯通过计算，算出了可能影响天王星公转的太阳系第八颗行星的轨道。与此同时，英国天文学家约翰·赫歇尔以数学的方法不断地搜索新行星的踪迹，柏林天文台的德国天文学家约翰·格弗里恩·加勒对新行星的踪迹进行探索，最终发现了海王星的踪迹。[①]

此外，以下也是一些容易出问题的地方。例如生产过程中存在的问题。一般来说，生产中会出现的产品质量、设备使用的不方便、性能差、功能差、消耗大、效率低、生产成本高等问题。这些问题的多数是一般性问题，不会涉及创新。但当出现奇特的异常现象时，用常规办法解决不了时，就有可能需要创新思维来解决。在学习、实验、试验、设计、操作、调查等实践活动中会发现各种现象，通过分析、思考，就会有新的认识和想法，坚持下去，进一步进行分析、论证和推理，就可能形成问题。

在校学生、大学毕业生、研究生等青年人常有这样的困惑，他们的科研热情很高，就是不知道从哪个方向、哪个地方下手，找不到一个合适的课题。主要原因：一是他们不知道自己真正的个性优势和愿望所在；二是他们对所从事的学科在实践中所存在的问题不清楚。由于他们没有实践经验，与生产脱节，不清楚生产实际中存在什么问题，立题当然是件很困难的事，而生产部门明知道存在问题，由于种种原因，如资金紧张、人才缺乏、不重视等，没有仔细分析和认识问题存在的原因，也未能把问题提出。

要关注知识领域的交叉地带。人们习惯注重本学科领域的动向，注意的焦点和研究的深度广度大都集中在本学科，往往忽视交叉地带的问题，如系统论、控制论、信息论、机电一体化等就是交叉地带的产物。

7. 统计数据中的问题

当所调查对象的数量很大时，通常采用抽样调查，通过调查少量对象的数据，用以反映全体对象的状况。一般说来，当抽样方法完全符合统计学的要求时，结论是可信的。但实际情况并不都是这样，并不是所有的人都能完全正确地使用这些方法，因而他们所得出的结论往往是似是而非的。当看到诸如“研究显示”“事实上”“据调查”“据统计”“结果是”等词语，以表明他的论据足以支持其论点时，不应该简单地相信其论点，不妨对其“研究显示”“事实上”“据调查”等进行批判性思维，以求发现其在论证过程中的问题。因此，对于“我的经验证明了……”或者“我可以将其全盘否认，因为据我的经验……”等这一类说法，我们务必保持高度的警觉，多问一句“这是真的吗?”可以从三个方面发现统计数据中的问题：

首先，要明确统计数据、数字的收集途径。要清楚作为论据的数字、数据的统计路径、方法，统计人员的可靠性等等。例如，对旅游业旅游人数的统计历来就是一个有分歧的问题；如一个景点有一人游览，而全市有这样的景点五到六个，于是统计的游览人数为 5～6 人次；而如果从住宿人数的口径加以统计，就会少于 5～6 人，两种统计结果就不同了。再如某市某年的十一黄金周采用了上述两个统计口径，结果大相径庭，按游览人次统计则比去年增加 25%，按住宿人数统计则比去年减少了 25%。

其次，我们要对抽样调查过程的技术问题进行确认，诸如“调查结果是否真实，能否真正反映填表人的真实情况或填表人是否真实填写了应当填写的内容”。例如，对待某些关乎道德的个人隐私问题。此外，还有很多问卷出现设计问题、用词问题，以至多数被调查对象因缺少相

① 资料来源：百度百科.

关专业知识而无法准确、正确地填写问卷。还有“调查中是否会遇到许多固有的偏见”“调查的对象是否真正具有典型性”等，也会使统计结果不能反映事实真相。

最后，对待一个统计数字，要多考虑一下，是否有被忽视和遗漏的其他的口径，造成这个统计数字有只顾其一，而忽略其他的嫌疑。

8. 注意隐含的问题

一个论证、结论或者决策，总是在特定的条件和前提下才能成立，不存在能在任何条件、前提之下都能成立的情况。这些条件和前提，在逻辑学中称之为“假设”或“预设”。所谓“隐含的问题”就是在这些“假设”“预设”中的问题。

【例 2】 请问“斯塔尔教授上课十分完美。学生们对他的讲课如醉如痴、心驰神往，并从中受益很多”的预设或假设是什么？

【分析】

(1)论证的组成：

①结论：斯塔尔教授上课十分完美。

②理由：学生们对他的讲课如醉如痴，并且受益很多。

(2)假设：

①“学生们的评价”是评定授课质量的标准。

②“受益很多”也是评定授课质量的标准。

对上述这两个方面稍加分析，便可发现一些问题。首先，学生们“如醉如痴”，并不一定就是授课完美的标准，假如一个教师上课离题万里，插科打诨，热闹则有余，传授知识则不足。其次“受益很多”指的是什么？是指传授的知识、学习的方法、人生的看法、抑或是放松了精神等等？显然没有具体明确指出来。第三，这两个假设之间存在什么关系，是相互依存，还是并列，或者析取？

【思考】 请问下面语句的预设是什么(有多种可能)？

①玉皇大帝不是全能的。

②老李紧张地告诉老陈说：“听小张说老赵的儿子被车撞伤了。”老陈不相信老李的话。

对待任何一个论证和结论，我们都应该首先找出该论证、结论成立的前提条件，也就是“假设”“预设”是否正确。一旦发现了这里的错误，结论和论证所存在的问题就显现出来了。当然，也可能由于思考者的经验、知识和理解力所限，对正确的论题也认为有问题，尽管是“伪问题”，但毕竟出现“问题”了。

2.2.2 问题的类型

从问题的内容、形式结构以及问题的性质、目的来看，问题的种类都是多样化的。为了便于深化对问题的认识和研究，弄清楚问题的核心，进而选择适当的资源和方法，高效地解决问题，有必要清晰地知道问题的分类。

1. 从问题涉及的因素划分

根据问题所涉及的因素的多少，可分为简单问题和复杂问题。简单问题只包含一两个因素，或者只通过一个步骤就可以解决。复杂问题至少涉及三个以上的因素，或者要经过多个步骤才能解决。因此，复杂问题是由多个相互之间有一定关联的子问题构成。根据各子问题之间的相互逻辑关系，可以把复杂问题中各子问题分为链式结构关系、并列结构关系、树形结构关系和环形结构关系。

（1）链式结构关系。如图 2-1 所示，链式结构是指各子问题之间存在依次相互连接的逻辑因果关系或者发生时间先后关系，如果不解决后一个问题，就无法解决前一个问题。

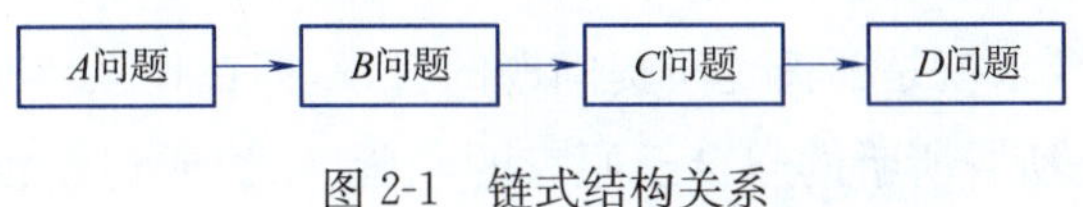

图 2-1　链式结构关系

（2）并列结构关系。如图 2-2 所示，并列结构是指各子问题同属一个大问题之下，但相互之间没有直接关系，其概念级相等。解决“B 问题”对解决“C 问题”没有任何影响。只有 B、C、D 三个问题都解决了，A 问题才能解决。

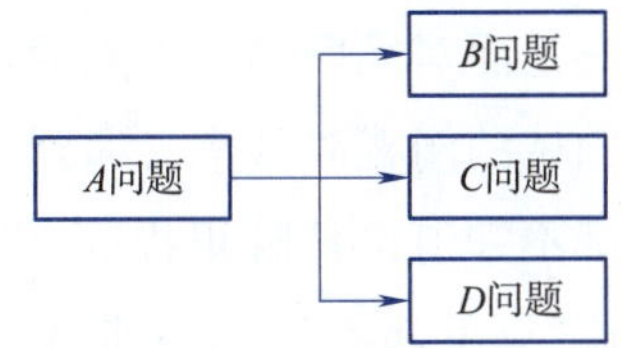

图 2-2　并列结构关系

（3）树枝结构关系。如图 2-3 所示，树枝结构是由上面两种结构组合而成。

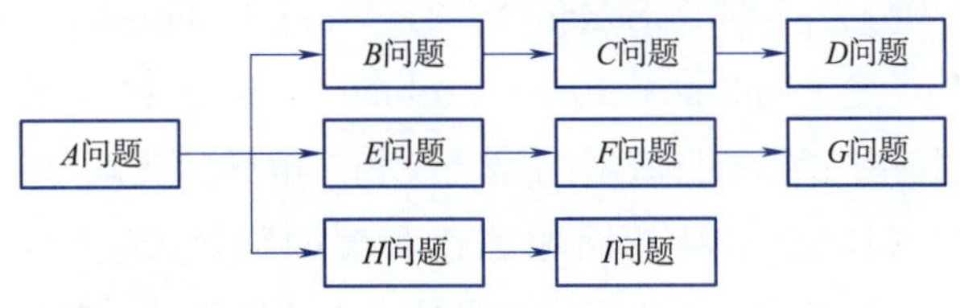

图 2-3　树枝结构关系

（4）环形结构关系。如图 2-4 所示，环形结构是很特殊的一种，是指问题与问题之间的因果关系首尾相接，形成了一个闭环结构。在这个问题环中，不能明显地看出哪个问题是根源的问题。

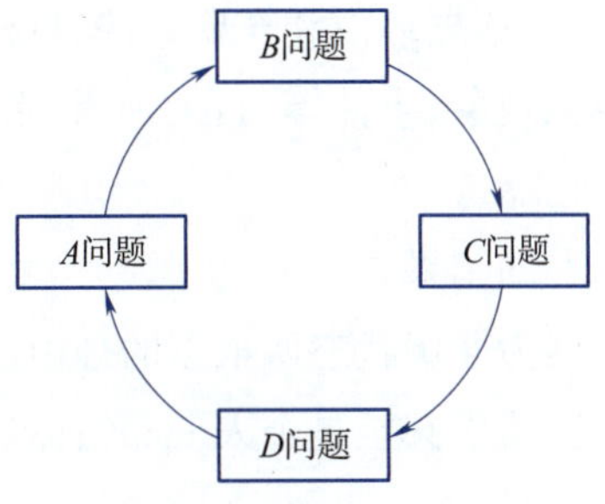

图 2-4　环形结构关系

在实际工作中，这类问题也很常见。例如，某个人工资很低，问题的原因是他技术水平低；而技术水平低又是因为他上学少、文化水平低造成的；问他为什么不多上学时，回答是没有钱、上不起学；不能去上成人班补习吗？答曰收入太低，交不起学费。于是就形成了一个恶性循环圈：收入低—文化低—技术水平低—收入低。

2. 从对问题的表述划分

从提问者对问题的表述上看，可以分为清晰问题与含糊问题。

清晰问题的最基本要求就是要清楚所提问题的背景，即在什么情况下产生的问题，是自己经验知识的空白点，还是所看所听的与自己原有的经验、知识或观点相矛盾？对复杂问题，问题清晰化的进一步要求是梳理清楚问题所涉及的因素之间的逻辑关系，即逻辑结构，找出该问题的关键所在。达到这些要求的问题就是清晰问题，反之就是含糊问题。

含糊问题给人的印象大体有三种：一是问题没有提到点子上，即提出的问题与问题的背景不对应，不是解决该现象、事件、矛盾的根子，没有抓对矛盾；二是不知道提问者到底想追求什么，是想找原因，还是找解决办法；三是面对问题的一堆因素，不知道从哪里提起。这在学习一个全新的知识，刚刚迈进一个陌生领域的门槛时常常会遇到。眼前的文字没有一个不认识的，可是内容一点都不懂，想找人请教都不知道该从哪里提问，因为到处都是问题，分不清先后主次。如果一定要他提问题，他只能说"哪里都不懂，反正是不懂。"这就是含糊问题。

3. 从问题的成分构成划分

从问题的成分构成划分为完备问题和不完备问题。在《TRIZ 及应用技术创新过程与方法》一书讲到了将问题划分为两类[由 Simon(1973)、Van Gundy(1988)、Jonas Sen(2004)三人提出]，即结构良好问题（well-structured problems）和结构不良问题（ill-structured problems）。良好问题是指问题的目标、解的路径及相对解的障碍均基于给定的信息，都是清楚的。结构不良问题是指缺乏清晰的问题陈述和解的路径，甚至难以陈述问题的目标。Simon 等人对问题的划分是以问题所具有信息量的多寡为原则的。对于设计者或问题解决人员，构成问题的信息量越多，理解问题就越容易，从而越便于解决问题。①

进一步细化上述的划分方法，我们认为：构成一个完备的问题要求思维研究对象（事物、现象、事件等）、思维主体和思维目的必须具备最基本的信息要素，把这些清晰化问题的要素归纳为五个，分别是当前状态、期望状态、依据理由和充要条件、目标。

(1)当前状态：研究对象（事物、现象、事件等）目前所看到的状况的描述，已经得到的相关数据等；

(2)期望状态：期望达到（得到）的结果；

(3)依据理由：由当前状态发展为期望状态所依据的理由，这些理由可以是各种理论知识，也可以是实践经验，也可以是假想、猜想甚至是个人一厢情愿的想当然；

---

① 檀润华. TRIZ 及应用：技术创新过程与方法[M]. 北京：高等教育出版社，2010.

(4)充要条件:依据理由中所必需的和充分的条件;

(5)目标:研究该问题希望得到的结果。

必要时,上述要素应尽可能数据化。

根据问题要素的明确与否,把问题归纳成两种类型:上述各要素都表达清晰、且确定的问题,称为完备问题;而缺少上述任何一个要素内容的都可统称为不完备问题。

【例 3】 某车间现有的生产能力是每月生产 10 万件,下个月的订单是 12 万件。怎样才能完成下个月的订单?请找出这个问题的五个完备性要素的内容。

【分析】

问题的当前状态是:"只有 10 万件的生产能力"。

期望状态是:"完成 12 万件"。

在这个问题中,依据理由和充要条件就没有明确地描述出来。

问题的产生依据是:对车间现有生产能力的计算。

充要条件是:设备技术参数、人力资源的数据的准确,以及提问题的人对车间情况、数据掌握的准确程度。这些信息中哪怕有一点错误,整个问题就站不住脚了。并且,这些依据理由、充要条件的内容是在解决问题时必须考虑的。

该问题是求解型问题,目的是在生产能力不足的情况下用什么办法完成生产任务。

我们首先要学会对问题分类,培养和提高问题意识,学会提出正确且清晰的问题。其次是为了进一步研究了解问题的性质和特点,并根据各种问题的特点理清思维头绪,以利于解决问题。

【思考】 请找出以下问题的五个完备性要素的内容。

在解放战争的辽沈战役前,葫芦岛敌军增加了 4 个师,给防备葫芦岛援敌的塔山防线增添了很大的压力。某军官立刻增加了新的顾虑,他说:"准备的是一桌菜,上来了两桌客,怎么办?"

任务 2.3 问题的评价和问题的深化

问题提得好坏是能否解决问题和能否较容易地找到正确答案的前提。问题提得不好,说明我们在认识上和策略上就不完善,排除某些"不是问题"的问题的极端错误之外,还容易使我们在解决问题时误入歧途。问题提得好,就意味着我们确定了一个正确的方向,避免了在下一步解决问题时走不必要的弯路,也有助于减少在解决问题过程中遇到的困难。

除了学习创新创业相关知识,更重要的是训练和培养问题意识,不但要善于发现问题,还要敢于提出问题。为此,把提问题的次数以及问题质量的评价作为评判学习效果的依据之一。

下面介绍评价"问题"质量优劣的等级依据,并且提出了提高"问题"质量的方法。

2.3.1 问题的评价

问题的评价是指对所提问题的质量的评价。根据问题分类，我们对所提问题的优劣划分成五个等级10个档次，并依次用1～10分评价问题质量的优劣，供读者参考和自我评估，以逐步提高提问的质量。

1. 第一等级第1档次，含糊问题

对于一个问题对象整体，说不出其中具体的问题点，理不出完备问题必要的五项内容，搞不清楚是简单问题还是复杂问题，只能用“反正搞不懂，都不懂”一言以蔽之。给1分。

【例4】在课堂上，某学生向老师提问：“老师，您讲的第三个自然段我听（或‘看’）不懂。”

老师：“哪里不懂？”

学生：“……，反正都不懂。”

评价：给1分。这就是典型的“含糊问题”，但是，该学生毕竟敢于提问题了，所以给1分。

【例5】幼儿园小孩：老师，天上哪颗星星最亮啊？

老师：你说呢？

幼儿园小孩：我也不知道啊！

评价：给1分。但考虑到这个孩子是通过观察大自然后思考并提出问题，可以奖励，给1.5或2分。

2. 第一等级第2档次，次含糊问题

对于一个问题的对象整体，理不出问题的五项内容，但能清楚它是简单问题或复杂问题，能说出其中一、两个具体的问题点。给2分。

【例6】在课堂上，某学生向老师提问：“老师，您讲的第三个自然段我听（或‘看’）不懂。”

老师：“哪里不懂？”

学生：“里面第三行的××两个字是什么意思啊？”

老师：“除此外，还有哪里不懂？”

学生：“唔……，现在我还说不清，请您先给我解释××这两个字的意思吧。”

评价：给2分。这属于“次含糊问题”。

【例7】幼儿园小孩：“老师，天上哪颗星星最亮啊？”

老师：“你说呢？”

幼儿园小孩：“我觉得可能是右边那颗最亮。可是星星太多了，我看不过来啊！”

评价：同上例，给2.5～3分。

3. 第二等级第1档次，不完备问题

不知道问题结构有五项内容，或者知道问题结构有五项，但不能全部明确地描述出来（主要是对“依据理由”和“充要条件”缺少一项，或者不清楚。不要求提问者所知道的依据正确与否），并且不清楚“问题”是简单或是复杂的。给3分。

一个完备的问题应该具有五项内容：当前状态、期望状态、依据理由、充要条件和目的。正确地提问题，首先就是自己心里清楚问题应包括全部这五项内容。但是，问题的依据理由和充要条件是比较容易忽视甚至遗漏的。这是因为很多问题只提出了当前状态、期望状态、差距和目的，在问题叙述的内容中往往不会明确讲出依据理由和充要条件。有的人认为依据理由很明显、不言而喻，所以忽略不写。很多问题的关键点就在于产生问题的依据理由和充要条件上。在本章的“问题的来源”中已经说明，很多问题在“预设”中，也就是所谓“众所周知”的前提之中。因此，即使在问题的表述上可以不书写出来(不说出来)，但在思维中不能漏掉，也不能含糊不清。

【例 8】关于两条线平行的推导问题。

学生：老师，这道证明题的第三步到第四步怎么推导出两条线是平行的啊？我不明白？”

老师：你知道证明两条线平行一共需要哪些条件吗？

学生：“好像有三四条吧？记不清，忘记了。”

评价：给 3 分。这个同学搞不清两条线平行的多个条件，更加不可能清楚从第三步到第四步之间省略了多少细节了，也就是说他不可能知道这是简单问题还是复杂问题(有时候教材编写者认为第三步到第四步很简单，故而省略了中间细节)。如果他能说出两条线平行的几个条件，从而也就能估计出第三步过渡到第四步之间的大概过程(即便是不全对)，可以给 4 分。

【例 9】学生：“老师，我知道地球到火星最近的距离应该是在太阳、地球、火星三点成一直线的时候，我国的天问一号应该在这个时候发射才是最好的啊。可是，我查了百度，里面说应该是在这三点成 44°角的时候发射最好呢。”

老师：“你问的问题很好。你知道从地球飞到火星除了考虑距离之外，还有什么其他因素在影响吗？”

学生：“哦，我没看完整，不知道还要考虑哪些因素。”

评价：给 3.5 分。如果再能多讲出一两个依据，可以给 4 分。

4. 第二等级第 2 档次，次完备问题

问题的五项内容和简单复杂性全都明确(对提问者所知道的依据理由和充要条件正确与否不做要求)，但对复杂问题分不清主次或大致的顺序。给 4 分。

【例 10】在例 9 中，当学生叙述完问题，老师问他“还有其他的影响因素吗”，学生还能回答出诸如星球的移动、能载燃料的多少、其他星球引力的影响，即便不能说明哪个因素影响最大或者影响大小的顺序，也算是完备问题。

评价：给 4 分。

5. 第三等级第 1 档次，次清晰问题

问题的五项内容和简单复杂性全都明确(对提问者所知道的依据理由和充要条件正确与否不做要求)，但所提的问题是简单问题，或者对复杂问题分不清主次及顺序，搞不清核心问题在哪里。给 5 分。

【例 11】 学生："老师，根据自由落体公式 $S=gt^2$，推导出 $t=\sqrt{\frac{S}{g}}$。公式中没有出现物体的质量，那就是说，只要在同样的高度上，让一个铁球和一个纸团同时放手自由落下，它们应该同时落到地面上。可是我们做过实验，每次都是铁球先落到地面上。这是为什么呢？"

老师："你觉得这里的问题可能在哪里呢？"

学生："我也不知道啊！"

评价：给 5 分。学生提的这个问题所涉及的因素很少，所以是简单问题。他的矛盾点也很清楚，就是自由落体公式用于实验自由落体物体的不相符。但学生不知道问题源于何处，因此这只能是次清晰问题。

6. 第三等级第 2 档次，较清晰问题

问题的五项内容和简单复杂性全都明确（对提问者所知道的依据理由和充要条件这正确与否不做要求），对复杂问题能分清主次及顺序，并清楚核心问题在哪里。给 6 分。

【例 12】 对于例 3 的问题：某车间现有的生产能力是每月生产 10 万件，下个月的订单是 12 万件。怎样才能完成下个月的订单？

评价：给 6 分。其内容涉及生产能力的多方面因素，且对完成任务所依据的条件、数据都很清楚，故而这是一个清晰问题。

7. 第四等级第 1 档次，简单质疑问题

在清晰问题的基础上，能就书本或社会生活现象，针对五项内容之一提出疑问的，如对所看到的现象的真实性质疑；对传说或文字记载中的现象质疑；如对某个原理质疑；对其中的充要条件质疑；对上级领导的决策提出质疑等。但尚不能进一步讲出如何解决这个质疑的自己设想的方法的。给 7 分。

【例 13】 学生："我参考了几本企业管理和生产运作管理的参考书，在库存管理中都讲了经济订购批量公式，但对公式中的 S（一次订购费或调整准备费）解释得都不清楚。我们在工厂实习时发现这个费用都不好统计，或者少得可以忽略。这样，用公式计算出来的采购批量很小。工厂的采购人员说，如果按照这样的采购批量，我们就要频繁地采购，生产线也会经常缺货。老师，我觉得这个公式有问题啊，要么就是这个 S 定义得有问题。老师，您说呢？"

老师："你提的问题很好，能从理论用于实践中发现问题。这个问题可以在某书中找到答案。"

评价：给 7 分。这是针对书中的理论依据和生产实际的矛盾，对书中的理论提出了质疑。属于简单质疑问题。

8. 第四等级第 2 档次，复杂质疑问题

在清晰问题的基础上，能就某些重大事件、理论、社会现象等，针对五项内容提出疑问的，如对某个理论原理质疑，对其中的充要条件质疑，对领导的决策、专家的预言质疑等，但尚不能进一步讲出如何解决这个质疑的方法的。给 8 分。

【例 14】《项羽死亡之谜》一书的作者，发现《史记》中对项羽之死之说，前后文记载不一致。一处是"自刎于乌江边"（流传至今的传说和戏剧都是如此），另一处是"战死东城"（现安徽省定阳县），两地相距 240 里（1 里＝500 m）。针对这个矛盾点，作者提出"项羽究竟死于何处"的质疑。

【分析】给 8 分。该质疑点是一个在历史上影响较大的历史事件问题。

9. 第五等级第 1 档次，简单探索性问题

在前面两种质疑问题的基础上，能针对质疑点进一步讲出如何解决这个质疑的方法设想（不考虑方法正确与否）。给 9 分。

【例 15】对例 13 学生提出问题后，老师不告诉他答案，而是加以追问："你觉得该怎样解决这个问题呢？"如果学生能回答出他的解决方案，即便不对或不成熟，但毕竟给出了下一步探索解决的方案。

评价：给 9 分。该学生在例 13 简单质疑问题上，追加上了自己进一步探讨矛盾点来源的方案，故而属于简单探索性问题。

10. 第五等级第 2 档次，重大探索性问题

针对重大理论、社会现象问题产生的质疑问题，并能针对质疑点进一步讲出如何解决这个质疑的方法设想的（不考虑方法正确与否）。给 10 分。

【例 16】对于例 14 中的提问者，不仅仅是提出了问题，还具体地给出了解决该问题的方法步骤。最终得以解决，并著写出版了《项羽死亡之谜》一书，得出了项羽不是自刎死于乌江边，而是战死于现安徽定远县东城。该地距离原记载的项羽乌江自刎地相去甚远。

评价：给 10 分。该问题显然属于重大探索性问题。

综上所述，对提问者提出的问题，不仅要认真仔细聆听对问题的叙述，理清楚叙述问题中的完备性，分清该问题属于简单问题还是复杂问题，还要询问有无后续问题，以证实是否属于质疑问题或探索性问题，然后才能恰如其分地对提问者给出分数。

2.3.2　问题的深化

1. 高质量问题的要点

下面给出高质量问题的两个要点，供读者参考。

第一，把问题细化。高质量的问题，除了避免含糊问题，以及问题的构成成分要完备之外，重要的一点就是把复杂问题细化。对于涉及面广的复杂问题，我们不能简单地只用一个问题来概括，这样会使问题很笼统，也使得解决问题的人不得要领，不知从何着手。相反，我们要学会把大问题化为几个小问题，把复杂问题变为若干简单问题，从而逐步解决。在实践中，很多貌似很复杂、很难解决的问题，经过分解细化，反而变得容易处理了。

第二,进一步提问。当我们对已有问题做了一定的研究工作后,仍然没有得到理想答案时,应该停下来,思考下一步的方向,这就需要进一步提问。进一步提问大体上可以从以下三方面着手思考。一是,针对此前所做的研究和工作的反思。提出"这样做,对不对?""方法有没有错误?"等类似的问题。期望通过回答这些问题来审视以往所做的工作,包括既得的一些不成熟的想法的正确与否,及时纠正过程中的错误,避免误入歧途。二是,弥补问题中遗漏的某些因素。可以提"有哪些因素没有考虑到?""是否有漏掉的问题?""还有哪些方法没有试过?"等问题。通过对这类问题的思考,可以为开展进一步的工作确定方向。三是,提出建设性的假想。在思考上一类问题的基础上,最好的方法是提出一些具体的操作方法,例如"用A材料试试吗?""把步骤的顺序改变行吗?""改用缓慢加热方法行吗?"。这些更具体的方法可以逐步使我们接近最终正确答案。特别是当有了"穷途末路"的感觉时,不妨做一下各种异想天开的假设,不要考虑可能与不可能,不要怕提的问题离奇古怪,这种问题极有可能使我们"柳暗花明又一村"。当然,提这种问题需要我们除了已经具有一定的发散思维能力,还应有相当的理论知识和工作经验。

2. 换个角度提问

问题的提法得当与否,在一定的情况下还与提问者所处的立场、看问题的角度有关系。同时,学会从不同的角度看问题,还能够使我们调整思路,从而为解决问题提供了多种可能的办法。某些难题换一个角度提问时,反而不是难题了。从扩大思维的广度而言,就是要求我们学会从多个角度提问题,从适当角度提问题。

前面讲述了问题意识在创新创造中的重要性,目的是通过学习,培养读者善于发现问题,敢于提出问题。为更好地达到该目的,我们建议读者学习了每一节内容后,能以书面或口头方式提出一到两个问题,然后由读者对所提问题进行互评优劣,也可由任课教师进行点评。读者可以就以下几个方面提出问题:

(1)本教材的内容;

(2)报纸或其他书籍的内容;

(3)学校内或附近的现象;

(4)个人兴趣爱好相关的内容;

(5)常见的社会现象;

(6)其他。

提问题时,应尽量避免提出与自己的年龄、知识、经验相关度很小的问题,以及一些好高骛远的问题。

【思考】对下列情况,你会提出哪些反问(至少提出三个)?

例如:一位技术员向领导抱怨:"这些员工素质太低了,怎么教也学不会"。

领导反问技术员:"到底是员工素质低,还是你的教法不得当?"

某学生说:"哲学理论讲得那么神秘抽象,根本没有用。"

销售经理建议:"这里的环境太恶劣了,把公司搬走吧!"

学习小结

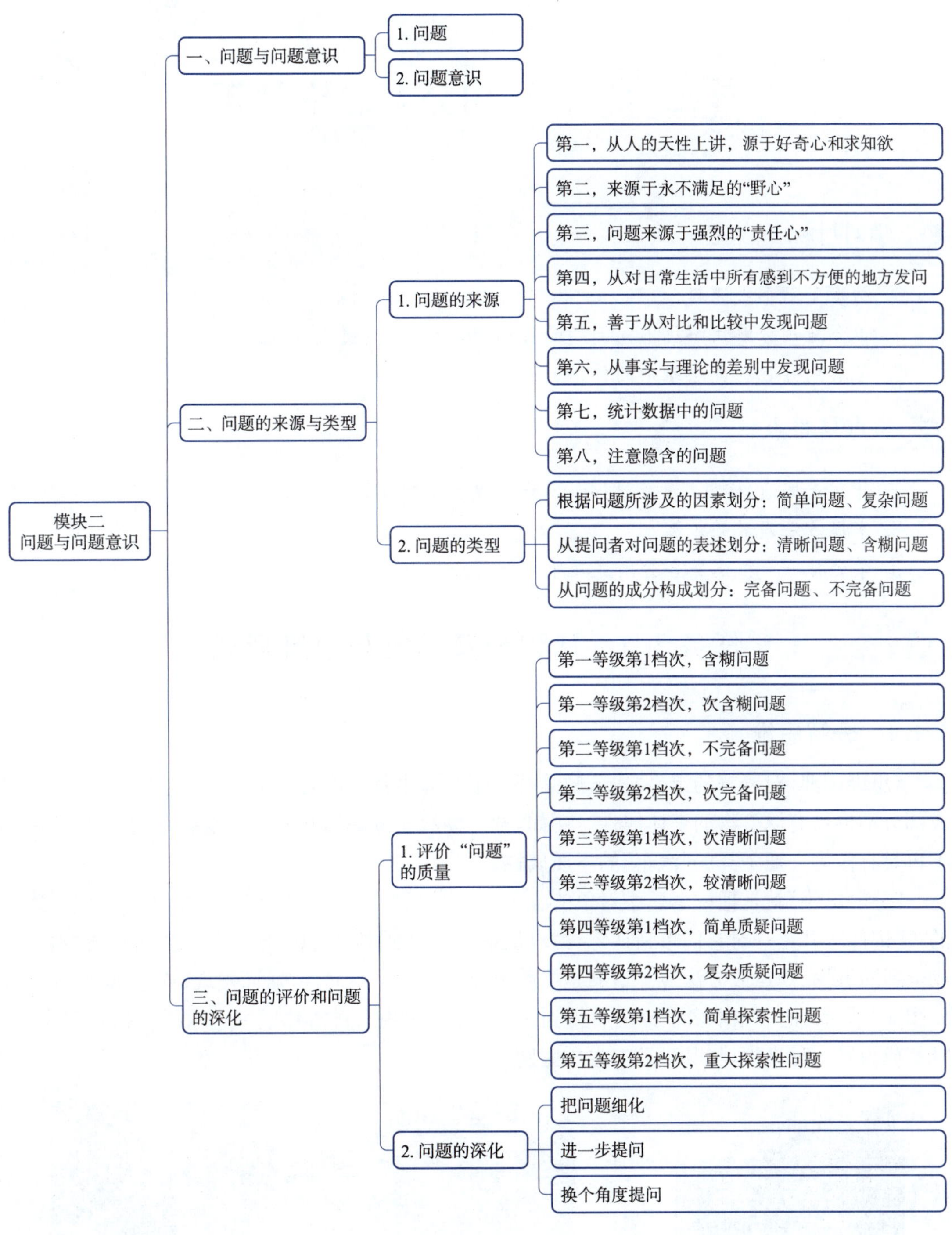

想一想

你能运用本模块所提的方法去处理学习、生活和工作过程中的问题吗？

模块三　运用分解思维创新

学习目标

1. 初步了解形式逻辑。
2. 学会应用分解法解决不同问题的目标(用途、方法、观点)。
3. 了解划分在拓宽思维中的作用。

重点与难点

1. 什么是概念、定义、判断、划分,怎样给概念下定义。
2. 掌握方法发散的步骤。
3. 学会把一个概念集合分解成几个不同的概念子集。

任务 3.1　认识分解思维与思维形式

3.1.1　分解思维

《思维词典》对分解的定义是:分解是把一个具体事物分成若干组成部分,分解后的各个组成部分不再具有原事物的整体属性。例如,把一辆汽车分解拆开为各种零部件,这些零部件就不再具有作为交通工具的“汽车”的本质属性。

“分解思维”就是把一个思维对象的各个部分之间的联系割裂分解开,使之成为相互独立的“零部件”,并逐一对它们重新认识,力求从中发掘出更多的信息,便于下一步的重新组合,形成全新的事物、观点或方法等。目的是要脱离原对象的本质属性,从而发现、构想出新的内容。如图 3-1 所示,把一栋木房子分解后得到木材,再把这些木材搭建成一座木桥。相对于房子,“桥”成为另一种事物,与“房子”有本质区别。

分解 →

重组 →

图 3-1　分解示例

面对一个具体事物，无论你的最终目的是什么，一般都是容易停留在直观的层面上去分析和处理。所谓直观的层面，是指我们的各种感官直觉感受到的、凭原有的知识、经验能直接思考到的层面。过于宏大的和过于微小的，通常都不是能直接思考到达的。"格式塔"心理学派认为，人们在观看周围世界时，一开始并不会区分一个具体形象的单一部分，而是把不同的部分组合起来看作一个统一体，即人们对整体、和谐有一种基本的审美要求。也就是说，我们首先看见一个构图的整体，然后才看见组成这一整体的各个部分。

同样，反映到思维上，对任何一个思维对象，一般容易从它直观的、表层的方面来把握。然而，对事物直观的、表层的认识不等于把握了事物的本质，因而也就限制了我们解决更多的问题。因此，我们如果要获得对事物更多的信息，就不能只考虑到它整体的、宏观的和表层的方面，而要进一步深入思考它的各个局部的、微观的和内层的方面。

思维对象的各个"零部件"之间的各种联系和相互作用构成了这种事物的性质和功能，对它的认识和了解就形成了知识和经验。人们的思维活动总要依据相应的知识和经验，当我们把这些知识和经验用于分解思维时，就形成了"用相关的知识和经验来分解相关的知识和经验"这样一种思维矛盾中，这种矛盾很容易使人陷入"知识经验定势"的圈子里而找不到出路。我们把这种思维方式称作从思维对象的内容(或者称为"内涵")着手的思维方式，也称为"思维定势"。

由于大多数人受思维定式障碍的影响，他们在实际应用分解法的时候并不是那么容易着手，必须掌握一定的方法，才容易从固有的思维中发散开来。本书介绍的方法，就是从形式逻辑中的各种思维形式，以及前文讲的"思维对象的内容"相对应出发，进行分解思维。这种方法有两个优点，一是明确地给出了能使思维得以发散的起点(或出发点)，避免了人们面对难题时无从下手的困局。二是避开了思维对象的具体内容，而是另辟蹊径，从思维的形式结构着手去寻找新的思路，避免了被这些具体的内容引到思维定式上去。

3.1.2　思维形式

为便于后面的学习，我们先对形式逻辑和思维形式作简单的介绍。形式逻辑属于思维科学，它把思维的形式结构作为特殊研究对象①。思维包括思维内容和思维形式。

(1)思维内容是指所思考的问题中的事、物及其关系。"物"包括有形和无形之物、有生命和无生命之物。如动物、植物、人物是有形有生命之物，空气是无形无生命之物，桌椅是有形无生命之物等等。物与物的相互活动称为事，事是一种活动、动作。② 例如"天下雨"这句话描述的是一个客观事件，"下雨"表达的是一个动作或活动。对于"关系"，有以下五种解释：

①事物之间相互作用、相互联系的状态，例如"他请假与这件事无关"。

②人和人或人和事物之间某种性质的联系，例如"朋友关系、父子关系"。

③有影响、作用或重要性，例如"没有关系，不影响你的计划"。

④泛指原因、条件，例如"时间关系，我就不讲那么多了"。

---

① 王黔玲. 形式逻辑简明教程[M]. 成都：四川大学出版社，2012.

② 李兴森. 可拓创新思维及训练[M]. 北京：机械工业出版社，2016.

⑤牵涉,例如"安全生产是关系到员工生命和财产安全的头等大事"。[①]

以"他是我的爸爸"这个句子为例,物是指"他""我",它反映了两个"物"之间某种性质的联系,即"父子关系"或"父女关系",属于上述第②种解释。

(2)思维形式也称思维形式结构,是思维内容存在和联系的方式,它由逻辑常项与逻辑变项构成。逻辑常项是思维形式中的不变部分,它决定思维的形式结构。例如,"你是老师""这本书是我的"这两个句子都有"是"字,它是句子中不变的部分。逻辑变项是思维形式中的可变部分,它容纳思维的具体内容。上述两个句子中的"你""老师""这本书""我的"都是句子中可变部分,可以用其他的称谓或事物代替。以"你是老师"这个句子为例,可以用"我"替代其中的主语"你",改为"我是老师";也可以用"作家"替代其中的宾语"老师",改为"你是作家"。因此,上述句子中的"你"和"老师"都是句子中的可变部分,是逻辑变项,而"是"是句子中不变的部分,是逻辑常项。

【例 1】 请说出以下三个判断中的逻辑常项、逻辑变项和思维内容分别是什么?并分别说出它的思维形式结构。

①所有电视机是电器。

②所有配送中心是物流节点。

③所有物流系统是有机集合体。

【分析】 以上三个判断,逻辑常项是"所有"和"是";逻辑变项是"S"和"P",三个判断的思维形式结构相同,即"所有 S 是 P"。其中,"S"叫作主项,"P"叫作谓项,我们可以用任何具体概念去替代 S 和 P。以上三个句子的思维内容如下:

句①的思维内容是"电视机"和"电器",它们是"属种关系"。这里是用"电视机"替代 S,用"电器"替代 P。

句②的思维内容是"配送中心"和"物流节点",它们是"属种关系"。这里是用"配送中心"替代 S,用"物流节点"替代 P。

句③的思维内容是"物流系统"和"有机集合体",它们是"属种关系"。这里是用"物流系统"替代 S,用"有机集合体"替代 P。

显然,思维形式结构是"可以替代各种具体内容的具有普遍性的公式"[②],是撇开思维具体内容的一种抽象,如上述"所有 S 是 P"就是"公式"。这种抽象的意义在于,不考虑思维内容,仅从思维形式的规律性,即可明晰一个人的思维中有无逻辑性的错误。而人们在思维时必须遵循这方面的规律。

任务 3.2　分解思维的运用

形式逻辑是研究思维形式及其基本规律和简单逻辑方法的科学。[②]形式逻辑研究的基本

---

① 资料来源:百度百科.

② 关老健.普通形式逻辑[M].广州:中山大学出版社,2002.

思维形式有概念、判断和推理。其中，概念是思维形式的基本单元，概念主要表达属性，判断主要表达关系，推理表达由已知的属性和关系得出过去或未来的属性和关系。下面，我们要应用形式逻辑的方法讲解分解思维。

任何一个问题，都由以下三部分组成：

(1)思维主体，指思维者；

(2)思维对象，指思维的事、物及关系；

(3)思维目的，指期望得到的成果，如多种用途、新方法、新观点等。

当分解一个思维问题时，可从两个层次着手：

(1)第一个层次，对所思维问题的组成部分分解，分解出思维主体和思维对象。

【例 2】探讨“托盘及它的用途”这个问题时，请分解出思维主体和思维对象。

【分析】如图 3-2 所示。思维主体是思考者，思维对象是托盘，“用途”是思维目的，即找出多种用途。

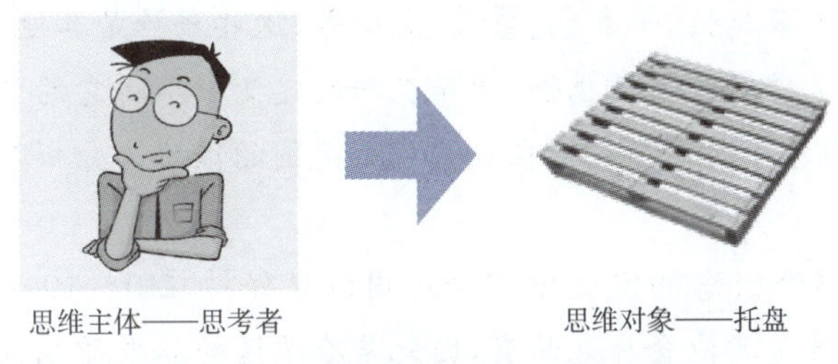

思维主体——思考者　　　　思维对象——托盘

图 3-2　对思维问题的组成部分分解示例

(2)第二个层次，对上述的思维主体和思维对象两个组成部分分别再分解。

最常见的是对思维对象的分解，也就是对思维对象所对应的事、物、观点、方法的分解，这是本章主要讨论的内容。其次是对思维主体的分解，即站在他人的立场思考问题，也就是“换位思考”。

我们要针对不同问题的不同目的，采用不同的分解方法。在发明和发现活动中，在新产品和新技术的创新研究中，以及在日常学习、工作和生活中，创新思维的目的一般有以下几种：

①用途发散，是指对指定的物件，寻找除该物件本身既有用途之外的更多用途。

②方法发散，是指当遇到难题找不到解决的方法，或者常用的方法不理想甚至失效时，要寻找多种新方法，并从中找到最有效的方法。

③观点发散，是指针对某个观点，为防止片面性，设想出多种不同的观点加以讨论。

④视角发散，是指站在他人立场上看同一个问题，会产生不同的看法；或者对同一物体，从不同的观察点进行观察，会看成不同的东西。

此外还有因果发散，即同一个原因可能造成多种结果，或同样的结果可能源自不同的原因，这一类问题称为因果发散。

3.2.1　概念分解法的运用

1. 什么是“概念”？

概念是最小的思维单元。用通俗的话来说，概念就是一个事物的名称，用以区别其他不同的事物的名称。但这种说法不科学,也就是不全面、不严密。用科学的语言、逻辑学的语言来说,“概念是反映事物本质属性的思维形式”,“本质属性是决定一事物与其他事物相区别的属性”①这里有两层意思:第一,任何事物都有多种属性;第二,有的属性是该事物才有,而其他事物没有的,称为本质属性。有的属性是该事物和其他事物都具有的,称为非本质属性。特定事物的概念,就是反映了该事物的本质属性。对概念的表达和描述的语句称为“定义”。

概念定义的方法有两种,最基本的方法是“属加种差”。其中“属”是指该概念的最近邻属概念;“种差”指与本概念同一属的其他同级概念的本质差别,这种差别也就是本质属性,可表示为:

被定义概念=种差+最近邻属概念

【例 3】“砖”这个概念的定义是:“用黏土烧成的长方形块状建材”。分析“砖”的本质属性和非本质属性。

【分析】“砖”这个概念的定义中,“黏土烧成、长方形、块状”是“砖”区别于其他建材的本质属性。此外,“砖”还有很多属性,如颜色、重量、大小等,这些属性是其他建材(如瓷片、大理石)也都具有的,因此这些是砖的非本质属性,故而在砖的定义中不对它的非本质属性加以叙述。

【例 4】冷藏区是指仓库内温度保持在 0～10 ℃范围的区域。分析“冷藏区”的本质属性和非本质属性。

【分析】“冷藏区”这个概念的定义中,“仓库内温度保持在 0～10 ℃”是冷藏区的本质属性。而面积、容量等属性是其他仓库也具有,因此是冷藏区的非本质属性。

【训练 1】中华人民共和国国家标准《物流术语》(GB/T 18354—2021)对厢式车的定义:载货部位的结构为封厢体且与驾驶室各自独立的道路货运车辆。请根据该定义分析厢式车的本质属性和非本质属性。

2. 概念分解法在“用途发散”的运用

所谓用途发散就是针对某一物体,找出它的多种用途,包括基本用途和拓展用途。用途发散示意图如图 3-3 所示。基本用途是由物体的本质属性决定的,拓展用途可从物体的非本质属性中获得,或通过对物体及其概念分解后获得。

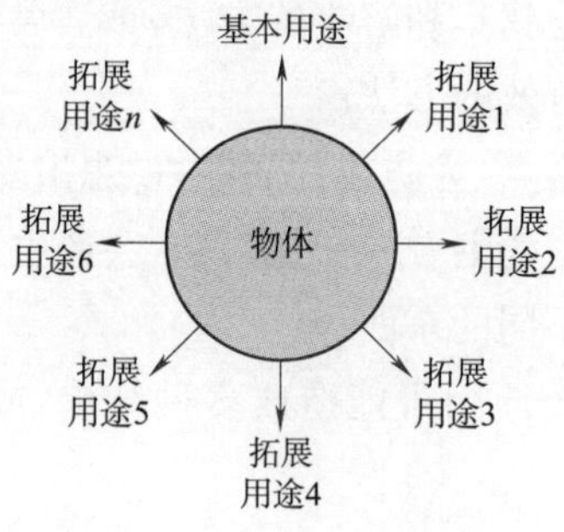

图 3-3　用途发散示意图

① 关老健. 普通形式逻辑[M]. 广州:中山大学出版社,2002.

由于“概念”的局限性，当我们思考一个事物时，很容易从这个事物的本质属性着手，而忽略了它的非本质属性。同时，也很容易只看到该事物的整体，而忽略了它的各个组成部分。这两点忽略导致了“思维定势”，禁锢了我们的思维。可以运用概念分解法帮助我们把思路发散开来。

【例 5】请思考“砖头”的用途。

【分析】

(1)砖的基本用途是作为建材的用途，也就是盖房、铺马路、垒鸡窝等。

(2)从“砖”的各种非本质属性出发获得的拓展用途，它们与“砖”的基本用途不同。

①从“形状”属性思考，用途有：枕头、多米诺骨牌、垫汽车轮子防打滑、垫子；

②从“重量”属性思考，用途有：镇纸、用大缸腌制咸菜时压菜的重物；

③从“硬度”属性思考，用途有：锤子等工具、健身器材；

……

(3)把“砖”分解成“零部件”。

①整体雕刻、分解成小块雕刻，用途有：艺术砖雕；

②分解成碎砖块，用途有：写字画画的文具、作为抓石子游戏玩具、代替碎石制备水泥石浆；

③粉碎成粉末，用途有：各种粉末填充剂、干燥剂；

……

(4)分解出化学成分。

①分解为二氧化硅、三氧化二铝等化合物，用途有：制造陶瓷的原材料；

②再从二氧化硅中提纯出硅，是制造芯片(集成电路)的主要材料；

……

参照例 5 的思路，对前面例 2“托盘的用途”进行拓展。托盘的非本质属性有很多，仅看它的材料构成就有木材和铁钉；而拆开后的木材可以有非常多的用途，如做家具、盖木板房、造木船、作为建筑用的辅助材料、烧火煮饭，等等；铁钉仅直接用就有很多用途，其次还可以重新熔炼为钢铁，作为无数钢铁制品的原材料；再从托盘的重量、形状等属性出发，又可以寻找出更多的用途，在此就不一一列举了。

【训练 2】如图 3-4 所示，请思考玻璃杯的用途。

【训练 3】如图 3-5 所示，请思考电动叉车的用途。

图 3-4　玻璃杯

图 3-5　电动叉车

“用途发散”这一类问题的对象一般是单个或者某一类物体，它们的概念都是采用“种差＋最近邻属概念”的定义方法来描述的。这种的定义方法只明确了概念中与种差有关的本质属性，而其中诸多的非本质属性没有被定义。为了防止在思维中遗漏，我们在思考具体物体的用途时，既要想到它的基本用途，也要善于从它的非本质属性着手，开阔思路，从而获得比较全面的发散结果。

3. 概念分解法在“方法发散”的运用

“方法发散”是指为解决某一问题，设想出多种可能的方法。方法发散示意图如图 3-6 所示。

对方法的定义与常见的对物体的定义不同，很多情况下不能用“种差＋最近邻属概念”的定义方法，而要用“发生定义”的方法来描述，即“如果所揭示的种差是概念对象产生或形成的情况”，这种定义就叫作“发生定义。”①例如“月蚀”这个概念的定义是：“月食是地球运行于月球和太阳之间，三者形成一直线时所形成的天文现象。”此外，如果要给某种产品的制造方法的概念下定义，就要详细描述整个制造过程和步骤。在这种定义中，种差中的所有属性都要描述出来，包括生产产品的人（人员）、机（设备）、料（物料）、法（方法、规章制度等）、环（环境）都要明确地描述出来。为了通俗起见，在这里我们把这些种差的属性称为“要素”，即该方法中所涉及的各种要素。因此，对“方法发散”的分解就是把这些要素一一分解出来。我们通过一个案例来讲解它的具体发散步骤，如表 3-1 所示。

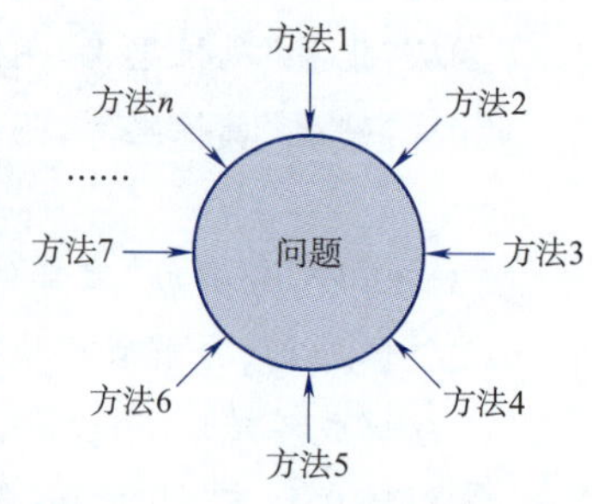

图 3-6　方法发散示意图

【例 6】面对一条河，有几种不同的方法渡河？

我们尝试把表中各种要素的替代物（也包括初始要素）逐一组合，可以组合出许许多多的过河方案。仅用表 3-2 中列出的替代物进行组合，就可有 4 608 种不同的组合方案。

表 3-1　“方法发散”的步骤示例

步骤	说明/抽象化要素	案例 （面对一条河，有多少种不同的方法渡河？）
1	定义初始方法。从多种方法（可能有些方法是不成功的）中选择一种较为接近成功的方法，并对它详细描述，称为初始方法	用船在水面上渡过去
2	分解定义，提取要素。分解初始方法的定义，提取出该方法包含的人、机、料、法、环，温度、湿度等相关要素	把“用船在水面上渡过去”这个方法定义分解为：“船”“水”“上”“渡”“过去”
3	确定与要素是属-种关系的属概念	“船”的属概念：运输工具 “水”的属概念：运输工具的承载媒介 “上”的属概念：方位 “渡”的属概念：动作方式 “过去”的属概念：动作的方向

① 王黔玲. 形式逻辑简明教程[M]，成都：四川大学出版社，2012.

续表

步骤	说明/抽象化要素	案例 （面对一条河，有多少种不同的方法渡河？）
4	寻找要素的“替代物”。在要素的属概念下寻找同级概念。注意：各要素的“替代物”不仅针对要素本身，还对要素做数量、品质、配比、程序等方面的变动，从而成为新的“替代物”	具体见表 3-2
5	组配验证获得最终结果。相互组合搭配不同要素的替代物，进行试错验证，形成最终结果	不考虑可行否，仅对表 3-2 所列举的替代物进行组配，共有 4 608 种不同的方法。经过试错验证，淘汰不可行的方法，同时也验证了可行的、原来想不到的新方法。 例如，从方位“下”发散，可以想到“从河底下挖隧道”的方法。 从方向“过来”发散，可以想到在特殊的情况下，要过河的人站在原地不动，而改道河流，从人身后绕过去，让河流“过来”，而不是把人渡“过去”。这两种方法都能达到相同效果

表 3-2　过河方法要素分解表

初始要素	要素的属概念	要素的替代物	方法的数量 （含初始要素）
船	运输工具	飞机、竹排、木板、救生圈、皮筏、汽车、马	8
水	承载媒介	空气、泥土、油、吊车、网	6
上	方位	下、左、右、前、后	6
渡	动作方式	漂、游、潜、钻、飞、跳、爬	8
过去	方向	过来	2
组合方法数量			4 608

例如，从“运输工具”中选“马”，从“承载媒体”中选“空气”，从“方位”中仍采用初始方法的要素“上”，从“动作方式”中选“跳”，最后的“方向”采用初始方法的要素“过去”。组合起来就成了“骑马从空气上跳过去”。类似的，还可以组合成如下方案：

（1）乘飞机从空气上飞过去；

（2）乘竹筏用吊车吊过去；

（3）乘皮筏在油面上爬过去。

当然，有不少一眼看上去就知道是不可行的，如上述的方案（3），但也必然会列出一些可以尝试的新方法，在一定的条件下是可行的新方案，如上述方案（1）、（2）。还有更夸张的方案，如从方向“过来”可以想到，在特殊情况下，要过河的人站在原地不动，把河流改道，从人身后绕过去，也就是让河流“过来”，而不是把人渡“过去”，但实际效果是相同的。

【例 7】有四箱奶粉，每箱 20 袋，每袋 500 g。后来发现其中一箱奶粉重量不足，每袋只有 480 g。聪明的检验员只需要称一次奶粉，就能确定哪一箱奶粉重量不足。你知道他是怎样称的吗？

【分析】

①定义初始方法。初始方法按照前面所说的步骤，首先定义任意一种方法(不管是否成功)。初始方法描述如下：把四箱奶粉分别命名为 A、B、C、D，从 A 箱中取出一包奶粉称重(显然该方法是失败的)。

②分解定义，提取要素：A 箱、一包。

③寻找要素的“替代物”，如表 3-3 所示。

表 3-3　称重方法要素分解表

初始要素	要素抽象作用	替代物(方法)	方法的数量
A 箱	从包装箱取出奶粉	方法①：任取 A、B、C、D 中的某一箱	4
		方法②：取任意两箱 AB、AC、AD、BC、BD、CD	6
		方法③：取任意三箱 ABC、ABD、ACD、BCD	4
		方法④：取四箱 $ABCD$	1
一包	取出的奶粉包数	方法①中，从任意一箱中取任意多包	无数
		方法②中，从任意两箱取相同数量或不等数量的包数	无数
		方法③中，从任意三箱取相同数量或不等数量的包数	无数
		方法④中，从每箱取相同数量或不等数量的包数	无数
方法数量合计			无数

其实，略想一下，“任取一箱”“任取两箱”都不能成功，唯有取“三箱”或者“四箱”可供选择。对于“包数”，唯有“各箱取不同的包数”可以考虑。再略加思考就得出正确的方法，不管是取任意三箱或者四箱都可以，只要从各箱所取的包数不同就行了。经过称重，再加以计算，就可得出正确的结果。

例如，从第一箱取出一包，第二箱取出两包，第三箱取出三包，一共六包。称重的正确结果应该是 3 000 g。如果少了 20 g，就是第一箱不足；少了 40 g，就是第二箱不足；少了 60 g，就是第三箱不足；一克也不少，就是第四箱不足。

在实际工作中，通常一个项目(如新产品开发、技术改造、流程改造、制度改革等)所包含的要素要比上述的智力游戏多得多，解决问题的难度也会大很多。有了这种发散思维方法做启发和指引，就能更快地得出比较满意的成果，也就更显出这种方法的优越性。

当然，这种方法也有一定的局限性。如果初始方法具有很大不确定性，或方向不正确时，也就是说确保获得解决方案所包含的关键要素(信息)不在其中时，则无论如何对初始方法分解都挖掘不出有用的要素，这时就要结合其他方法，进一步拓宽思考领域来发现隐藏的要素。

【训练 4】如何只移动一根火柴，使下面的数学式子成立？(使用两种方法)

2+6=5

【训练 5】下面的乘法算式由 1～9 九个数字组成，请在空格中填上数字(不许重复)，使算式成立。(提示：用表 3-1，表 3-2 的方法帮助思考)

【训练6】请运用概念分解法分析解答:“如何洗衣服?”,办法越多越好。

【训练7】请运用概念分解法分析解答:“用什么办法把商品放上货架?”,办法越多越好。

3.2.2　判断分解法的运用

1. 什么是“判断”?

“判断是对思维对象有所断定的思维形式。对思维对象‘有所断定’是判断的根本特征。任何一个判断,要么对思维对象有所肯定,要么对思维对象有所否定。如果对思维对象无所断定,那就不是判断。”①从语法学的角度看,表达一个完整意思的句型有陈述句、疑问句、祈使句和感叹句。而只有陈述句是用来陈述事物是“真”或“假”,因而它表达的是一个判断。

【例8】请分析以下句子,哪些是肯定判断或否定判断?

①风能是空气流动所产生的动能。

②这笔订单你已发货给北京客户了吗?

③B2C电子商务发展至今已不是新型交易方式。

④我们公司今天和客户签订了一份仓储合同。

⑤请大家今天完成就业意向调查问卷。

【分析】句①和④是肯定判断,句③是否定判断,句②和⑤均不是判断。

因此,对某一种观点的描述只能用陈述句表达,一个观点就是一个判断。例如,科学的体育锻炼是一种增强体质、增进健康的有效手段。再如,物流标准化能加快推行物流精细化管理。

【训练8】请分析以下句子,哪些是肯定判断或否定判断?

①我们今天去客户公司洽谈技术方案吗?

②这个物流合同不能给我们带来利润。

③记得今天到访用刷脸方式进闸。

④物流企业是经济组织。

2. 判断分解法在“观点发散”的运用

任何一种判断都可以看作是一种观点。观点发散是指从对某个问题的既有的观点出发,寻找出对该问题的不同观点。观点发散示意图如图3-7所示。

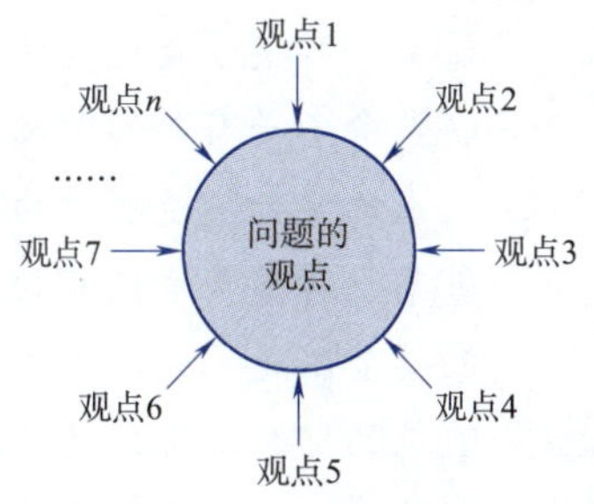

图3-7　观点发散示意图

在管理工作中,我们常常要针对某个问题做出决策,或制定某些制度条文。这些决策和制度条文都是某种观点的表达,都属于判断。为了防止片面性,我们必须做多手准备,也即准备不同的观点,这就需要观点发散。判断分解法可以帮助我们观点发散。

① 王黔玲.形式逻辑简明教程[M].成都:四川大学出版社,2012.

依据表达观点的判断形式，观点发散可分为简单观点发散、简单观点的进一步发散和复杂观点(论断推理)的发散。

(1)简单观点发散。最简单的观点可以用一个简单判断来表示。用一句陈述句就可表达的判断，称为简单判断。根据逻辑学知识，一个判断形式由“主项”“联项”和“谓项”组成。我们通过一个例子来学习如何运用判断分解法进行观点分散。

【例 9】对“葡萄是甜的”这个判断进行分解。

【分析】上述判断包含“葡萄”“是”“甜的”三个组成部分。主项词是“葡萄”，联项词是“是”，谓项词是“甜的”。对判断的分解，就是分别对“主项”“联项”和“谓项”三个组成部分做分解。具体如表 3-4 所示。

表 3-4 简单观点分解示例

组成部分	分解结果	分解的数量
主项	全称：所有的葡萄 特称：一部分葡萄 单称：某一种葡萄	3
联项	“是”“不是”“可能是”等	3
谓项	“很甜”“微甜”等	2

对以上三个组成部分的分解结果相互组合，可以算出这个简单判断至少可以发散出 18 种观点。

【例 10】请运用判断分解法对“奖金是有效的激励方法”这个观点进行发散。

【分析】在这个判断中，主项是“奖金”，联项是“是”，谓项是“有效的激励方法”。运用判断分解法，这个判断可以分解为以下 18 种观点。

①奖金是有效的激励方法；

②有的奖金是有效的激励方法；

③某一种奖金是有效的激励方法；

④奖金是无效的激励方法；

⑤有的奖金是无效的激励方法；

⑥某一种奖金是无效的激励方法；

⑦奖金不是有效的激励方法；

⑧有的奖金不是有效的激励方法；

⑨某一种奖金不是有效的激励方法；

⑩奖金不是无效的激励方法；

⑪有的奖金不是无效的激励方法；

⑫某一种奖金不是无效的激励方法；

⑬奖金可能是有效的激励方法；

⑭有的奖金可能是有效的激励方法；

⑮某一种奖金可能是有效的激励方法；

⑯奖金可能是无效的激励方法；

⑰有的奖金可能是无效的激励方法；

⑱某一种奖金可能是无效的激励方法。

其中①和⑩，②和⑪，③和⑫，④和⑦，⑤和⑧，⑥和⑨，⑬和⑯，⑭和⑰，⑮和⑱是重复的，可以去除其中之一，剩下第①、②、③、④、⑤、⑥、⑬、⑭、⑮九种观点是分别独立、没有重复的观点。

这里要注意的是，有的看似重复，但换一种说法就可能在深度上、强调的重点上有不同的意义。例如"他是好人"和"他不是坏人"这两句话，按照上述分解方法，其本质意思是相同的，因此是重复的。但是用在不同的地方（文学创作）或场合（表演、演讲），对受众会产生不同的效果。

对判断的分解只是一种思维线索，进一步我们还要依据这个线索来寻找分解出来的各种判断成立的理由，也就是要充实各种观点的内容。对某种分解出来的观点，如果找不到其成立的理由，充实不了它的内容，这个观点就没有实际的意义。例如，对"有的奖金是无效的激励方法"这个观点，应该能列举出在实际工作中不能起到激励作用的奖金名目。

【训练 9】"说谎话是不对的"这个观点正确吗？请使用上述方法找出几种不同的观点，并加以说明。

【训练 10】请运用判断分解法对"读书可以培养气质。"这个观点进行发散。

（2）简单观点的进一步发散。对简单观点的联项进行分解，可以进一步借用复合判断的各种形式，即"联言判断""选言判断"和"假言判断"来启发思维，充实观点的内容。

【联言判断的形式】在汉语句子表达中，凡如"既……又……""不但……而且……""也……，也……""一边……，一边……"等句型，表达的都是联言判断。

【例 11】请用联言判断表达"有的奖金是有效的激励方法"。

【分析】我们可以通过列举出几种不同的有效的奖金名目表达上句，其中一种表达是："不但月生产奖金是有效的激励方法，而且年生产奖金也是有效的激励方法"。

【训练 11】请用联言判断表达"冷链物流可以提高食品的保鲜能力，降低产品流通损耗"。

【选言判断的形式】在汉语句子表达中，选言判断的联项有多种表示方式，如"或者……或者……""或许……或许……""可能……，也可能……"等。此外，如"不是……就是……""或者……，或者……，二者必居其一"等都是选言判断。例如，"引起仓库火灾的原因或者是电路短路引起的，或者是物品自燃引起的"就是选言判断句。

联言判断和选言判断的区别是什么呢？联言判断表达的是多种列举可能共存，而选言判断则表达的是在诸多列举中只能选择一个。我们把主项或者谓项的"全称"分解为"特称"或者"单称"后，就可以使用以上两种形式充实判断的内容，形成新的观点。

【假言判断的形式】在汉语句子表达中，如"只有……才……""只要……就……""如果……就……"等句型就是假言判断。断定事物之间的条件关系的复合判断，也称为条件判断。例如，"只有太阳和月球分别位于黄道和白道的两个交点附近，才有机会连成一条直线，产生月食""如果广泛应用物流信息技术，就能大力提高物流服务效率"。

当把一个判断中的联项“是”或者“不是”分解，变形为模态词“可能是”或者“可能不是”，再进一步充实说明这种观点的内容，就需要具体地说明该观点成立的条件，这就转化成为假言判断形式了。

【例 12】 对“某一种奖金是有效的激励方法”这个观点，把判断中的“是”变形为“可能是”，形成新观点，并说明新观点成立的条件。

【分析】 把判断中的“是”变形为“可能是”，形成的新观点如下。

某一种奖金可能是有效的激励方法。只有当获奖人数达到一个恰当的比例时（20%～30%），才能起到有效的激励作用。人数太少会孤立获奖者，人数太多又突显不出对优秀者的表彰和鼓励，起不到有效激励的作用。

(3)复杂观点(论断推理)的发散。一个复杂的观点，如果要用较长的，甚至多个陈述句来描述，其中不仅包含对基本观点的判断，还包含持有该观点的理由，这些理由同样是由一个或者几个判断组成。

【例 13】“原子弹也是纸老虎，因为最终决定战争胜负的是人，不是一两样先进的武器。”分析这个观点包含的判断。

【分析】

第一个判断是“原子弹是纸老虎”，是基本观点；

第二个判断是“最终决定战争胜负的是人”；

第三个判断是“最终决定战争胜负的不是一两样先进的武器”。

后两个判断是解释基本判断的理由。这三个判断之间的关系是理由层递的关系，下一层判断是上一层的理由，逐层深入。

对于有层递关系的复杂观点，我们可以对其中的观点逐个按照简单观点发散的方法进行分解，但这样做会脱离主题，不能抓住主要矛盾。对复杂观点的分解，首先应对基本观点，即结论进行分解，在“原子弹是纸老虎……”这个论断中，“原子弹是纸老虎”就是基本观点，首先应对它进行分解。得出新的初步观点后，分别充实各自的理由，即对“理由”发散。对复杂观点的分解方法，同样一个结论或观点用不同的理由解释，或者用不同的原理推理得来，实际上就形成了不同的观点。

另一种复杂观点，其中的多个判断不是层递关系，而是多个并列关系。在更复杂的观点中，对基本判断的解释是由逻辑推理组成，这种推理可以形成整篇论文或整本书。任何一个科学定理都可以认为是一种观点，对定理所以成立的解释就是推理证明和论证。此时，对观点的发散不仅是对基本判断的解析、发散，更多的是要对所持理由的解析，也就是对其中推理的分析、质疑和批判，这样就会形成更多的观点。在科学发展史上，一个新学派、新观点的出现，几乎都会引起争论、甚至是论战，这实质上就是观点发散的过程。

【例 14】 三峡工程的论证。

三峡工程的论证，涉及通航和发电的经济效益、地质灾害、生态气候环境、移民、河床堆沙、耕地减少、文化古迹损失等多方面问题，形成了 14 个专项论证报告。由于争论激烈，观点对立，其中有五个报告专家组不签字。1992 年在七届全国人大五次会议表决时，以 1 767 票赞成，177 票反对，664 票弃权，25 人缺席，赞成票占全部票数的 67.7%通过三峡工程表决。

值得注意的是，上述案例中的反对观点（被表决放弃的）并不都是错误的、无用的，正相反，其中包含了很多很重要的、有益的建议，有相当一部分被采纳进了三峡工程的修订方案中。这里不排除其中一些观点是“正确”的，只是还没有被参加表决的多数代表所认识和理解，还有待时间的验证。

3.2.3　对思维主体的发散

从问题的整体上看，前面介绍的思维方法都只是针对思维对象的发散。接下来我们学习如何对思维主体进行分解，从而得到不同的发散结果。

1. 换位思考

如果思维主体站在对方的立场来思考问题，可能会持什么态度和意见呢？例如，前面讲到的“奖金是有效的激励方法”这个观点，如果思维主体分别站在公司老板、总经理、部门管理者、普通员工或旁观者的角度设想，可能会得出完全不同的观点。值得注意的是，通常一个人不可能全面想到与其处于不同立场的人所持有的观点。

【例 15】对广州实行机动车限行措施——“开四停四”的不同观点。

广州市于 2018 年 6 月 1 日正式发布《关于非广州市籍中小客车通行管理措施的通告》，7 月 1 日起在该市部分区域实施非该市籍中小客车通行管理措施“非广州市籍中小客车驶入管控区域连续行驶时间最长不得超过四天（自然日），再次驶入须间隔四天以上”。针对该措施，有各种不同观点。

城市管理者：该措施在于精准管控以异地上牌本地使用方式规避广州市中小客车总量调控政策的车辆，尽可能减少其他城市车辆往来对广州的影响，并鼓励广大市民转变出行方式，更多选择公共交通出行。

某交警：广州最需要的是在早晚高峰期限制外地车，以保证市内道路的顺畅。

某广州市民：广州交通拥堵严重，全面实施“限外”政策刻不容缓！

某外地市民：该措施对于长期生活在广州、但拥有外地车牌的车主来说，经常遇到无法进、出城的情况，工作、生活非常不便，希望不要实施。

【分析】以上列出了四类人群对“开四停四”措施的不同观点，措施制订者如果能从这些观点持有者的角度进行思考，制订出更加科学合理的限行措施，可以更好地平衡各方的利害关系。

2. 分解法在“视角发散”的运用

当思维主体从不同的视角观察思维对象时，会获得不同的观察结果。苏轼所作的《题西林壁》——“横看成岭侧成峰，远近高低各不同。不识庐山真面目，只缘身在此山中。”描述了观景人分别从正面、侧面、远处、近处、高处、低处不同的地点、角度看庐山，庐山呈现出各种不同的形态，这就是视角发散的结果。

思维主体以思维对象为中心，从不同的角度和方位去观察思维对象，即便是面对一张平面图纸，也应假设它是一个立体物，从图的上下、左右、远近视角，甚至是图纸的背面观察它，这样也可能观察出不同的物体、图像或图形。

图 3-8(a)中，从正面观察是一只兔子，把它逆时针旋转 90°，就成了图 3-8(b)所示的另一种动物。

(a) (b)

图 3-8 视角发散示例 1

观察图 3-9，看到的是什么？如果把黑体看成实物，观察到的图像是一只花瓶。如果把黑体看成是背景，空白处看成是实物，观察到的图像就是两张面对面的人脸。

再来观察图 3-10，这是一幅平面图，从正面看有几个立方体？如果我们按照图 3-11(a)的视角进行观察，把其中的立方体看成是黑面朝上的单元，则图 3-10 中共有 7 个小立方体。如果我们按照图 3-11(b)的视角进行观察，把其中的立方体看成是黑面朝下的单元，则图 3-10 中共有 6 个小立方体。

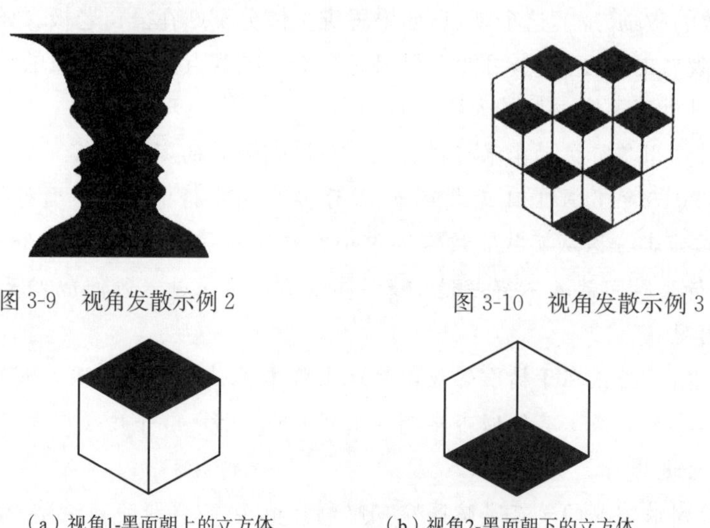

图 3-9 视角发散示例 2

图 3-10 视角发散示例 3

(a) 视角1-黑面朝上的立方体

(b) 视角2-黑面朝下的立方体

图 3-11 不同视角的立方体

以上例子仅仅是简单直观视角的发散示例。有的情况还要从距离远近、视角大小来观察对象，才能看出它的真实面目。例如，站在地面上是观察不到地球究竟是什么形状的，只有在太空中才能看到地球实际上是个椭圆的球体。

上述所列举的视角发散例子讲的是思维主体用眼睛从不同的角度观察思维对象而产生不同的视觉效果。拓展开来，就是启发我们在看待和思考一个事物时，可以从事物的整体与局部、事物的不同方面、不同的视角出发，从而得到新的启示。

任务 3.3 划分分解法的运用

3.3.1 划分分解法

划分是形式逻辑学中的专业术语，在这里是指依据一定的标准把一个概念集划分成若干个概念子集的过程。通俗来说就是“归类”，即依据一定的标准把一个集合中的元素划分到不同类别中，每一类别的元素组合成一个子集。

例如，对“乌鸦、鸵鸟、柳树、小草”四个概念进行划分。以“生物类别”为划分标准时，可以把上述概念划分为动物和植物两个子集：动物{乌鸦、鸵鸟}和植物{柳树、小草}。当以“体型高度”为划分标准时，又可以把上述四个概念划分为两个子集：高体型{鸵鸟、柳树}和矮体型{乌鸦、小草}。这说明依据不同的划分标准，同一概念可被划分到不同的类别中。

划分分解，就是寻找更多的划分标准，并分别依照这些标准把概念集划分成不同的子集合，从不同的子集特征中得到新的启发，从而扩大原集合的元素，获得更多的发散结果。

划分分解法有什么作用呢？它的最大作用是帮助我们发现和找出禁锢我们的思维定式，并拓展我们的思维路径。当我们对某一特定问题百思不得其解，即便用了思维形式分解法得到了所有的发散结果仍解决不了问题、达不到我们的目标时，我们可以尝试用划分分解法对已有的发散结果划分类别。此时发现，我们的思维之所以被禁锢，可能是被圈死在这些“类别”之中，它们极可能是束缚我们头脑的思维定式。划分分解，就是帮助我们的思维跳出这些“类别”圈子，拓展新的思维路径，引导我们到圈子之外找解决问题的方法——再发散，就会是“柳暗花明又一村”了。

我们常说“失败是成功之母”，就是说要善于从失败中总结失败的原因，而重要且有效的方法就是划分分解法。下面我们通过案例帮助我们了解划分分解法的思路。

【例 16】假设我们用概念分解法得到了初始概念集 $S=\{$ 石锅，石砚，不锈钢直尺，不锈钢炒锅 $\}$。但 S 中的结果都是不能满足我们的创新要求。这时，我们最好能找出我们的思路被局限在哪里，这就要用到划分分解法。请对初始概念集 S 做划分。

【分析】通过观察，概念集 S 的元素有两种基本的划分标准。

第一种划分标准：按照“用途”划分。可以把初始概念集 S 的元素划分为两类，组成两个子集。

炊具{ 石锅，不锈钢炒锅 }，文具{ 石砚，不锈钢直尺 }。

第二种划分标准：按照“材料”划分。可以把初始概念集 S 的元素划分为两类，组成两个子集。

不锈钢制品{ 不锈钢直尺，不锈钢炒锅 }，石制品{ 石锅，石砚 }。

我们观察以上两种划分标准中的类别，它们的实质是初始概念集元素的最近邻属概念。

按照第一种划分标准，可以把初始概念集 S 的元素归纳为两类：“炊具”和“文具”。其中，“炊具”是“石锅”和“不锈钢炒锅”的最近邻属概念；“文具”是“石砚”和“不锈钢直尺”的最近邻属概念，如图 3-12 所示。

图 3-12　按照用途划分

按照第二种划分标准，可以把初始概念集 S 的元素归纳为两类："不锈钢制品"和"石制品"。其中，"不锈钢制品"是"不锈钢直尺"和"不锈钢炒锅"的最近邻属概念；"石制品"是"石锅"和"石砚"的最近邻属概念，如图 3-13 所示。

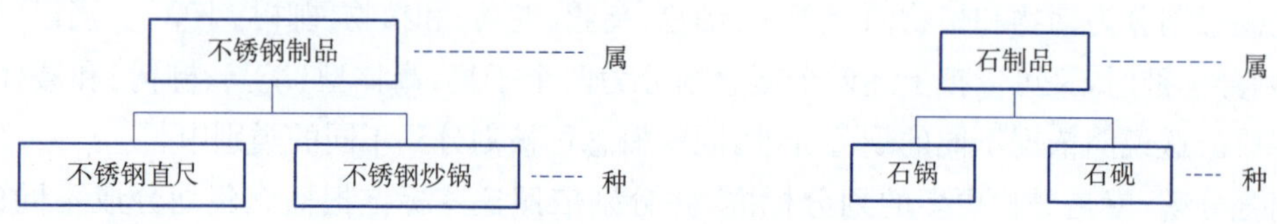

图 3-13　按照材料划分

我们还可以依据其他标准划分，例如，按照形状、颜色等标准划分，这里省略。

按照第一种标准划分，仅得到"炊具"和"文具"两种类别的物品，此时就要意识到之所以没有达到思维目的，极有可能被禁锢在这两种类别的物品中了，我们就要跳出这个"圈"，去寻找其他答案。因此就要做进一步分解发散，拓展新的思维路径，也就是通过增加类别，进一步发散以获得更多的物品。例如，增加"餐具"类别的子集{ 筷子，小勺子，碗，菜碟子，…}；增加"卧具"类别的子集{ 床单，枕头，被子，席子，…}，等等，选择这些子集中对我们思维目的有意义的物品，增加到初始集合 S 中，扩大发散结果，这样就增加了我们达到思维目的可能性。

类似的，按照第二种标准划分，仅得到"不锈钢制品"和"木制品"两种类别的物品。可以参照上述做法，通过增加类别，进一步发散以获得更多的物品。例如，增加"塑料制品"类别的子集{ 塑料瓶，塑料杯，水塑料袋，…}；增加"竹制品"类别的子集{ 竹椅子，竹席，竹窗帘，…}，等等。选择这些子集中对我们思维目的有意义的物品，增加到初始概念集 S 中，扩大发散结果，这样就增加了我们达到思维目的可能性。

3.3.2　划分分解法的思路

总结例 16 中运用划分分解法进行发散的基本思路。使用划分分解法的前提是通过分解思维获得发散结果，称之为初始概念集 S，而它并没有解决我们的问题，即思维目的。我们试图通过划分分解法的运用达到思维目的，其步骤有如下六步：

步骤 1：观察初始概念集 S 的元素及其属性，寻找出划分元素的标准。

步骤 2：依据上述划分的标准，把集合 S 中的元素分成若干个子集。

步骤 3：这些子集的属概念（即子集的类别名称），极可能是思维被禁锢的地方。

步骤 4：找出与上述子集的"属概念"平级的其他概念（其他类别），并找出这些平级概念之下的"种概念"，对其逐一思考，看其中有无我们想要的结果。

如果上述四步还是达不到目的，就要进行步骤 5。

步骤 5：转换用另一种划分标准（对划分标准的发散），重复步骤 2 至步骤 4，直至得到我们希望的成果。

下面通过案例讲解划分发散法的运用。

【例 17】假设用思维形式分解法得到初始概念集 S＝{ 金，银，铜，铝 }，请对 S 做划分发散，扩大发散结果。最好首先找出我们的思路被局限在哪里，这就要用到划分分解法。请对初

始概念集 S 做划分。

【分析】 假设用思维形式分解法得到初始概念集 $S=\{$ 金,银,铜,铝 $\}$,这个发散结果没有达到我们的目标。可以用划分分解法做进一步发散,借助这个方法达到目标。以下是其中一种思路。

步骤 1: 初一看,这四样物品同属于"金属"这个类别。那么,是否我们没想到"金属"以外的物品呢?因此,可把"塑料""木材""石头"等物品也加以考虑,原集合就变成了{ 金,银,铜,铝 ,塑料,木材,石头},这就扩大了集合中的元素。

步骤 2: 如果还是达不到目的,就要另辟思路,归纳划分元素的标准。中国在 1958 年将铁、铬、锰列入黑色金属;并将铁、铬、锰以外的 64 种金属列入有色金属。按照该划分标准,我们观察到初始概念集 $S=\{$ 金,银,铜,铝 $\}$的元素都是"有色金属"。于是想到,我们是否忽略了"有色金属"之外的"黑色金属"呢?再把"黑色金属"中的如铁、钨、锰也加入这个集合中来,原集合就成了{ 金,银,铜,铝 ,铁,钨,锰,塑料、木材、石头},这就进一步扩大了集合中的元素。

此外,还可以继续以下步骤。

步骤 3: 在"有色金属"这个类别下,集合 S 中的元素可分为轻金属{ 铝 },重金属{ 铜 },贵金属{ 金,银 }三个类别。概念树如图 3-14 所示。

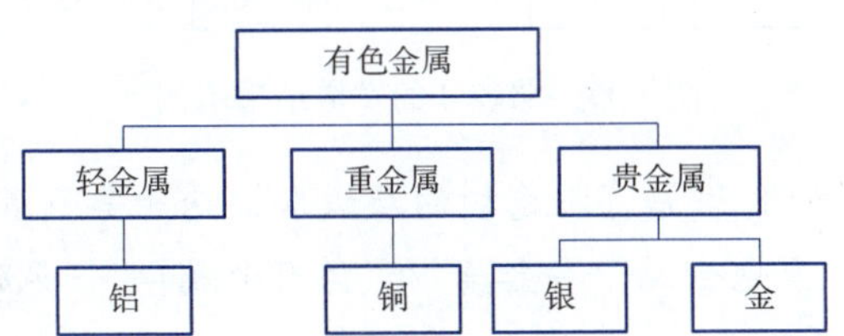

图 3-14 初步划分的概念树

步骤 4: 找出思维可能被禁锢的地方。通过以上划分,就要意识到我们的思维可能被禁锢在以上三种类别及其四个元素中。如何扩大发散结果?请看步骤 5。

步骤 5: 根据情况做进一步发散。可以从以下三条路径进行发散。

路径 1,按照步骤 1 的划分标准,金属划分为"有色金属"和"黑色金属",它们是同级概念,我们可以增加"黑色金属"类别和它的子集,如图 3-15 所示。

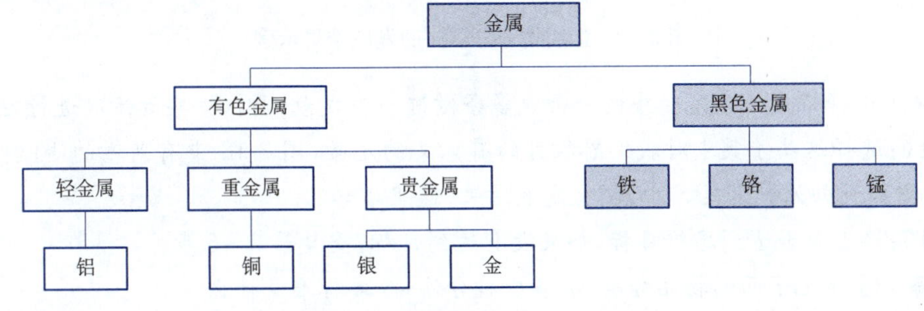

图 3-15 路径 1 的发散结果示例

路径 2,对步骤 2 得到"有色金属"类别,在该类别下可增加"半金属"和"稀有金属"类别及其元素"硒""硅""锂"和"钛",有色金属发散结果如图 3-16 所示。

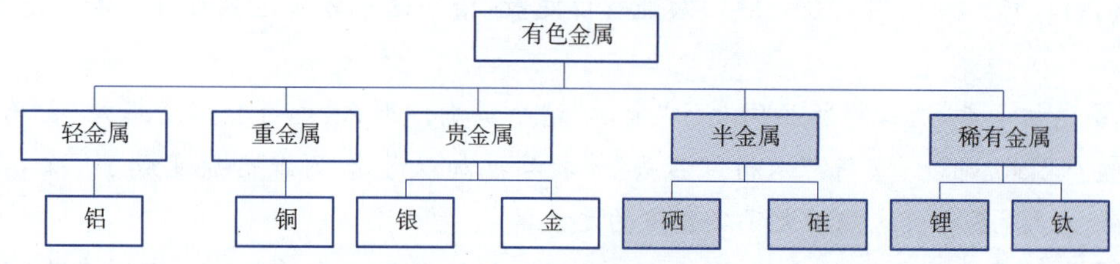

图 3-16　路径 2 的发散结果示例

路径 3,对步骤 2 划分得到的三个子集,分别增加子集的元素"镁""铅"和"铂",有色金属发散结果如图 3-17 所示。

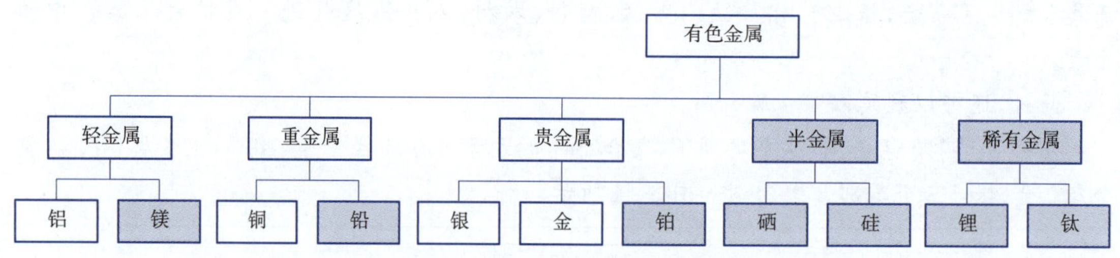

图 3-17　路径 3 的发散结果示例

通过以上三条路径的发散,扩展了概念树的层级和概念子集及其元素(在该示例中,运用划分分解法增加了"金属""黑色金属""半金属"和"稀有金属"4 个类别、10 种元素),形成了一个更大的概念树,如图 3-18 所示。

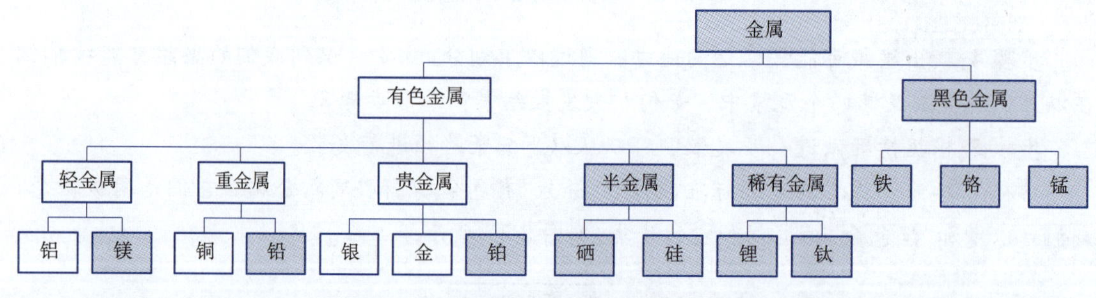

图 3-18　运用划分分解法的发散结果示例

注:是否选择以上三条路径中的一条或多条做进一步发散,要根据实际情况进行定夺。

步骤 6:选择这些子集中对我们思维目的有意义的元素(图 3-18 中有新增的 10 种元素可供选择),增加到初始概念集 S 中,扩大发散结果(这里省略)。

步骤 7:检查是否达到思维目标,如果没有达到目标,重复第 3～6 步。

【训练 13】请把下面的物品分类,有多少种分法,分类标准是什么?

面条、绿瓦、石灰、绿毛线、红砖、菠菜、辣椒、白板、红旗

【训练 14】请找出尽可能多的标准把下列物品分类。

鸭子、鸡、菠菜、石头、木材、人、油菜、铁

任务 3.4　分解思维在运输配送方式创新的运用

通过前面的学习，我们认识了分解思维和思维形式，分解和概念分解法、判断分解法等概念。并学习运用概念分解法实现“用途发散”和“方法发散”，运用判断分解法实现“观点发散”，运用分解法实现“视角发散”，以及学习了如何运用划分分解法帮助我们发现和找出禁锢我们的思维定式，并拓展我们的思维路径。不管是对思维主体还是思维对象进行分解，目的只有一个——获得发散结果，达到思维目的。我们不但要了解和学习分解思维方法，更重要的是要把它迁移到具体的领域进行创新活动，从而创造价值。分解思维可以应用于很多领域，在本任务中，我们选出了两个运用分解思维实现运输配送方式创新的案例，供读者了解和学习。

3.4.1　甩挂运输

运输是指用设备和工具，将物品从一地点向另一地点运送的物流活动。由于整个运输涉及很多因素，当我们希望提高运输效率时，应从何处下手呢？这就要运用分解思维方法帮助我们寻找突破点。

《物流术语》对甩挂运输(drop and pull transport)的定义是用牵引车拖带挂车至目的地，将挂车甩下后，牵引另一挂车继续作业的运输。

【分析】如图 3-19 所示，传统的公路运输组织形式中，挂车与牵引车是不能分离的，在装卸货物时，牵引车必须在原地等待，这种运输组织方式缺乏灵活性，一定程度上造成了牵引车运力的浪费。

图 3-19　传统货车——挂车和牵引车不分离

如图 3-20 所示，牵引车和挂车实现了分离，前面有驱动能力的车头称为牵引车，后面没有牵引驱动能力的车称为挂车，挂车是被牵引车拖着走的。由于实现了牵引车和挂车的分离，所以可以对原有的运输组织方式进行改革——采用甩挂运输方式。

甩挂运输的工作原理如图 3-21 所示，牵引车把挂车送达目的地后，甩下挂车，不必等待卸货和装货过程，马上可以挂上另一辆早已装好货物的挂车，然后继续执行新的运输任务，这样既可节省司机的等待时间，也提高了牵引车的利用率，最终提高运输效率。

实际上，我们可以把问题设为“如何解决传统的公路运输组织形式中，牵引车运力浪费的问题?”我们把这个问题转化为：“如何提高牵引车车时利用率?”或“如何提高牵引车运力利用率?”并针对这个问题提出各种解决办法。我们不妨运用概念分解法进行“方法发散”，试图达到思维目的——提高牵引车运力的利用率。

对传统的公路运输方式中牵引车的利用率问题，我们可以从以下两个方面着手进行分解

（a）牵引车

（b）挂车

图 3-20　牵引车和挂车分离示意图

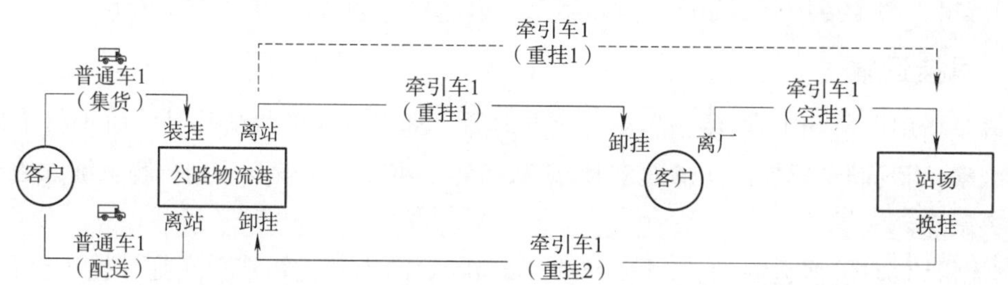

图 3-21　公路物流某种甩挂运输组织方式示意图

和分析，并在此基础上聚焦思维对象做进一步分解和分析。

（1）牵引车的作业流程可分解为三个环节，即装货、运输、卸货。

（2）牵引车被占用的时间可分解为三个时段：装货时段、运输时段、卸货时段。

通过以上分解，我们从中发现：牵引车运力被有效利用的环节是运输环节，有效利用的时段是运输时段，其余两个环节占用的时段对于牵引车来说是没有发挥效用的。

在此基础上，我们进一步聚焦思维对象——货车。把作为一个整体的货车分解为可以自由组合和分离的两个部分——挂车和牵引车，但又不影响各自的功能，然后设计新的运输组织方式——甩挂运输。甩挂运输的基本工作模式是一辆牵引车按计划或根据调度指令分时段拖挂不同的挂车，从而提高牵引车的有效工作时间。

这种运输组织方式可使牵引车的停歇时间缩短到最低限度，从而可最大限度地利用牵引能力，提高运输效能。在同样的条件下，相比定挂运输它是有较高的运输效率。在实践中，除了道路运输企业能够获得甩挂运输的各种效益外，通过将挂车作为集装化单元而进行多式联运，可有效地发挥不同运输方式的技术经济优势和整个综合运输系统的资源整合优势，提高综合运输系统运能资源配置效率和资源利用率。据有关部门预测，如果在中国现有的海上运输载货汽车中全面实行甩挂运输，货运企业可以削减一半以上的牵引车购置成本，而车辆平均运力可提高将近一倍，运输成本可以降低近一半。

3.4.2　循环取货

配送是指在经济合理区域范围内，根据用户要求，对物品进行拣选、加工、包装、分割、组配等作业，并按时送达指定地点的物流活动。在经济活动开展过程中，为适应不同场景的配送需求，发明了很多配送组织方式，如共同配送、循环取货配送、同城配送等。我们以循环取货创新作为分解思维运用的场景。

循环取货(Milk-Run)起源于牧场，是为解决牛奶配送问题而发明的一种运输方式。其基本作业模式如图 3-22 所示。很多牛奶销售点需要牛奶，每个销售点需求量都不多，规划一条路线覆盖各个销售点，采用一辆车配送，给每个销售点补货。货车按照预先设计好的路线依次将瓶装奶运送到各个销售点，待原路返回牧场时再将空奶瓶收集回去。①②③ 之后逐渐发展为制造商用同一货运车辆从多个供应商处收取零配件的操作模式。循环取货也称为牛奶取货或集货配送。

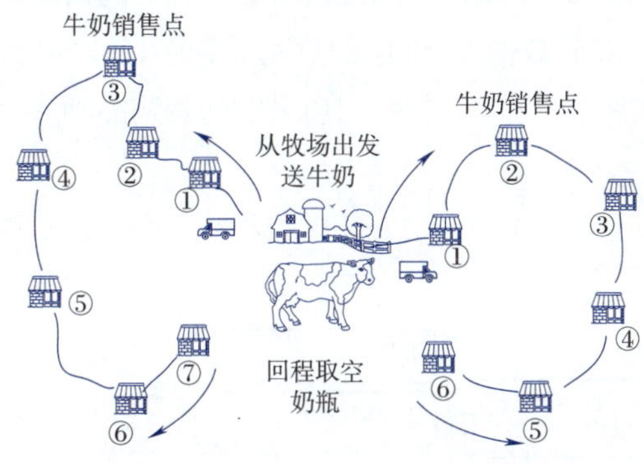

图 3-22　牛奶取货

【分析】

原有的牧场向销售点送牛奶、取回空瓶的运输作业模式存在如下问题：牧场单独向每个销售点送牛奶并取回空奶瓶，或销售点到牧场送空奶瓶并取回牛奶，常常出现非满载运输和运输频次高，导致了较高的运输费用、较低的车辆装载利用率。

可以把以上问题转化为：如何提高车辆装载利用率，从而降低运输成本？我们知道运输单位产品所负担的运输费用称为“单位产品运输成本”，上述问题可以转化为“如何降低单位产品运输成本？”也就是“如何降低每瓶牛奶和空瓶的单位运输成本？”

我们可以运用划分分解思维解决如上问题。

(1)销售点的划分。假设有 20 个销售点的集合 $S=\{x_1, x_2, x_3, \cdots, x_{20}\}$，计算各个销售点的牛奶需求量，根据车辆的装载量和销售点大致方位位置，对销售点进行划分。假设将这些销售点划分为 2 个销售点子集，如 $S_1=\{x_1, x_4, x_5, x_8, x_{11}, x_{14}, x_{18}, x_{20}\}$，$S_2=\{x_2, x_3, x_6, x_7, x_9, x_{10}, x_{12}, x_{13}, x_{15}, x_{16}, x_{17}, x_{19}\}$，然后根据每个子集中的销售点的方位位置，规划子集的运输路

---

① 王宧．循环取货运输系统的运行及成本分析[D]．上海：上海交通大学，2007.

② 李志权．企业供应物流中循环取货的运作及成本节约研究[D]．湖南：中南大学，2008.

③ 陈飞平．MILKRUN 和 SUPPLYHUB 集成策略仿真研究 [J]．技术经济，2009，28(11)：111-115.

线，安排车辆开展运输。

(2)运输任务的划分。一次运输任务的线路由去程和返程构成，我们把一次运输任务划分为两个部分，即送牛奶和取空瓶。因此，可以规划去程完成送牛奶任务，返程完成取空瓶任务，这样就能使货车的一次运输任务中保持较高的满载率。

循环取货方式被广泛应用于汽车行业，这种方式既能及时向工厂供应物料，又能避免货车返空造成浪费；供货量少的供应商不必等到货物积满一卡车再发货，可保持较低的库存，最大限度地实现 JIT(Just in time，准时制)供应，这对汽车行业精益物流的发展起到了很大的推动作用。福特汽车采用 Milk-Run 方式，把物流外包给第三方物流商(TNT 快递公司)，使其送货时间压缩至 3 天，运输滞留时间减少 80%，过度存货压缩了 50%，仅 1999 年就为福特工厂节约净费用 3 000 万美元。① 2003 年 3 月上海通用汽车实施循环取货，零件库存量降低了 30%，仓库面积节省 10 000 m^2，总运输车次降低 20%，综合物流成本下降 30%，均衡资源利用率提高了 10%。

循环取货适用于上游供应商数量多，供应的货物品种多，每个品种每批次供应量少，如汽车制造业、电子制造业；或下游零售门店数量多，门店采购的货物品种多，每个品种每批次需求量少的行业，如零售业等。

学习小结

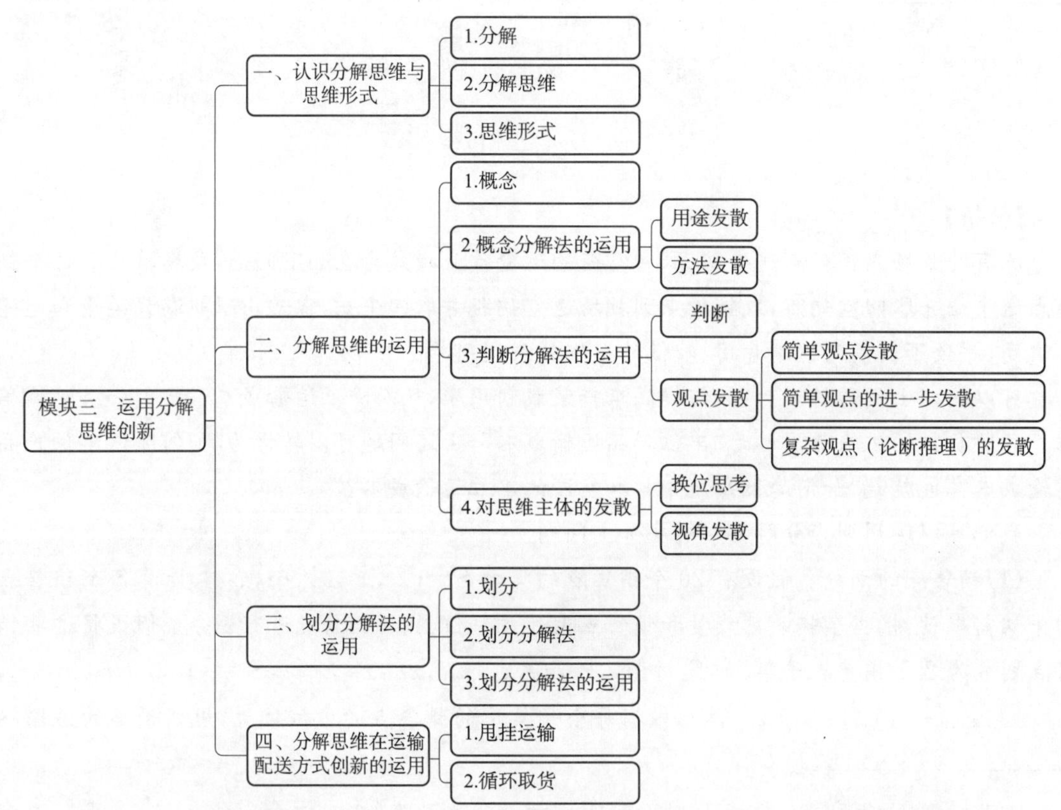

① 莱克. 丰田汽车案例：精益制造的 14 项管理原则[M]. 李芳龄，译. 北京：中国财政经济出版社，2004.

想一想

1.“分析”与“分解”的区别是什么？

2. 一个思维问题的三个组成部分是什么？

3. 什么是“概念”“判断”？（提示：阅读关于“形式逻辑”或者“逻辑学”的参考书）

4. 什么是“本质属性”和“非本质属性”？（提示：同上）

5. 请区别概念的“属性”和所对应实物的“构成部分”？

模块四　运用概念联想思维创新

学习目标

1. 了解常见的几种联想方式。
2. 学习并掌握概念联想方法。
3. 认识联想思维与分解思维之间的关系。

重点与难点

1. 掌握先分解后联想的程序方法，拓宽视野。
2. 掌握多步联想方法，这是解决重大难题的有效方法。
3. 学会定向联想的抽象化方法。

联想是创新思维中使用频率最高、应用面最广的一种思维形式。在科学发展史上，联想思维在众多科学家、发明家的科学研究和发明创造中扮演过关键的重要角色。例如，科学技术中典型的“仿生学”，就是人们通过研究生物体的结构、功能和工作原理，并将这些原理移植于工程技术中，创造出新技术，发明了性能优越的仪器、装置和机器。可以说仿生学的本质就是联想思维。此外，企业家在创业和促进企业发展壮大的过程中，联想思维往往能起到左右企业生死存亡的重要作用。正因为这样，在创新思维的各种形式中，我们要特别重视联想思维这种形式。

任务 4.1　认识联想思维及其类型

4.1.1　联想与联想思维

1. 联想与联想思维

联想，是一种由感知或所思考的事件、现象或概念的刺激而想到其他与之有某种关联的事件、现象或概念的思维过程。凡是由当前事物回想起过去的事物或者展望将来的事物，或者由一个事物想到另一个事物，都是联想；从一人、一事或一物出发，进而推及相似或相近的人、事或物的思维，都属于联想思维。

联想思维是在不同的事件、现象或概念之间，建立起联系通道，使人们的思维可以从一端走向另一端。通过这种联系和过渡,加深了对某些事物本质的认识和理解,甚至改变了对它们的本质认识,从而产生新的认识,并运用它们来改造、创造出新的成果如知识、理论、方法、技术和产品等。

联想是联系信息的纽带。“联想”一词中的“想”代表记忆,“联”则是连接。一方面,通过“想”,可以从记忆“仓库”里把两个记忆中本不直接关联的信息(如事件、概念、经验或知识等)提取出来;再通过“联”,把它们“组合”起来,即形成“联想”。“床前明月光,疑是地上霜。”就是从“月光”和“霜”两者具有相似的颜色而把两者联想起来;从木头浮到水面上、铁块沉下水底的自然现象联想到浮力,从偶然看到的事物的不连续性联想到量子等等都是联想的例子。另一方面,联想还可以通过身体的视觉、听觉、嗅觉、触觉等感知器官获得的感知,把储存于头脑中的信息如事件、概念、经验和知识等,与外界的信息“联”起来。

联想要依靠人脑的三个基本功能。一是记忆功能,它与每个人存储在头脑中的所有信息(知识、经验、阅历、观念等)有着密切的关系。一个人所拥有的信息多少,是联想思维的基础。没有知识、经验和主见的人当然不可能有很好的联想思维能力。二是对记忆中信息的搜索回忆功能。三是连接功能,即从原有的信息出发,把与之有某种关系的信息连接起来。

通常,联想不可能一次就成功,而要从多个中间结果中选择、提炼、试错,而找出正确的结果。这就要通过多种通道来寻找可连接的信息。所以,联想思维和分解思维一样,强调依靠思维发散程度。另外,想象力在创新中也有着重要的作用,爱因斯坦说:“想象力比知识重要,因为知识是有限的,而想象力概括着世界上的一切,推动着进步,并且是知识进化的源泉。”在这里,想象力起着把现有的真实信息和虚拟的或尚不存在的信息连接起来的作用。

2. 联想思维的基础

联想思维是以事物的普遍联系为基础。我们所面对的世界是一个普遍联系的世界,客观世界是普遍联系和永恒发展的。整个世界是一个联系的统一整体,联系无处不在,无时不有。现代科学证明,世界不仅存在着纵向联系,而且存在着横向联系,纵向联系与横向联系交织在一起,构成了普遍联系的整体性。各种联系着的事物以及各种联系方式,必然反映到人的头脑中,并由此形成各种动态的联想形式。

世界上每个事物都和其他事物联系着,它们通过直接或大量的中介过程间接地联系起来,任何事物都构成整个世界以及世界发展链条上的不同历史节点和位置。在自然界中,从巨大的天体星系到细微的原子核内部的基本粒子,从无机界到有机界,无不处在普遍联系之中。在生物和环境之间,生物和生物之间,都是相互联系、相互作用的,它们组成复杂的生态系统。其中,每个因素既受到周围其他因素的影响,又反过来影响其他因素。

在人类社会中,各类事物也是普遍联系的。人类社会和自然界虽然有质的区别,但也是相互联系、密不可分的。人类的出现和人类社会的形成,是自然界长期发展的结果,而且只有在同自然界的相互作用中,人类社会才能生存和发展。社会生活的各个方面,从经济、政治到思想、文化,无不处在普遍联系之中。国民经济中的各个部门、各个环节,都是相互联系、相互制约的。科学发展史表明,把人们通常看来似乎没有联系的事物联系起来,往往是科学上的重大发现。例如,把粒子性(非连续性)与波动性(连续性)联系起来,就确立了量子力学;把生物有机体与环境联系起来，建立了生态学。

为了进一步深入学习和研究，我们有必要对各种形式的联想划分类别，以便把握各自不同的特点，更好地把它们应用于不同的场合或领域。联想思维有多种分类方式，下面我们介绍关系联想和路径联想这两种常见的类型。

4.1.2 关系联想

关系联想是根据事物之间存在相近的关系来划分的。在这方面，古希腊人有过辉煌的成就，他们发现了联想思维三定律，即联想思维的接近性、相似性和对比性。

(1)接近性。如：鞋—鞋带，车间—机器，黑板—粉笔，打雷—下雨……

(2)相似性。如：虎—猫，白水—白酒，弓—月牙，原子弹—氢弹……

(3)对比性。如：冷—热，白天—黑夜，小—大，优势—劣势，穷—富……

联想思维三定律，实际上是根据事物之间存在的三种相近关系，而产生联想思维的三个特点。根据这些特点以及现代学者对它们的研究，我们可以把关系联想分为接近联想、相似联想、类比联想和对比联想四种类型。

1. 接近联想

是指人们基于事物在空间、时间或某种排列顺序上相接近，而把两个事物联系起来。

【例 1】时、空和顺序的接近联想。

① 空间接近联想。由“月亮”可以联想到“星星”“太阳”或“地球”等。

② 时间接近联想。由“星期六”可以联想到“星期日”或“星期五”。

③ 排列顺序联想。由扑克牌的“红桃 A”可以联想到“红桃 K”或“红桃 2”等。

但是，空间或时间上的“接近”是一个相对的概念，“接近”不一定是指“相邻”，这与联想的空间或时间范围的大小和划分依据有关。

【训练 1】运用时、空和顺序的接近联想，由以下事物联想到什么，列举三个事物。

① 由书桌，联想到(　　　　　　　　　　　　　　　　　　　　　　　)。

② 由春天，联想到(　　　　　　　　　　　　　　　　　　　　　　　)。

③ 由货架，联想到(　　　　　　　　　　　　　　　　　　　　　　　)。

在文学艺术作品中，常常把时空相互接近的事物巧妙地联系在一起，或者把人的思想、感情和空间、时间、环境联系起来。

【例 2】

春江花月夜

〔唐〕 张若虚

春江潮水连海平，海上明月共潮升。

滟滟随波千万里，何处春江无月明。

……

【分析】作者由春江联想到大海，由海上明月联想起千万里外的春江明月。把春江、潮水、大海和明月联系在一起，将人带入一个如诗如画的境界。

再如，《红楼梦》中的黛玉葬花一场，林黛玉把自己的忧伤情感和美丽的花朵败谢联系在一起，把自己的凄凉身世遭遇比作为掉落的鲜花，吟出了千古绝唱的“葬花词”。

在科学创造中，接近联想也是发现新事物的有力武器。门捷列夫提出化学元素周期表以及科学家们研究分子、原子、质子、中子、强子、夸克……都是运用了接近联想。

【训练 2】 请分析以下诗句中的接近联想。

望庐山瀑布

〔唐〕　李白

日照香炉生紫烟，遥看瀑布挂前川。

飞流直下三千尺，疑是银河落九天。

分析(　　　　　　　　　　　　　　　　　　　　　　　　　　　　　　　　　　)。

2. 相似联想

所谓相似，是指一事物与另一事物在外部特征、性质或功能上存在相同或者相近之处，或者感官对不同事物在感觉上有相近之处。借助事物在外部特征、性质或功能上的相似性进行联想，就称为相似联想。

【例 3】 以下事物是通过相似联想联系的。

①由“足球”联想到“篮球”“排球”，它们都是圆形球体，是在外部特征上的相似联想。

②由“江河”联想到“湖海”，它们都是流动的水，是在外部特征上的相似联想。

③由“鸟”“飞虫”联想到“飞机”，它们是在外部特征和“飞”的功能上的相似联想。

④由“太阳”联想到“火”，两者温度都高，都是红色，是人的视觉在颜色感知、触觉在温度感知上的相似联想。

⑤由“火柴”联想到“打火机”，它们都是取火装置，是在“取火”功能上的相似联想。

⑥由“洗衣机”联想到“洗碗机”，它们是在“洗涤”功能上的相似联想。

【训练 3】 运用相似联想，由以下事物联想到什么，列举三个事物。

①由白雪，联想到(　　　　　　　　　　　　　　　　　　　　　　　　　　　　)。

②由高山，联想到(　　　　　　　　　　　　　　　　　　　　　　　　　　　　)。

③由叉车，联想到(　　　　　　　　　　　　　　　　　　　　　　　　　　　　)。

【例 4】 尼龙拉链的发明。

某位工程师很喜欢打猎，每次打猎回来，衣服上都粘着很多大蓟花籽。为了弄清原因，他用显微镜观察，发现花籽上有很多小钩。他由此联想到，如果用塑料做成一边带小钩，而另一边带小圆圈的拉链一定很好用。经过反复试验，塑料拉链就诞生了，最后导致了一场拉链革命。

【分析】“勾”有“结合”的含义，如勾结、沟通，拉链小钩与花籽的小钩是在外部特征和“结合”功能上的相似联想。

【训练 4】 钢筋混凝土的发明。

1856 年，园艺师约瑟夫·莫尼埃(Monie·Joseph，1823—1906)在仔细观察植物根系时，发现植物根系在松软的土壤中盘根错节，相互交织成网状结构，可使土壤聚集一团，维持植物根部保持必要的水分和养料。由此，他联想到花坛的建造，他在水泥中加放一些网状的铁丝，结果制成的花坛不像以前那样容易破碎,既耐用又美观。为此,1867 年他获得了专利权,并使该发明很快在水箱、浴盆、桥梁和建筑上获得了广泛的应用。

请分析该案例中的网状铁丝与根系在哪些方面具有相似性?

【分析】＿＿＿＿＿＿＿＿＿＿＿＿＿＿＿＿＿＿＿＿＿＿＿＿＿＿＿＿＿＿＿＿＿＿＿＿＿＿。

【训练 5】运用相似联想,由以下事物联想到另一事物,越多越好。

① 由鱼,联想到＿＿＿＿＿＿＿＿＿＿＿＿＿＿＿＿＿＿＿＿＿＿＿＿＿＿＿＿＿＿＿＿。

② 由蝙蝠,联想到＿＿＿＿＿＿＿＿＿＿＿＿＿＿＿＿＿＿＿＿＿＿＿＿＿＿＿＿＿＿。

③ 由红旗,联想到＿＿＿＿＿＿＿＿＿＿＿＿＿＿＿＿＿＿＿＿＿＿＿＿＿＿＿＿＿＿。

④ 由渔网,联想到＿＿＿＿＿＿＿＿＿＿＿＿＿＿＿＿＿＿＿＿＿＿＿＿＿＿＿＿＿＿。

【例 5】由“家用托盘”联想到“物流托盘”,它们是在外部特征和“承载物品”功能上的相似联想,如图 4-1 所示。

(a)家用托盘

(b)物流托盘

图 4-1　家用托盘和物流托盘示例

【训练 6】请运用相似联想,由以下事物联想到与物流相关的其他事物,列举三个事物。

① 由扫地机器人,联想到＿＿＿＿＿＿＿＿＿＿＿＿＿＿＿＿＿＿＿＿＿＿＿＿＿＿。

② 由信封,联想到＿＿＿＿＿＿＿＿＿＿＿＿＿＿＿＿＿＿＿＿＿＿＿＿＿＿＿＿＿＿。

③ 由木箱,联想到＿＿＿＿＿＿＿＿＿＿＿＿＿＿＿＿＿＿＿＿＿＿＿＿＿＿＿＿＿＿。

3. 类比联想

有的学者把类比作为一种单独的思维形式,考虑到它和相似联想有类似之处,在这里,我们把类比联想也列为联想思维的一种。相似联想用于事物外部特征、性质或功能上的相似而产生联想,而类比联想适用于有复杂过程的事物或事件,是在“技术”层面的类似,例如两种动作、程序、原理或方法有一定的可比性。类比联想就是从某一种动作、程序、原理或方法得到启发而联想到运用类似的动作、程序、原理或方法解决其他问题的思维过程。

【例 6】人工牛黄培植法的发明。

牛黄是珍贵药材,是牛的胆囊里混进异物,周围凝聚了分泌物,日积月累形成的胆结石。牛黄主要靠宰牛搜取,数量少,满足不了医学上的需要。广东海康医学公司的员工,从河蚌育珠中得到启示,将牛黄的人工“培植”与之类比:牛黄、珍珠都是体内进入异物,由体内分泌物凝聚而成;既然河蚌能够运用“插片”方法,人工将砂粒置入蚌体内,培养成人工珍珠,那么,牛黄也应当能够用人工方法培植。他们选择失去役用价值的牛做试验，运用外科手术，将异物置入牛的胆囊，一年后取出胆囊里的结石、与天然牛黄一模一样，人工培植牛黄获得成功。

【分析】 受到人工培植珍珠“插片”法的启发，科研人员大胆尝试，把该方法用于人工牛黄培植，获得了成功。

【例 7】 AGV(Automated Guided Vehicle)自动导引运输车的发明。

AGV 利用网络进行控制信号的传输，通过导航装置获知周边情况从而自主进行规划、调整行进路径，从而更好地装卸和搬运物料的小车。第一辆 AGV 小车诞生于 1953 年，它是由一辆简易的牵引式拖拉机改造而成的，带有车兜，在一间杂货仓库中沿着布置在空中的导线运输货物，如图 4-2 所示。

【分析】 由“牵引式拖拉机”的运动原理，启发了 AGV 车的创新发明。当然，两者在“载货搬运”用途上也存在相似联想。

(a) 牵引式拖拉机

(b) AGV

图 4-2　拖拉机和 AGV 示例

【训练 7】 电热毯是一种接触式电暖器具，将特制的，绝缘性能达到标准的软索式电热元件呈盘蛇状织入或缝入毛毯里，通电时即发出热量。请找出与电热毯的工作原理相似的其他产品，或创新产品。

4. 对比联想

对比联想是人们基于事物在性质上具有的相反点或对比点而形成的联想。例如，由“黑暗”联想到“光明”，由“深”联想到“浅”，由“真善美”联想到“假恶丑”，等等。它既反映事物的共性，又反映事物的相对立的个性。如“光明”和“黑暗”都表示亮度，是亮度上的对比。运用对比联想进行创新可以从性质、属性对立、优缺点、结构颠倒、物态变化等角度进行考虑。

凡是可以比较的两个事物，通过比较而存在差异，在比较中体现出各自的特性。例如古与今、新与旧、冷与热等都是相对的，由一面可以联想到另一面，运用这种特征进行思维的方法，就叫作对比联想。

【例 8】 变短的线段。

老师在课堂上提出一个思考题：有一条线段 a，除了不能剪断以外，还有什么办法可以使它变短一些？

答：在 a 线段的下方，画一条比 a 线段更长的平行线 b，这时 a 相对于 b 来说不是变短了吗？

问：如果 a 是一条真实的线绳，那该怎么办呢？

答：把这根线绳折成双股绳，这样它与单股线绳相比不是变短了一些吗？

【分析】在这个案例中，无论是用画线法还是折叠法，实际上都是运用对比联想，通过事物的相反点或对比点衬托出该事物性质或形状的变化。

【训练 8】请分析以下诗句中运用的对比联想。

晓出净慈寺送林子方

〔宋〕杨万里

毕竟西湖六月中，风光不与四时同。

接天莲叶无穷碧，映日荷花别样红。

【分析】（　　　　　　　　　　　　　　　　　　　　　　　　）。

以上四种联想类型是以事物间常见的关系进行分类的，并不能涵盖事物间的全部关系，因而联想的类型远不止这四种。从关系论的观点出发，我们可以列举出更多的联想类型。关系论的观点是，关系是存在于若干事物及其特性之间的联系，世界是由事、物的集合和事、物间的关系的集合构成的。显然，事物间的关系是无穷多样、不胜枚举的。只要两种事物之间存在某种关系，就可以用这种关系作为联想的纽带，形成有效的联想。

下面所介绍的路径联想思维方法，可以说是从事物间存在的其他关系出发而建立的联想。

4.1.3　路径联想

路径由入口和终点组成，把联想思维的目标看作路径的终点，达到目标所需要的条件称为资源，把资源看作路径的入口。路径联想就是通过改变联想思维的路径方向而得到理想成果的联想。路径联想的方向可以分为正方向路径联想、反方向路径联想和第三方向路径联想。

1. 正方向路径联想

正方向路径联想是指有明确的目标，但没有资源，希望通过联想思维来找到可用的资源。这种思维的特点是：有终点，寻找入口。该方法在创造技法中称为“焦点联想法”，由美国学者怀廷提出，是一种有确定（思维）目标终点向无确定（思维）资源入口的联想方向。由于要获得多个可参考的资源，而终点只有一个，终点称为“焦点”，所有联想思维活动都围绕这个焦点进行，思维的入口对终点呈放射状，如图 4-3 所示。

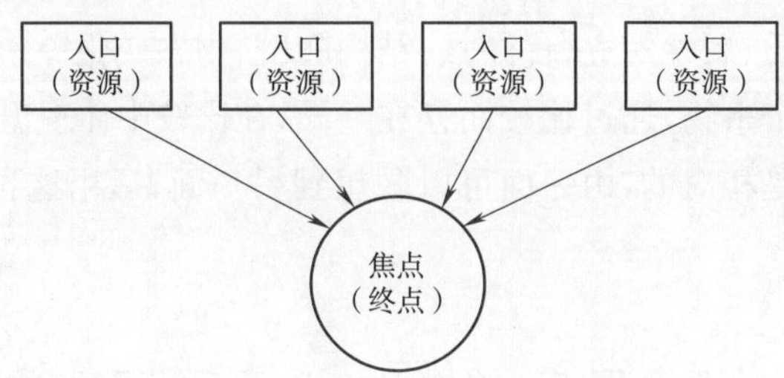

图 4-3　正方向路径联想示意图

下面介绍正方向路径联想思维的步骤。

【例 9】某企业要开发新型椅子，以提高市场竞争力，请用正方向路径联想思维找出资源入口，开发出新型椅子。联想过程如图 4-4 所示，联想路径如图 4-5 所示。

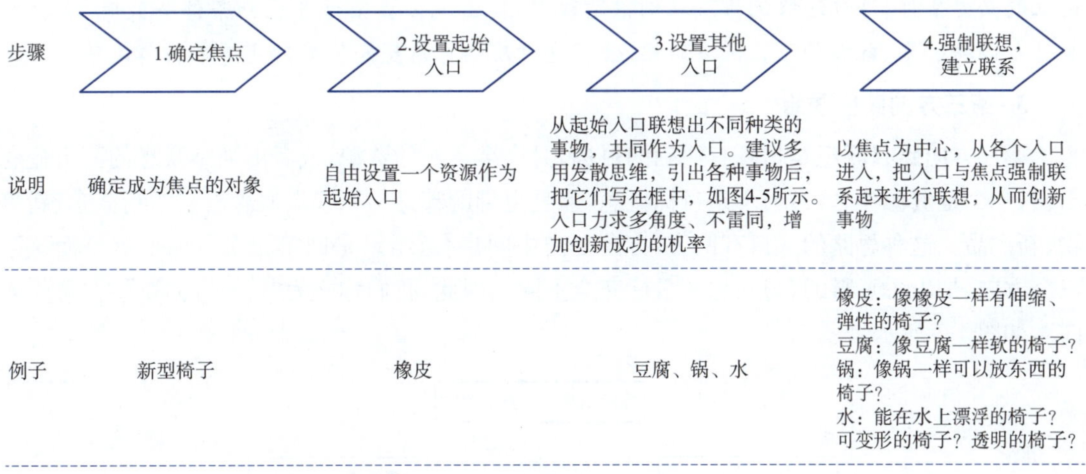

图 4-4　正方向联想步骤示例

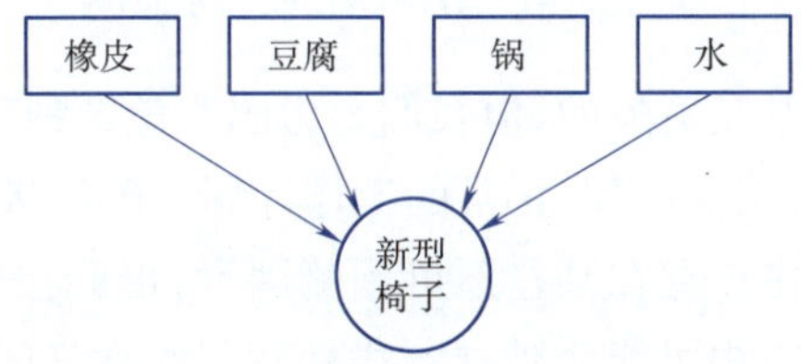

图 4-5　运用正方向路径联想开发新型椅子

通过这样的联想，对新型椅子的开发思路就开阔多了。例如，可以开发出腿可伸缩的折叠椅子、可充气椅子、类似玻璃材质透明的椅子等。

【训练 9】请参照上例，运用正方向路径联想思维找出资源入口，开发出新型鞋子。

2. 反方向路径联想

反方向路径联想是指以观察到的现象或事件作为联想的起点，反方向去进行联想，以寻找多种可能的起因或缘由。思维的路径是从现象或事件的终点向现象或事件的起点行进，故称为“反方向联想”，如图 4-6 所示。

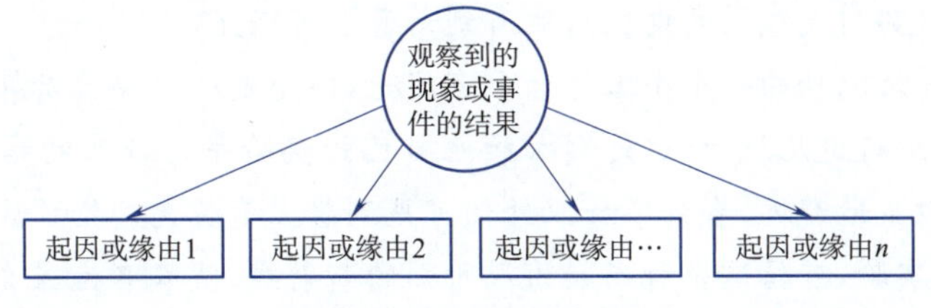

图 4-6　反方向联想示意图

【例 10】几何证明。

在解几何证明题时，一般是从已知条件开始分析、逐步向求证的结果推进。有时这种正向的证明过程很难进行下去，不妨改变一下思路，从题目要求证的结果开始：即首先承认它的结果，去寻找该结果成立的必要条件。再把这些必要条件作为中间结果，进一步倒推该中间结果成立的必要条件，这样逐级倒推。在倒推过程中，当出现必要条件与已知条件一致时，再把推导过程调转过来，就成功了。很多时候，使用这种反向思路反而使难题变得容易解决了。

3. 第三方向路径联想

第三方向路径联想是指既有明确的目标，又有准备好的资源，或者由强制联想的两个概念出发，一个是资源概念，另一个是目标概念，但是得到的却是与原起点概念不同的新概念、新事物、新产品。这种思路的入口有两个，方向是向中间集合，结果是向第三个方向发展。而这第三个方向，是出乎意料的，与联想的目标完全不同。因此，我们称之为“第三方向”或者“意外方向”，如图 4-7 所示。

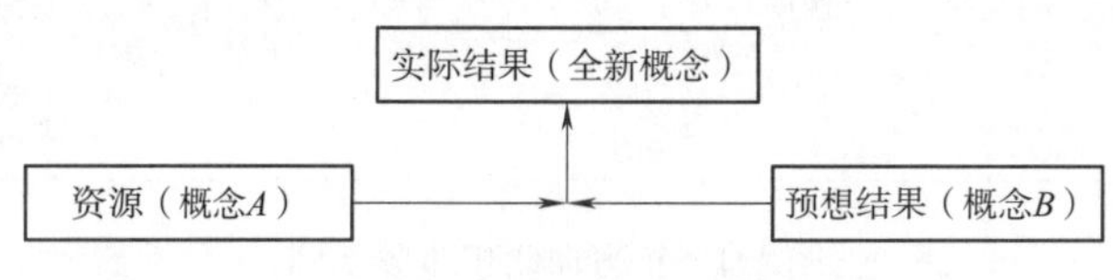

图 4-7 第三方向路径联想示意图

虽然这种联想的结果常常是意外的，但我们要力图避免这种意外，把它改造成为一种有目的、有实际应用价值的思维方法。例如，正常的工作计划一般是从现有的资源条件出发而提出一段时间内要达到的目标。由于存在某些不可预测因素，可能会出现各种意外结果。意外结果无害固然好，如果没有准备，很可能会错过一些具有创新意义的机会，从而错失了发明创造的机会。但也可能出现了不希望的结果。我们常说的“有备无患”，就是针对出现不良结果时做出的防患措施。特别是针对后一种情况，我们就要运用第三方向路径联想，预测可能出现的各种意外结果。

【例 11】X 射线的发现。

X 射线，是一种波长范围为 0.01～10 nm(对应频率范围 30 PHz～30 EHz)的电磁辐射形式。X 射线最初用于医学成像诊断和 X 射线结晶学。

德国维尔茨堡大学伦琴教授，在他从事阴极射线的研究时，发现了 X 射线。1895 年 11 月 8 日傍晚，他研究阴极射线。为了防止外界光线对放电管的影响，也为了不使管内的可见光漏出管外，他把房间全部调黑，还用黑色硬纸给放电管做了个封套。为了检查封套是否漏光，他给放电管接上电源(茹科夫线圈的电极)，他看到封套没有漏光，十分满意。可是当他切断电源后，却意外地发现一米以外的一个小工作台上有闪光，闪光是从一块荧光屏上发出的。然而阴极射线只能在空气中行进几厘米，这是别人和他自己的实验早已证实的结论。于是他重复刚才的实验，把屏一步步地移远，直到 2 m 以外仍可见到屏上有荧光。伦琴认为这不是阴极射线了。伦琴经过反复实验，确信这是种尚未为人所知的新射线，便取名为 X 射线。①

【分析】如果该案例中的第三种结果是无意中产生的，是出乎伦琴教授意料之外的收获。

① 资料来源：百度百科.

那么就是伦琴教授有意识地、主动地通过营造两种对立现象——该案例是“全黑的房间”“不漏光的封套”以及“发光的光源”，即黑暗和光亮，从而产生出第三种结果——荧光屏闪光。

对一些自然现象之间或社会事件之间的关联，例如气象俗语有“八月十五云遮月，正月十六雪打灯”，地震前各种动物的异常表现，以及对这些现象之间联系的深入研究都可能发展出一种崭新的理论，这是科研工作中常用的方法。

【例 12】防毒面具的发明。

第一次世界大战时期，德军在比利时的伊普雷战役中使用液态氯气攻击对方阵地，致使英法联军 5 000 多人中毒丧命。同时，大量野生动物也相继中毒死亡。但令人惊奇的是唯有野猪安然无恙，这一现象引起英法联军的极大兴趣。野猪逃避毒气的行为后经化学家调查分析认为：当野猪嗅到强烈刺激味时，就用嘴巴拱地躲避刺激，松软的土壤颗粒吸附和过滤了毒气，才使野猪幸免于难。这个现象成为化学家产生联想的起点，经过进一步思考，形成了“防毒面具”的设计概念。根据这一概念，用既能吸附有毒物质，又能畅通空气的木炭代替疏松的土壤，设计制造了世界上首批防毒面具，其外观也参照了猪头的形状。

【分析】“猪拱地”和“不中毒”这两种现象之间，肯定有密切的联系。因此，要研究、发现这种联系的偶然性或者必然性，当然，在具体的研究工作中，还要运用发散思维，设想出各种假设，再通过试验一一验证，最终得出正确的结论。

第三方向路径联想与反方向路径联想的区别是：反方向联想是仅有见到的某一现象或事件的结果，而没有与之紧密伴随的事物，故而其原因是要向相反的多个方向去联想。而第三方向路径联想是既有观察到的现象或结果，也有紧相伴随的事物或现象，或者有出发点和期望的目标。需要的只是寻找这二者之间的关联。在这种关联之中，可能就存在着意想不到的原理。更进一步，由此原理可以产出完全新颖的成果。

任务 4.2　概念联想思维的运用

上面介绍了几种常见的联想方式，实际上联想的形式多种多样，远不止前面介绍的几种。除了空间上的联想、时间上的联想、性质上的联想、因果联想等，还有直接联想、间接联想、内部的联想、外部的联想，本质的联想、非本质的联想，必然的联想、偶然的联想等。假如每种事物可以同 10 种事物之间发生一级联想的话，那么，10 种事物中的每一种又可以同另外 10 种事物发生二级联想，这样无限地进行下去，世界就成了由联想关系构成的整体。例如，圆珠笔和月亮是风马牛不相及的，但是我们通过“圆珠笔—写字—读书—台灯—晚上—月亮”这种联想，就使它们发生了联系，使创新成为可能。

把概念思维引入联想思维，是基于“可建立联想关系的各个概念之间有且至少有一个属性是相同的”。也就是说，概念之间具有相同的属性是事物之间建立联系的依据，这样可以很容易地建立多种联想。

如图 4-8 所示，概念 A、概念 B、概念 C 和概念 D 都有多个属性，如果这些概念的某个或多个属性是相同的，则它们就能建立联系。例如，假设概念 A 是棉花，概念 B 是白云，在颜色和外形质感属性上，棉花和白云的颜色都是白色，无定形、轻飘，由于这两个属性相同，很多时候，当我们看到白云时，很自然就会联想到棉花。

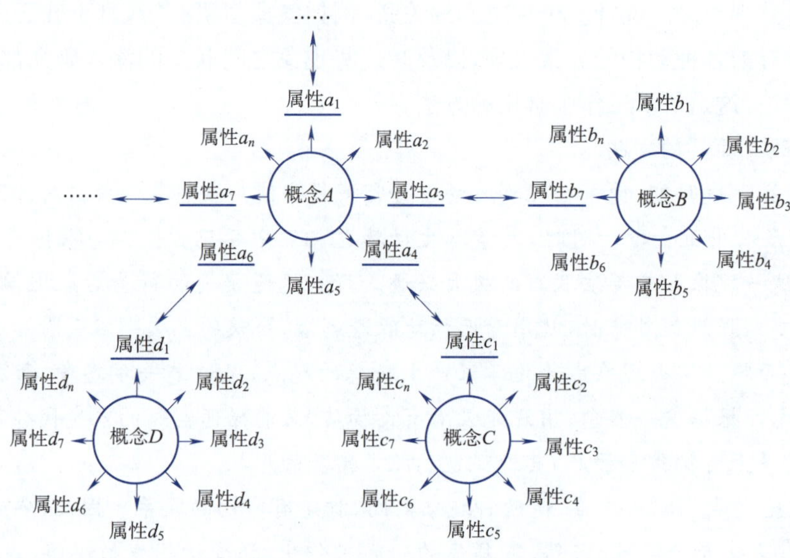

图 4-8　概念联想示意图

借助于概念到概念的联想，就能启发我们在不同的事物或现象中寻找可以借鉴的观念或原理，并运用到我们的研究之中。当我们的思维无从行进时，从概念的属性出发去联想，就有了一个易见的抓手。下面介绍直接联想法、改变定义限定词的联想法、强制联想法、多步联想法、定向联想法等五种方法。

4.2.1　直接联想法

直接联想是寻找两个事物之间(一对一)，或者一个事物与多个事物之间(一对多)的两两联系。

一对一的直接联想如图 4-8 所示。A、B 两个事物，A 具有属性 $a_1 \sim a_n$，B 具有属性 $b_1 \sim b_n$。如果 A 的属性和 B 的属性中有一个是相同的，例如该图中的“属性 a_3”和“属性 b_7”相同，则 A 和 B 就能建立起联系。反之，如果它们之间没有一个属性相同，就说明这二者之间没有直接联系，就不能产生直接联想。在图 4-8 中，A 与 C、A 与 D 分别是一对一的直接联想。从总体来看，A(一个事物)与 B、C、D(多个事物)建立了一对多的联想，也就是说从 A 可以联想到 B、C 和 D。

【例 13】“酒瓶”与“铅笔”能否建立直接联想？

“酒瓶”的一般定义是：盛酒用的容器。其本质属性是“盛酒，容器”；

“铅笔”的一般定义是：用铅芯制成的书写工具。其本质属性是“铅芯制成，书写工具”。

它们的本质属性不同，两者之间没有直接联系。

再看定义中没有明确写出的其他属性——即非本质属性，如形状、颜色、重量、组成成分、味道等。假如该酒瓶是用黑色玻璃制的，铅笔芯也是黑色的，那么这二者之间就存在了“颜色上的共同属性”；另外，如果酒瓶是“圆柱形”，铅笔也是“圆柱形”，依据两者的形状相似，就能建立直接联系，进而从酒瓶就可能直接联想到铅笔。

由一个事物出发，可以联想到多个不同的事物，这种“一对多”的直接联想，本质上和“一对一”的联想是相同的。

假设有 A、M、N、P 等多个事物。其中，事物 A 的属性 a_1 与事物 M 的属性 m_1 相同，A 的属性 a_2 与事物 N 的属性 n_2 形同，A 的属性 a_3 与事物 P 的属性 p_3 相同……这时 A 事物就同时和 M、N、P 等事物有了直接联系，进而由 A 就可能直接联想到 M、N、P 等事物。

【例 14】从“木箱”可以直接联想到什么事物？

【分析】木箱的材质是木，形状可以是正方体、长方体、圆柱体等。

从木箱的材质出发，可以联想到树木、森林、木桌，木凳等与木材直接相关的事物；

从木箱的形状出发，如果是长方体，可以联想到砖头、柜子等与长方体直接相关的事物。

因此，从木箱可以直接联想到树木、木桌、木凳、柜子等各种不同的事物。

【训练 10】从以下事物可以直接联想到生活中的哪些事物？是依据什么属性进行联想的？

(1)竹筷子

① 联想到(　　　　　　　　　　)，依据的属性是(　　　　　　　　　　)；

② 联想到(　　　　　　　　　　)，依据的属性是(　　　　　　　　　　)；

③ 联想到(　　　　　　　　　　)，依据的属性是(　　　　　　　　　　)。

(2)电吹风

① 联想到(　　　　　　　　　　)，依据的属性是(　　　　　　　　　　)；

② 联想到(　　　　　　　　　　)，依据的属性是(　　　　　　　　　　)；

③ 联想到(　　　　　　　　　　)，依据的属性是(　　　　　　　　　　)。

【训练 11】从“塑料箱”可以直接联想到物流领域中的哪些事物？是依据什么属性进行联想的？

① 联想到(　　　　　　　　　　)，依据的属性是(　　　　　　　　　　)；

② 联想到(　　　　　　　　　　)，依据的属性是(　　　　　　　　　　)；

③ 联想到(　　　　　　　　　　)，依据的属性是(　　　　　　　　　　)。

【训练 12】写出与“下雨”有关的物品和事件。

① 物品有(　　　　)、(　　　　)、(　　　　)、(　　　　)、(　　　　)。

② 事件有(　　　　)、(　　　　)、(　　　　)、(　　　　)、(　　　　)。

要有效地联想，其前提是对事物有较充分的了解和认识。从思维方法上讲，首先要运用发散思维方法，克服思想认识上的偏见和错觉，对事物进行充分认识，并且发散出种种可能的方案供选择，才可能建立有实用价值的、正确的联想。所以说，发散思维是联想思维的基础。

4.2.2　改变定义限定词的联想法

我们可以通过找出一个概念的多个属性，然后改变这个概念的定义开展进一步联想。

以“砖”的概念为例，它的定义是：“用黏土烧成的长方形块状建材”。①

当把“建材”看作“砖”的本质属性，沿着“建材”去联想，可想到“瓦”“水泥”“石灰”等。

当把“砖”的形状作为本质属性时，沿着“长方形、块状，即长方体”去联想，可想到“正方体”“圆柱体”“球形体”等。

【定义 4.1 限定词】概念的限定词是进一步说明一个概念的其他属性的词语（注：限定词不是形容词，限定词限制了原概念的功能、范围、规模等属性，不具有形容词具有的说明原概念性质的作用）。

【定义 4.2 主体词】一个带有限定词的概念中，被限定的事物的词称为“主体词”。

【例 15】请分析“红高粱”概念中的限定词和主体词。

【分析】在“红高粱”这个概念中，“红”是限定词，“高粱”是主体词。

有的概念只有“主体词”而没有“限定词”，例如“服装”。要进一步说明“服装”的用途，就变成“男装”“女装”“工作服”“礼服”等。其中的“男”“女”“工作”“礼”就是加在“服装”上的限定词。

从上面的例子可以看出，我们只要改变某一事物的概念的限定词，就可以联想到各种与该事物有某种共性，却又不完全相同的另一种事物。

【训练 13】请分析“书柜”概念中的限定词和主体词，通过改变其中的限定词，可以联想到哪些概念？

【训练 14】请分析“分拣线”概念中的限定词和主体词，通过改变其中的限定词，可以联想到哪些物流领域的概念？

除了改变概念的限定词之外，增加或者减少概念的限定词，同样可以达到联想的效果。

【例 16】对“童装”概念，增加它的限定词，可以联想到哪些概念？

【分析】可以联想到“男童装”“女童装”“冬季童装”“夏季童装”……。

【训练 15】对“手机”概念，增加它的限定词，可以联想到哪些概念？

【训练 16】对“叉车”概念，增加它的限定词，可以联想到哪些物流领域的概念？

从形式逻辑中我们知道，增加概念的限定词就缩小了概念的外延范围，这在企业的市场管理，即市场细分和市场定位中有很大的应用价值。所谓市场细分，就是从区别消费者的不同需求出发，根据消费者购买行为的差异性，把整体市场细分成两个或两个以上既类似又有不同需求的消费者群体。在辨别不同的部分市场或消费者群体的基础上，权衡利弊，选择其中一个或几个部分市场作为目标市场，并集中企业资源为目标市场服务。

【例 17】洗衣机市场的细分。

20 世纪 90 年代以来，洗衣机市场竞争相当激烈，很多企业的经营都面临困境，济南洗衣机厂也未能幸免。单缸、双桶及半自动洗衣机被“威力”“荷花”等品牌占领；全自动洗衣机有“小天鹅”“金羚”和“荣事达”等名牌在争霸。

面对如此激烈的市场竞争，济南洗衣机厂的决策者们没有坐以待毙，而是积极地想办法、

① 资料来源：新华字典。

找对策。他们通过运用市场细分的原理与方法，发现在国外已较为普及的滚筒式洗衣机在国内市场上是一片空白。于是他们马上引进设备和技术，生产滚筒式洗衣机。产品一经投放市场立即受到消费者的欢迎，畅销全国。济南洗衣机厂走出了困境，“小鸭-圣吉奥”滚筒式洗衣机从此名扬中华大地。

【分析】如果原洗衣机并没有很明确的限定词，那么“滚筒式”就是济南洗衣机厂给他们的产品加上的限定词。实际上，在那个时候，普通洗衣机已比较流行，滚筒式洗衣机也已经出现，只不过当时的产品只适用于医院、宾馆等大批量洗衣的场合。相对的，有人把流行于家用的洗衣机称为“缸式洗衣机”。与“缸式洗衣机”相比，“滚筒式洗衣机”仅仅是改变了原洗衣机的限定词，却因此开拓了一个适用于家庭的“滚筒式洗衣机”市场。现在很多家庭都使用了这种洗衣机。

减少限定词，就能扩大概念的外延，同样可以得出不同的联想效果。对于特定的产品，这样的改变就扩大了产品的使用范围。对于一个企业，就扩大了产品线，由单一品种生产变为相互间有某些类似的产品系列的生产。

【例 18】“调光设备制造公司”变为“灯光控制设备制造公司”

某小公司生产“调光设备”，即“舞台灯光控制设备”。由于应用面很窄，公司仅有 100 来人，很难扩大规模。后来，他们对产品进行了详细分析，认为不一定要把产品局限于“舞台”上，应该做“灯光控制设备”。于是，他们开发了高档集中灯光控制设备、广告霓虹灯控制设备、广告 LED 显示屏控制设备、马路灯自动控制设备等一系列产品，公司产品系列和规模逐步得到扩大。

【训练 17】对“一次性竹筷”概念，减少它的限定词，可以联想到哪些概念？

【训练 18】对“药品冷链物流”概念，减少它的限定词，可以联想到哪些概念？

实质上，减少限定词的联想就是把原概念上升为它的属概念。除了可以得到成果之外，还可以从这个更为广泛的属概念出发，引发联想到其他相邻的属概念以及这些属概念中的种概念。这就形成了一个新思路：原概念→减少限定词→上升为属概念→进行属概念联想。进一步，由联想到的属概念→增加限定词→下降为种概念→进行种概念联想。这样一来，联想的思路、方向、层面就更加广泛，成果也就更多了。这种方法和第三章的划分分解法的思路是一致的。

使用“改变概念限定词联想法”时，首先要对原概念做详细的描述，实际上就是对原概念做出简明的文字定义，然后对文字定义中的限定词逐一考虑，最终做出改变、增加还是减少某些限定词的决策。例如上述“调光设备”概念，其文字定义是“舞台灯光控制设备”，该定义有三个限定词：“舞台”“灯光”“控制”。改变或者减少任何一个，都会使原产品变成不同的“新”产品，如“舞台设备”“舞台控制设备”等，从所列出的“新”产品概念中，选择适合市场和企业发展需要的产品，就可能产生效果。

对某些概念，不改变限定词，而是删除主体词，有时也能起到拓展思路的效果。

【例 19】只做“风”的生意。

某电器公司专业生产电风扇。总经理发现公司产品过于单一，决定开发新产品。于是，他征询董事长的意见。董事长对他说道:“你们只做‘风’的生意就可以了。”董事长这样说是为了使公司生产尽量专门化。总经理想了一会儿,紧盯着董事长问道:“只要是与风有关的,就行了吗?”董事长并未仔细思考,便随口答道:“是的”。

一年后,董事长再次来公司视察,看到厂里正在生产暖风机,便问总经理:“这是电风扇吗?”总经理笑着答道:“不,但它是和风有关的,我正在按照您的要求进行生产。”

董事长继续考察,发现公司里有大量的新产品,除了电风扇、排风扇、暖风机、鼓风机,还有果园和茶圃的换气扇,甚至有家禽养殖业的换气调温系统。这些新产品大大地增加了公司产品的市场销路。

这样的改革对企业有两个好处:一是由于新产品与老产品有很多相似之处,原有的资源(技术、设备、人才等)不至于因为产品的改变而浪费;二是扩大了产品的范围,克服了企业由于产品过于单一造成的企业规模过小,资源不能得到充分利用,市场面过于狭窄等问题。

【分析】例 19 与例 18 有不同之处。从概念的形式上看,对于概念“电风扇”来讲,“扇”是概念的主体词,“电”和“风”是“扇”的限定词。概念“风的生意”不但去掉了限定词“电”,还去掉了主体词“扇”,而仅保留了限定词“风”。这样,“风”就从限定词变为了“主体词”。但是从总体效果来看,同样起到了开阔总经理眼界的作用,从而做出了扩大公司产品品种的决定。

【训练 19】请参照上例,对“电冰箱”概念,删除它的主体词,开拓新产品。

【训练 20】请参照上例,对“零担货物运输”概念,删除它的主体词,开拓新服务。

【训练 21】请变换“小羊上山吃草”句子中字、词的顺序,使之成为另一句话(6 种以上答案)。

4.2.3 强制联想法

强制联想就是把似乎无内在联系的概念强行联系在一起,进行新的联想,从中建立新的、原先并不存在的联系,从而产生新事物的联想。

强制联想要求人们打破思维定式,把原先认为的根本“不相干”的两个或多个事物“硬性”地联系起来,去做以前根本不去、不敢、不屑于想的尝试,从而产生许多创造性的思想。当然,强制联想不可能都是科学的或可实现的。但是,其中有一部分会有实用价值,我们可以从中得到许多启示,从而“催生”出新的革命性成果。

一般的创造活动,都鼓励自由地联想,这样可以引起联想的连锁反应,容易产生大量的创造性设想。但是要具体解决某一个问题,则须采用强制联想,只有集中全部精力,在一定的范围内进行联想,才有利于发明和创造。

【例 20】有如下几个概念:“网络”“运动”“读书”“学习”“游戏”“旅游”“劳动”“加工”“购物”。请对它们进行强制联想组合,能获得哪些启发?

【分析】我们任选其中两个概念进行组合,一共可以组合成 36 种(不考虑两个词的先后顺序)新生事物:“运动网络”“读书网络”“网络游戏”“网络旅游”“网络加工”“学习游戏”“劳动游戏”“劳动旅游”……

其中有的已经成为现实,如“读书网络”“网络游戏”“网络购物”“网络旅游”,而“劳动旅游”也已经有了先例,有的旅游点让客人在旅游区附近指定的地点种树、种蔬菜,所有权归游客。

这样一来可以绿化，二来游客可以享用自己的劳动成果，旅游点还可以招揽回头客。这无疑增加了企业经营收入。

多年前，笔者发表的一篇文章（张发群，“产品创新策划的一种新思路——‘产品定义’改造”，《厂长经理之友》2001 年第 3 期）中就提到“网络旅游”的概念。笔者设想了一种新的网上旅游活动（有个别网站有类似的概念，但与我设想的不一样），把摄像头、三维视镜及室内运动器械（如步行器、划艇器、登阶梯器）连接到网络上，使之同步动作。这样，人们就可以在家中模拟旅游景点场景，一边“行走”“登高”“划艇”，一边“观赏景色”，集锻炼身体和观景于一体。随着技术的发展，这个设想现在已经得到部分的实现。

目前，“3D 电子商务项目”，这种技术可以把以商品展厅做成有 3D 效果的全景活动画面，人们可以用鼠标选择各个方位（连续变动的前、后、左、右、上、下、远、近）去参观该展厅。还可以把一件产品做成 3D 效果的全景活动画面，除了可以从各方位仔细观察产品外，还可以用鼠标分解出其中的部件，展示出产品的内部结构。现在，已经有了用这种技术开设 VR 虚拟旅游网站，如“全景客虚拟旅游经典网站”，“北京 A 级景点虚拟旅游网”等。

【训练 22】怎样使以下两种物品联系起来？

①“报纸”和“沙发”(　　　　　　　　　　　　　　　　　　　　　　　　　　)。

②“手机”和“皮鞋”(　　　　　　　　　　　　　　　　　　　　　　　　　　)。

③“太阳”和“老鼠”(　　　　　　　　　　　　　　　　　　　　　　　　　　)。

【训练 23】请找出以下事物的共同点以建立它们之间的联系。

①请列举出一种物品，与“西瓜”“汽车”有共同点，并加以说明。

②请列举出一种物品，与“电灯”“麦子”有共同点，并加以说明。

【训练 24】请写出与三个词相关联的第四个词。

①月光、白酒、唐朝——(　　　　　)；

②太阳、苹果、儿童——(　　　　　)。

【训练 25】请写出和下面两个物体都有关联的第三种物品，并说明其中的关联（每一题至少有三种答案）。

①与太阳、笔都有关联的物品有(　　　　　)、(　　　　　)、(　　　　　)。

②与狮子、大海有关联的物品有(　　　　　)、(　　　　　)、(　　　　　)。

4.2.4　多步联想法

当两个概念之间的属性难以关联，不可能（或者很难）直接联想时，通过加入某些中间概念，可以轻而易举地解决这个问题。在两个概念之间插入一个或几个概念，使这两个概念建立起联系，就是“间接联想”或者“多步联想”。

如图 4-9 所示，在两个不关联的概念 A、B 之间加入概念 C，从而使概念 A 和概念 B 关联起来，从而实现概念 A 到概念 B 的联想。

如图 4-10 所示，在两个不关联的概念 A、B 之间加入概念 D，D 只与概念 A 或只与概念 B 关联。此时，概念 A 和概念 B 还不能关联起来。

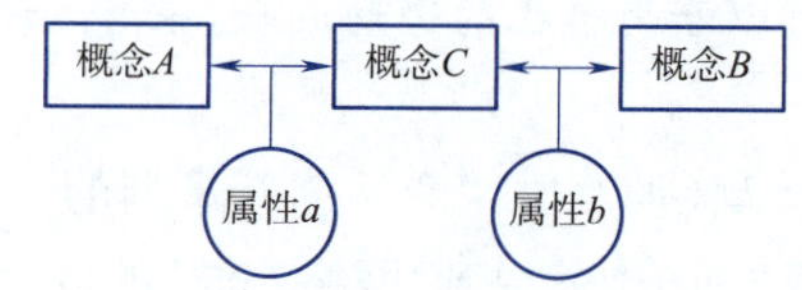

图 4-9　概念关联示意图 1

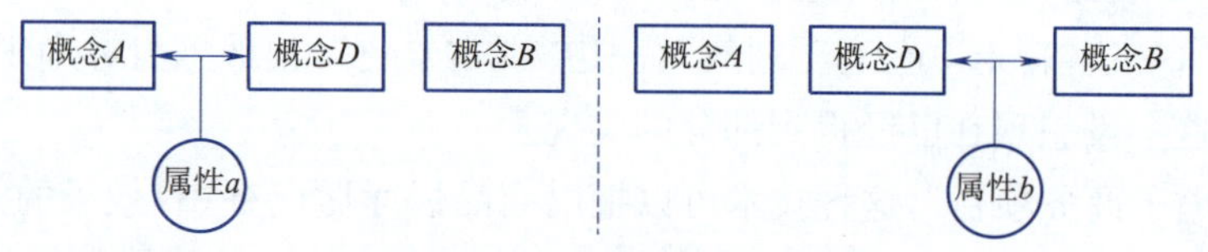

图 4-10　概念关联示意图 2

为了建立概念 A 与概念 B 的联系，还必须在概念 D 和概念 B 之间再加入概念 E。如果仍然不能把概念 A 和 B 关联，则还需继续插入概念，最终使概念 A 和概念 B 之间建立起联系。即任意两个概念，一个为起点，一个为终点，把这两个彼此毫不相干的概念通过“多步”联想联系在一起。这是一种有确定起点和终点的联想。多步联想如图 4-11 所示。

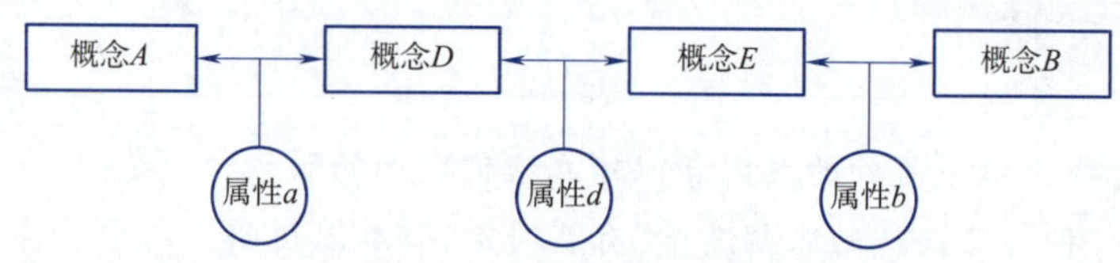

图 4-11　多步联想示意图

心理学家哥洛万和斯塔林茨进行的一项实验表明，任何两个概念都可以经过四五个阶段的联想建立起联系。运用这项实验结果，人们提出了“四步联想”。

【例 21】 分别对“树木”和“白云”；“桌子”和“月亮”；“天空”和“茶”进行四步联想。

① 树木——（森林）——（太阳）——（天空）——白云

② 桌子——（木材）——（树）——（地球）——月亮

③ 天空——（乌云）——（下雨）——（雨水）——茶

【训练 26】 请对下面的事物建立四步联想，并在连线上方注明二者是如何联系的。

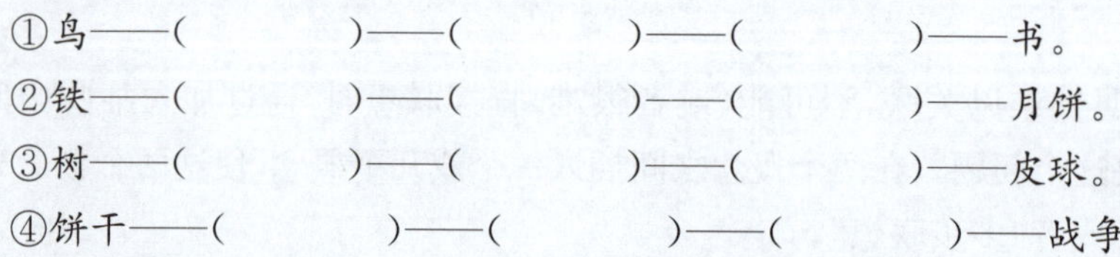

①鸟——（　　　　）——（　　　　）——（　　　　）——书。

②铁——（　　　　）——（　　　　）——（　　　　）——月饼。

③树——（　　　　）——（　　　　）——（　　　　）——皮球。

④饼干——（　　　　）——（　　　　）——（　　　　）——战争。

在现实中，“四步联想”有很大的实用价值，我们通过如下案例了解四步联想的运用。

【例 22】 我们手头上只有一堆草，却希望把它做成椅子。如何把“草”和“椅子”联想到一起？

【分析】 我们先以“椅子”为起点思考，制作椅子需要木材；木材有很多种类，包括原木、多层压合板、刨花板、木屑板；由刨花板、木屑板可以想到，这些板材都是为了充分利用木材加工时的下脚料，用胶水黏合而成的板材；而用这种胶合技术又可以把稻碎、木屑、蔗渣等物料粘合成胶合板；那么，草也可以制成胶合板。于是，在“草”和“椅子”二者之间就建立起了这样的联系：草——碎草——碎草胶合板——椅子。于是，新型的“草椅子”就诞生了。

【例 23】“空中浴池”。

在某著名温泉风景区，温泉四周是景色秀丽的秀山翠谷。来这里观光旅游的客人，总要泡一泡温泉浴，坐缆车望一望峰峦美景。但是由于时间关系，有些人通常来不及一次完成这两项活动，只能二选一，或者泡温泉，或者望山景，然后怀着遗憾离开了。

能不能找到两种旅游活动的共同点，而使之合二为一呢？坐落于温泉附近的饭店经理，从求同视角来思考这个问题，推出了一项创意服务：“空中浴池”。饭店将 10 个温泉澡池装在电缆车上，让它们在崇山峻岭中来回滑行。每个澡池可容纳两人，客人既能够怡然自乐地泡在温泉里，又能把充满诗情画意的景色尽收眼底，心旷神怡。据报道，“空中浴池”引起了游客的极大兴趣，每天大约有 1 000 多人光顾，而在星期天和节假日，经常人满为患。

【分析】该案例的思路，要使“静”的沐浴活动和“动”的观光活动结合起来，达到一举两得的效果，要么把自然景点引入沐浴间——这显然是不可能的，要么把沐浴间搬到游览途中，使到它由“静”变为“动”，这就设想出了“空中浴池”的概念。实际上，应该称为“空中游览浴池”更为贴切。

【例 24】如何清洗硅片上的有机物？

半导体集成电路(芯片)的制造工艺技术对清洁度要求很高，硅片上不能沾染一丝一毫的油渍、汗渍等有机物。对有机物的清洗，最有效的办法是用甲苯清洗，因为它可以溶解绝大多数的有机物。但是这又带来了新的问题，由于甲苯不溶于水，不能用水来清洗掉它，硅片上又留下了甲苯及溶于其中的有机物污渍。

【分析】科学家们运用多步清洗的办法，一步一步地过渡，最终完成清洗而不会在硅片上遗留下任何有机物。该方法的步骤是：有机物→甲苯→丙酮→乙醚(酒精)→清水。它们相邻二者之间可以溶解，相隔的二者之间却不能互溶。这样就巧妙地达到了清洗硅片上的有机物的目的。

这就是多步联想运用于工艺技术发明的结果。这个例子说明一般重大的难题往往不能一步就解决，而需要通过多个步骤逐步解决。多步联想就是寻找、构思、设计这些互相关联的方法步骤的有效的思维方式。

4.2.5　定向联想法

前面讲的联想，都是不受任何约束从概念的各个属性去联想。但在实际问题中，我们都要根据创新任务确定的目标和一定的要求来进行。这时，我们的思维就不应该是漫无天际地进行，而是按照任务确定的要求来思考，我们把这样的联想称为定向联想。

著名的创造学者爱德华·德·波诺在《严肃的创造力》一书中提出了概念扇的思维方法。该思维方法和我国学者庄寿强先生讲的“还原原理”本质上是相同的。在这里我们统一称为“定向联想法”。

他用了一个例子来说明这个方法。如果要某人把某个物体贴到房间的天花板上，但找不到梯子攀爬上去，该怎么办？用什么办法来代替呢？我们就要进一步分析梯子的作用或功能。通过分析，得知梯子只是“将我从地面提高”的工具之一。因此，“把人从地面提高”就是可替代梯子的基本条件。凡是满足这个条件的都是可选方法，比如站在桌上或请人将我举起来等。从达到目的方面讲，使用“梯子”只是具体方法之一，而“把人从地面提高”则是更广泛的办法。从这两个概念的关系上讲，“梯子”是属于“把人从地面提高”中的一种工具，是“种概念”，“把人从地面提高的工具”就是“梯子”的上层概念，是“属概念”。在这个“属概念”之下，与“梯子”有相同功能的还有“桌子”“叠人梯”等。

总结这个过程，第一步是从“梯子”概念上升到它的属概念“把人从地面提高的工具”，这一步就是确定联想的方向；第二步再从这个属概念集下降发散，联想到多个“种概念”，它们和“梯子”在同一概念级，因而有相同的本质属性，都可以达到目的，这是一个先上升、再下降发散的连续过程。

我们还可以进一步抽象化，把“把人从地面提高”看作是“减少物体和天花板之间的距离”的一个“种概念”，即从“把人从地面提高”上升到“减少物体和天花板之间的距离”，然后再发散下降寻找其他多种替换方案。例如“加长我的胳膊”“使用一根棍子”等方案。另一个概念替换方案是“让物体自己移动”，可以通过把物体系在氢气球上，氢气球飞到天花板来实现。

从这个例子我们可以看到，经过上升再下降发散的两个过程，得到两个层次的替换方案。

上升过程：梯子→把人从地面提高的工具→减少物体和天花板之间的距离(的工具)。

下降过程：减少物体和天花板之间的距离→让物体自己移动→把物体系在氢气球上，氢气球飞到天花板。

如图 4-12 所示，每一个层次经历了上和下两个过程。上的过程使得我们从一个概念得到一个更广的概念(属概念)，称为广义概念，它会成为其他可选概念的发散出发点，而每一个新的可选概念都是下层概念的广义概念。因而这个过程还可能向上延伸多层。这样就形成了如图 4-12 所示的概念扇。在概念扇的末尾，我们得到了思考的目的或目标。

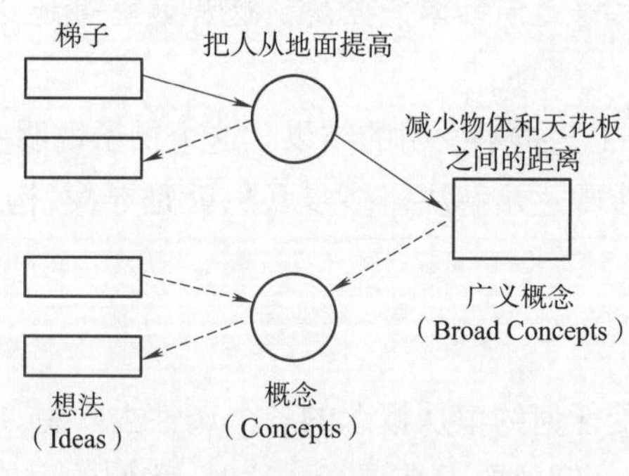

图 4-12　概念扇示意图

从图 4-12 中可以看到，该方法包括了“向上定向”和“向下联想”方向相反的两个过程，仅向还原一个方向的思维推理是不可能得到新概念的。因此，我们把这个方法命名为“定向联想法”。

从形式逻辑原理中概念的角度理解这个思维方法，首先是把原概念中的某一属性确定为

“本质属性”，即原概念的“属”概念。图 4-12 中的联想方向实质上就是循着原概念的“属”概念上升，然后找出同一“属”下的其他“种”概念。用通俗的语言理解，就是把原事物归属为一个确定的类别，然后再联想这个类别里的其他事物。

【例 25】定向联想法的运用，以西红柿为例。

【分析】向上定向。西红柿有形状、颜色、味道、作用等多种属性，把其中的一个属性“红色”作为本质属性，则“西红柿”的定义就是“球状的、可吃的……红色物体”，也就是由“西红柿”向上定向到“红色物体”。

向下联想。由“红色物体”向下联想，可联想出“红旗”“红枣”“红苹果”等结果。

经过“向上定向”和“向下联想”两个过程，就完成了联想，即由“西红柿”联想到“红旗”“红枣”“红苹果”等结果。

我们回顾模块三的例 6，“面对一条河，有多少种不同的方法渡过河去？”，其中表 3-1 的“抽象化要素”一栏的功能就是规定了联想的方向。通过确定“船”在我们所研究的问题中起到的功能和作用，归纳出“船”的属概念——“载人工具”。再由“载人工具”联想到了“车”“水牛”等事物。

要注意的是，同一个事物，我们可以用不同的分类标准把它归入不同的类别中。就像模块三划分分解法中讲的那样，“砧板”既可以以“用途”为分类标准而归入“厨具”一类，还可以以“材质”为分类标准归入“木制品”。

用形式逻辑的术语来讲，一个概念的本质属性不是唯一的。对同一事物的概念，不同的人在不同的场合从不同的角度思考该事物都概念的本质属性，得到该事物的本质属性就有可能不同。这里的“定向联想”，实质上就是规定了该概念的本质属性，依据该本质属性来找到它特定的“属”概念。这个原理在后面还会用到。

4.2.6　分解思维与联想思维的关系

1. 联想思维和分解思维的异同

二者区别：与分解思维不同，联想思维的对象不是蕴含在思维对象本身的信息，而是要找出思维对象以外的、与之相关联的另一些信息。如果把分解思维看作从思维对象的内部寻找新的信息称为“内部信息”的话，联想思维就是从思维对象的外部寻找新的信息，即“外部信息”。当解决问题的关键信息（要素）不存在于思维对象内部的情况下，就要从外部来寻找信息，此时就要靠联想思维了。

二者相同之处：两种思维都是力图产生多个可供参考信息，都具有发散性，希望能从中得到合乎目的要求的成果。

2. 分解思维与联想思维的关系

第一，基础和后续的关系。在创新思维的过程中，分解思维是联想思维、逆向思维的基础。联想思维和逆向思维都是在分解思维，即对思维对象分解出多种新的信息后，再针对每一种信息进行发挥，联想和反向寻找更多的信息。从创新思维的步骤上看，分解思维往往是整个过程的第一步，而联想思维和分解思维往往是不可分割的。例如，模块三“方法发散”的例 6 中所讲到的，在第(1)步原始方法描述之后，第(2)步就是分解，即分解出原始方法中所涉及的所有初始要素。然后才进行第(4)步联想，对分解出的元素分别寻找"替代物"，找出和初始要素有相同作用的其他事物的信息。所以，"方法发散"实际上是由分解和联想共同组成的方法，而不是单一的分解思维。在表 3-2 中，针对初始要素之一的"船"，要找出它的"替代物"，实际上就是通过联想，找出与"船"具有相同功能的物体的信息。

第二，内外的关系。尽管联想思维寻找的是思维对象的"外部信息"，但是这些"外部信息"都和它的"内部信息"有一定联系。因此，分解和联想分别起到寻找"内部信息"和"外部信息"的不同的作用。

任务 4.3　联想思维在物流设备创新中的运用

通过前面的学习，我们认识了联想、联想思维和概念联想思维，以及学习运用概念联想思维中的直接联想法、改变概念限定词的联想法、强制联想法、多步联想法和定向联想法进行创新训练，最后总结了分解思维与联想思维的异同和关系。我们不但要了解和学习概念联想思维方法，更重要的是要把它迁移到具体的领域进行创新活动，从而创造价值。概念联想思维可以应用于很多领域。本任务以智能快递柜为例，探讨运用联想思维实现物流设备创新，供读者了解和学习。

智能快件箱也称智能快递柜、智能储物柜、电子接收箱等，是一个基于物联网的，能对快件进行识别、暂存、监控和管理的设备，它与云服务器一起构成智能快递终端系统，能够提高 24 h 自助服务，具有投递、取件和寄件功能。《国家标准——智能快件箱 GB YZ T0133—2013》中的定义是：智能快件箱是设立在公共场合，可供寄递企业投递和用户提取快件的自助服务设备，简称快件箱，由数十个格口及控制柜组成。一组标准的快递柜包括一个控制柜和两个副柜，柜高约 2 m，有大小数十个格口，控制柜上有键盘区、扫描区等，柜子周围有 24 小时监控系统，保证快件的安全。

智能快件箱的应用可追溯到 2001 年。为了更好地解决末端配送造成的问题，人们开始探究新的解决方案，一种类似于信报箱的智能快件箱出现在写字楼、地铁口、住宅小区。德国 DHL 公司于 2001 年开发了一种名叫 Packstation 的自助取货柜系统，为其注册用户提供免费的自助化提货服务，用户可在任意时间到站点取货。智能快件箱的发展非常迅速，美国的 Amazon Locker、加拿大的 Buffer Box、日本的电子接收柜等均已投入市场多年，为客户提供了极大的便利。①

中国邮政在 2010 年设立第一台智能包裹投递终端后，智能快件箱行业进入我国公众视野。2013 年，国务院、发改委、国家邮政局均对智能快件箱的发展做出了明确的指示与政策指导，为智能快件箱行业快速发展带来了契机。2012 年至 2015 年间，大量企业随着资本的进入而入局，行业站上风口，并最终形成了快递系、电商系和第三方企业运营智能快递柜的格局。

① 尚玉冰. 我国智能快递柜发展现状分析[J]，经营与管理 2016，(8)，36-38.

智能快件箱的开发,是快递行业向互联网转型升级的重要实践,它与快递员上门派送、快递服务站、社区智能派送机器人等配送方式形成优势互补的快递末端服务体系,极大地提高了客户体验和满意度。

智能快件箱实际上是智能快递终端系统的组成部分,其外形如图 4-13(a)所示。智能快递终端系统由快递柜、服务器(包括逻辑服务器、数据库服务器、图片服务器、快递柜控制端服务器、后台系统服务器)、视频监控系统、手机 App(快递员端、用户端)组成。快递员在配送的时候,无须等待,只要在快递终端覆盖的地方,在手机 App 中输入收件人信息,通过扫码将快件投入收件人附近快递柜中即可,有效简化了快递员投递操作流程,提高了投递效率。收件人只须凭借短信提示,或者手机 App 扫码取件操作,就可以轻松取件。

(a)智能快件箱

(b)信报箱

图 4-13 信报柜和智能快件箱示例

智能快件箱的应用解决了快递末端最后一公里的配送痛点,对各方都有不同程度的好处。

(1)对于收件人。智能可靠,可 24 小时自助取件、寄件;安全收件,无须等待快递员上门派件,减少不必要的等待和交接时间成本,增加满意度。

(2)对于快递员。节省投递时间,减少派件延误,减少与收件人的沟通,节省通信和时间成本;减少上楼爬楼梯,降低劳动强度;集中投递,无须二次派件,提高工作效率。

(3)对于物业公司。避免丢件,以及由此造成的纠纷;保持物业工作场所的整洁。

此外,快递柜无须专门人员看护值守,为客户取件和寄件提供了很大的灵活性。智能快递柜的使用,很好地解决了快递员派送和收件人收件在时空上匹配的痛点问题。

【分析】智能快递柜产品开发中联想思维方法的运用有如下方面:

(1)相似联想思维的运用。如图 4-13 所示,由"信报柜"联想到"快件箱",它们是在外部特征和存放物品用途上的相似联想,扩大了信报箱的尺寸,使快件箱能存放规格多样的物品。

(2)概念联想思维的运用。对"信报柜"这个概念,把限定词"信报"改为"快件",从而联想到"快件箱";在此基础上增加限定词"智能",从而联想到"智能快件箱/柜"。

(3)正方向路径联想的运用。以"智能快件箱"为思维焦点,寻找多种资源,如柜子、服务器、视频监控系统、手机 App、互联网等,把这些资源集成实现快件箱管理和使用的智能化。

学习小结

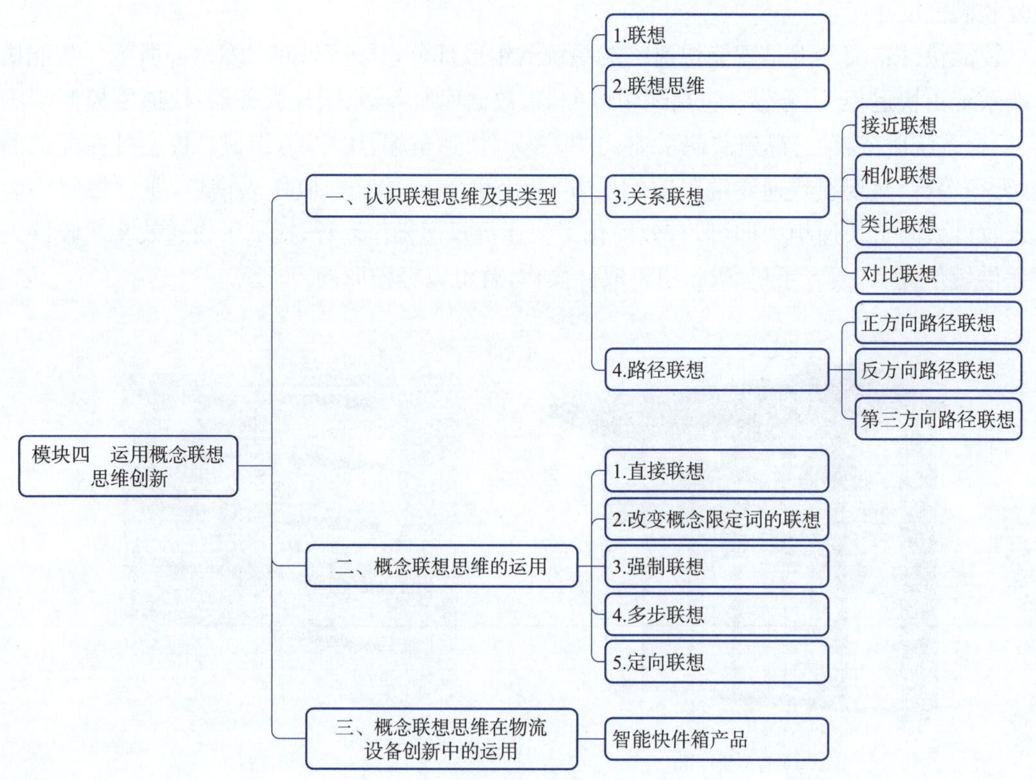

想一想

1. 联想思维和分解思维有什么异同之处？
2. 从辩证唯物论的观点来看，世界是由什么构成的？并举出几个例子说明。

模块五 运用逆向思维创新

学习目标

1. 认识逆向思维起到的意想不到的作用。
2. 了解常见的逆向思维类型。
3. 掌握形式结构逆向思维方法。
4. 掌握词语语法结构逆向思维方法。

重点与难点

1. 牢记运用逆向思维的时机。
2. 用观点褒贬逆反提出不同的观点意见,并以此发问。

任务 5.1 认识逆向思维及其类型

5.1.1 逆向思维

1. 逆向思维

逆向思维是指从相反的、对立的、颠倒的角度去思考问题。从人们一般认为绝对不可能的办法、方向,用与大多数人相反或不同的思路解决问题的思维方法,即"反其道而思之",从而使我们产生意想不到的创意和创新,又称为逆向构思法。

【例 1】情急生智。

在一次欧洲篮球锦标赛上,保加利亚队与捷克斯洛伐克队相遇。比赛仅剩 8 s 时,保加利亚队领先 2 分。但比赛采用的是循环制,保加利亚队的最终得分至少比对方多 5 分才能取胜。也就是要在仅有的 8 s 再赢 3 分。在此危急时刻,教练突发灵感,请求暂停并向队员交代一番。许多观众对此付之一笑,认为保加利亚队已无回天之力,必被淘汰无疑。比赛继续时,只见保加利亚队队员突然运球跑到自家篮下,在比赛结束的一刹那,迅速将球投入自己篮中,生生地送给对方 2 分,全场观众目瞪口呆。当裁判员宣布双方打平需要加时赛时,大家才恍然大悟,原来保加利亚队不求取胜反求平局的意外之举,为自己争得了一次起死回生的加时赛机会。加时赛的结果,保加利亚队赢了 6 分,如愿以偿地出线了。

【分析】这位教练员突发奇想——"往自己的篮里投球"犹如超人的灵感,这在篮球赛场上是谁也想不到的事。恰恰是这个“谁也想不到”的“思维的盲区”，在特殊情形下起了意想不到的作用。

逆向思维的本质是知识和经验向相反方向转移，是对习惯性思维的一种自觉冲击。所以，这种从对立的、颠倒的、相反的角度去想问题的方式，往往能打破常规，破除由经验和习惯造成的僵化的认知模式，从而获得意外的成功效果。

善于在一般的顺向思维得不到效果时，适时地转向逆向思维，是一个人思维成熟的标志。人们的思路一般是根据背景知识或传统观念来确定的。换句话说，传统的习惯性思维是一种“顺藤摸瓜”式的思维方式，即按照一定的逻辑向前推进思考。但是，任何时代的背景知识和传统观念只是人类认识事物的一个暂时阶段，在反映过去的、既成的事物中，它是正确的。但在新生事物中、在未知领域里，它就不可能完全正确地反映事物的本质和客观规律了。因此，在创新活动过程中，当遇到前所未有的新问题时，沿着某一固定方向思考而百思不得其解时，转而从完全不同于原有的思路去思考问题，对原有的思维方式反其道而行之，就有可能茅塞顿开，豁然开朗，由“山穷水尽”的迷途进入“柳暗花明”的佳境。

逆向思维在各种创新思维形式中是成功率最高的，因为它突破传统和常规的思维定式，从人们以往不敢、不去、不屑一顾的思维死角去思考，并因此发现了仅存在死角的硕果。从某种意义上讲，逆向思维能“点亮思维的盲区。”

逆向思维属于发散思维的一种，因为它也需要发散，只不过是各种发散方向中最为特殊的一类——对立、相反的一种。当发散思维往相反方向发散时，也就是“逆向思维”了。因此，逆向思维方法在分解思维和联想思维方法中都可以找到。

2. 广义逆向思维与狭义逆向思维

广义逆向思维是指所有向对立面转化的思维过程，是辩证法中对立统一的思维形式。所谓对立统一，是指一切事物在其发展过程中，其自身内部就存在着既对立、又统一的两个方面，正如毛泽东在《矛盾论》中说的那样，“事物发展过程中的每一种矛盾的两个方面，各以和它对立的方面为自己存在的前提，双方共处于一个统一体中”；其次，“矛盾着的双方，依据一定的条件，各向着其相反的方面转化。”①因此，就本质而言，辩证思维本身就是一种创新思维形式，它指出任何一种新生事物都是在其旧形态的矛盾中产生、发展起来的。

例如，游击战是革命武装在敌强我弱、敌多我少的情况下，对付敌人时所采取的一种具有高度灵活性的作战方式，是毛泽东军事思想的重要组成部分。它的基本特征是：由民兵、游击队、地方部队和正规军组成游击部队，同人民群众密切结合，在具有一定回旋地域的条件下，寻找一切机会用袭击、伏击、扰乱、钳制等手段来消灭敌人，破坏敌人交通运输，配合主力兵团作战。毛泽东、朱德早在井冈山革命斗争时期就总结制订了游击战的基本原则，即“敌进我退，敌驻我扰，敌疲我打，敌退我追”。采取游击战原则，可使我军化整为零，来去自如，使敌人捉摸不透。而一旦时机成熟，则又集中优势兵力，予敌以毁灭性打击，这样就能使我军由劣势化为优势，由被动化为主动。游击战的基础是人民群众，所以它有利于密切军民关系，更好地巩固根

① 毛泽东，毛泽东选集：第一卷[M]. 北京：人民出版社，1969.

据地。游击战也是运动战、正规战的必要准备。抗日战争时期，我军遵照党中央全面抗战路线和放手开展独立自主的游击战争的战略方针，开赴华北、华中战场，广泛地开展了游击战争，打击日本侵略者。因此，有外国专家称毛泽东是世界上以少胜多、以弱胜强的第一强人。

狭义逆向思维仅从眼前的、静态的事物和事件的形态、观念和立场考虑问题，但这并不是说狭义逆向思维的重要性不如辩证思维。从某种意义上讲，如果说辩证思维是从事物的普遍联系的动态过程和事物发展的纵向过程上思考的话，狭义逆向思维则着重从空间的横向剖面上思考问题。虽然这样说并不一定全面、准确，但本书仅是从这个角度来区别这两种不同的逆向思维，而且本书介绍的只是狭义逆向思维。

逆向思维无处不在，例如在文学艺术作品的创作中，作者常常正话反说，就是把"贬义"的词语当作褒义来用。或者用"褒义"的词语表达贬义的讽刺。往往能达到"语不惊人死不休"的效果。

【例 2】(1)小草偷偷地从土里钻出来，嫩嫩的，绿绿的。(《春》)

【分析】"偷偷地"一词本意为形容行动不愿让人觉察，不光明正大，为贬义词。此处用作褒义词，生动形象地描绘了春天的小草生长时的勃勃生机以及不易被人觉察的情态，并且采用拟人的修辞方法反映出作者对小草的无比喜爱之情。

(2)我问起枣核的用途，他一面往衣兜里揣，一面故弄玄虚地说："等会儿你就明白啦。"(《枣核》)

【分析】"故弄玄虚"一词本是贬义词，意为故意玩弄花招，迷惑人。然此处贬词褒用，通过这位美籍华人的动作神态揭示出他对枣核的珍爱，同时也真切地揭示出侨居海外的游子们热爱故土、热爱祖国母亲的深厚情操，使爱国主义这一永恒的主题得到了淋漓尽致的表现。[①]

【训练 1】请分析"司马光砸缸"中运用的逆向思维。

【训练 2】请根据以上材料，运用逆向思维获得提高效率、降低工人劳动强度的解决办法。

材料：很久以前的工厂效率低下，人围着机器和零件转，每个工人累得半死，效率还不高。

5.1.2　逆向思维的类型

综合各种著作，逆向思维大体上分为以下七种类型：性质颠倒、作用颠倒、方式颠倒、位置颠倒、过程颠倒、结果颠倒、观点颠倒，还有原理颠倒、优缺点颠倒、思路颠倒等类型。它们在不同的场合都起到了一定的作用。

为了进一步把握这些不同类型的逆向思维的本质和特点，本书把逆向思维划分为四种类型：形质颠倒逆向，知识、关系颠倒逆向，立场观点颠倒逆向和思路颠倒逆向。

1. 形质颠倒逆向思维

对事物外在的形状、结构、空间位置、维度等做反方向的思维，包括内转外、外转内；对称变非对称，非对称变对称；平面变立体，立体变平面；方形变圆形，圆形变方形；大变小，小变大；反像变正像，正像变反像；零变整，整变零；多变少，少变多，等等。以及一些感官知觉的判断把

---

① 数据来源：《百度百科》

握,对色彩、温度、优缺点等性质做反方向的思维。这种外在的现象,在日常生活中随处可见。

【例 3】 对称变非对称。图 5-1 所示的是不对称风格服饰。

图 5-1 不对称设计的服饰图示

【分析】 我们穿的衣服通常是对称设计,如衣服左右两边都有兜,左右两边的扣子数量都相同,呈现了一种对称美。设计师有时会打破这种对称,并通过使用不同的线条、颜色、图案,使上下左右呈现不协调,打破常规,同样达到一种“不对称的美”。

【例 4】 空间位置逆反,如图 5-2 所示的电冰箱。

图 5-2 电冰箱图示

【分析】 最初电冰箱的设计,冷冻箱都是在上方、冷藏箱在下方,现在常用这两个功能区上下位置颠倒的电冰箱。

【例 5】 内外逆反。图 5-3 所示的是两种动物园。

【分析】 传统的动物园,动物被关在笼子里,游客在开放空间中观赏动物;而在开放式野生动物园,动物在开放的环境中生活,游客则要被关在“笼子”(即“游览车”)中观赏动物,这就是内外逆反。

【例 6】 方向逆反。如图 5-4 所示的物流流向,我们通常把物料从供应商、制造商、经销商到最终客户的流向称为正向物流,而把客户退货、废弃物回收处理、资源回收处理等的物流过程称为逆向物流,这就是方向逆反。

动物在笼子中
人在笼子外

动物在笼子外
人在“笼子”中

图 5-3 动物园图示

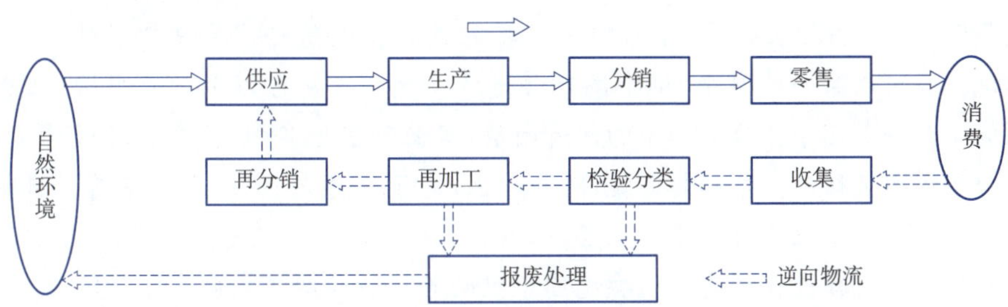

图 5-4 物流流向图示

类似的还有汽车驱动轮的前后位置的变化。大多数家用车都是前驱车，前轮既要负责驱动，还要负责转向，前驱车的机械组件少而且简单，省略了传动轴装置，车内空间自然更大，车身重量也减轻不少。有部分车的设计是后轮负责驱动，前轮专注转向，转向时反应更敏捷，使车具有良好的稳定性和平顺性，有利于延长轮胎的使用寿命。

【训练 3】请从相反的方面思考，设想一下电视机会如何发展。

【训练 4】请对图 5-5 给出的具体物品或方法，用“形质颠倒逆向思维”可以想到现在已经实现或未来有可能实现的物品或方法。

（a）水龙头

（b）把杯子放平稳的方法

（c）高楼救援

图 5-5 训练图示

优缺点颠倒也是很常见的形质颠倒逆向思维的一种。一提到“缺点”，人们就习惯性地报以否定的态度。世界上没有十全十美的事物，事物的缺点在所难免。如果我们能化解对缺点认识的抵触情绪，想到巧用缺点的办法，不但能将损失降到最低点，而且有可能取得意想不到的效果。优点和缺点都不是一成不变的，在一定的条件下，优缺点可以互相转换。例如，金属锈蚀本来是个坏事，有人却利用金属锈蚀原理发明了刻蚀和电化学加工工艺，并利用刻蚀技术制造芯片，使得芯片体积越来越小。钢材低温易断裂，但人们却利用钢材低温断裂这个缺点，发明了低温粉碎法——利用冷源与材料进行热交换，使材料降温到脆化状态，然后在粉碎腔中使用粉碎机构对脆化的材料进行无数次撞击，使其成为细小颗粒状，细度可以达到微米等级。现代工业垃圾是一大公害，但人们却充分利用垃圾奠基、筑路……变废为宝。作为四害之一的苍蝇可谓有百害而无一利了，但有人却根据其蛹中含有丰富的蛋白质，且繁殖快这一点，在一定条件下促其繁殖，为饲养业提供了大量高质量的廉价饲料。

【例 7】《骆驼和羊》的故事。

如图 5-6 所示。骆驼长得高，羊长得矮。骆驼说：“长得高好。”羊说：“不对，长得矮才好呢。”骆驼说：“我可以做一件事情，证明高比矮好。”羊说：“我也可以做一件事情，证明矮比高好。”他们俩走到一个园子旁边。园子四面有围墙，里面种了很多树，茂盛的枝叶伸出墙外来。骆驼一抬头就吃到了树叶。羊抬起前腿，趴在墙上，脖子伸得老长，还是吃不着。骆驼说：“你看，这可以证明了吧，高比矮好。”羊摇了摇头，不肯认输。他们俩又走了几步，看见围墙上有个又窄又矮的门。羊大模大样地走进门去吃园子里的草。骆驼跪下前腿，低下头，往门里钻，怎么也钻不进去。羊说：“你看，这可以证明了吧，矮比高好。”骆驼摇了摇头，也不肯认输。

图 5-6　骆驼和羊图示

【分析】羊认为“高”是缺点，但是骆驼却利用了这个“缺点”吃到高处的树叶。

骆驼认为“矮”是缺点，但是羊却利用了这个“缺点”进入又窄又矮的门，吃到园子中的草。

该故事十分生动地说明了“缺点逆用”思维的道理。

“巧用缺陷”也称“缺点逆用”，其目的是要化弊为利。运用这一思维方法，首先要发现事物可利用的缺陷。一般说来，发现事物的缺陷并不困难，要找到可以利用的缺陷却不容易。因为缺陷多是人们在特定场合要排斥的，人们往往习惯地认为在其他场合也应加以排斥而不考虑运用。在发现可利用的缺陷后，紧接着要分析缺陷，抽象出这种被认定为缺陷的现象后面所隐藏的可以利用的原理和特性。在一定科学原理的指导下，便可构思巧用缺陷的方案了。

【例 8】伤痕苹果。

詹姆士·杨厚是新墨西哥州高原上经营果园的果农。每年他都把成箱的苹果以邮递的方式零售给顾客。一年冬天，新墨西哥高原下了一场罕见的大冰雹，一个个色泽鲜艳的大苹果被打得疤痕累累，詹姆士心疼极了。“是冒着被退货的危险寄货呢，还是干脆退还订金?”他越想越懊恼，并且歇斯底里地抓起受伤的苹果拼命地咬。忽然，他发觉今年的苹果比往年的苹果更甜更脆、汁多味美，但外表的确非常难看“唉，多矛盾！好吃却不好看!”他辗转反侧，夜不能寐。一天，他忽然产生了一个创意，他根据构想的方法，把苹果装好箱，并在每个箱里附了一张纸条，上面写着“这次寄出的苹果，表皮上虽然有点受伤，但请不要介意，那是冰雹的伤痕，这是真正在高原上生产的证据呢！在高原，气温往往较低，因此苹果的肉质较平时结实，而且产生一种风味独特的果糖”。顾客们在好奇心的驱使下，都迫不及待地想拿起苹果，尝尝味道。“嗯，好极了！高原苹果的味道原来是这样!”顾客们交口称赞。陷入绝望的詹姆士想出来的创意，不但化解了他面临的重大危机，而且还收到了大量专门订购这种受伤苹果的订单。①

【分析】追求完美，是人之常情。对于事物的缺陷，是否人们就该一概排斥呢？詹姆士·杨厚的成功给了我们一个特别的启示：巧用缺陷也是一个能助人们走向成功的好方法。一般说来，发现事物的缺陷并不困难，要找可以利用的缺陷却不容易。因为缺陷多是人们在特定场合要排斥的，人们在发现可利用的缺陷后，紧接着要分析缺陷，抽象出这种被认定为缺陷的现象后面所隐藏的可以利用的原理和特性。在一定科学原理的指导下，人们便可构思巧用缺陷或设想的方案了。

以上案例说明缺陷到处都存在，人们往往以为是克服不了的障碍，深感头痛。如果巧加利用，真是一项能使人开心的创举。

【训练 5】当前，很多老人经不起诱惑和蒙骗，上了“网络诈骗”的当。能否把“网络诈骗”变为起正面作用事情？

2. 知识、关系逆向思维

一切知识，不管是在生活或者工作中经验所得，还是经严格的科学研究、科学实验或推理论证，实质上都是描述了不同的事物、现象之间的某种关系。这种关系有的是定性的，有的是定量的。有的是无条件的，更多的是在一定条件下才能成立的。然而，由于经验性知识的局限性，科学知识在时间和环境条件上的相对性，而它们在实际应用时又往往被忽视了局限性和相对性，就很容易使人们在对很多问题的思考上陷入死胡同。当人们认识到这一点，用逆向思维来对待这些难题时，难题就会迎刃而解。知识、关系逆向思维，是指与以往的理论、科学知识和经验所建立的各种关系背道而驰的逆反关系，包括原理、因果关系颠倒，方法、条件颠倒，过程顺序颠倒，作用颠倒等。

(1)原理、因果关系颠倒。许多科学原理都表现为不同事物、现象之间的因果关系。有的因果关系很长时间被认为是单向的因果关系。就像 A 只能是 B 的原因，而 B 只能是 A 的结果，绝不可能是 A 的原因。但是，随着科学技术的进一步发展，就有可能出现因果颠倒或者互

① 罗玲玲. 伤痕苹果：缺点逆用法[J]. 家教博览，2001(4)：39.

为因果的关系了。

【例 9】电生磁和磁生电。

法拉第发明电就是运用逆向思维的一个好例子。奥斯特最先发现电流具有磁效应，如图 5-7(a)所示，在有电流流过的导体周围就会产生磁场。法拉第想："电流能够产生磁场，磁场是否也可以产生电流呢?"他把这些想法付诸实践。开始时他把导线置于平稳的磁场中，经多次试验，导线中并没有电流产生。在做过多次的努力中，他发现只有把导线置入磁场的过程中，或在导线附近有变动的磁场时，导线中才会产生电流。终于他在 1831 年做出了"导体在切割磁力线的时候能产生电流"这一重大科学创新。

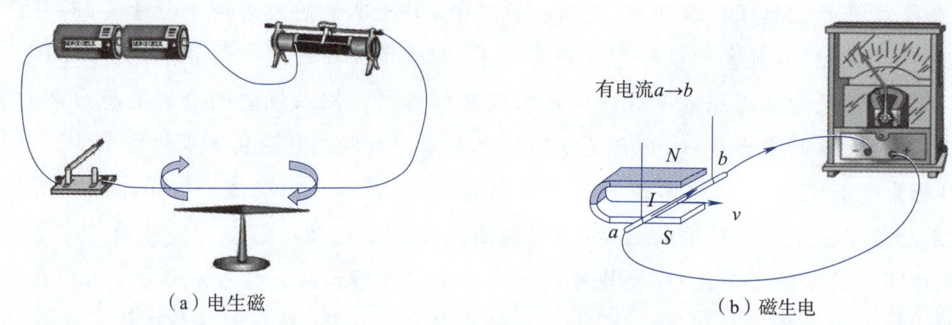

(a) 电生磁　　(b) 磁生电

图 5-7　电生磁和磁生电图示

【分析】这就是把"电生磁"的因果关系逆向变化为"磁生电"的因果颠倒的逆向思维最好的例子。

(2)方法、条件颠倒。由于一切事物和问题都依赖于一定的内外部条件，其中的某个重要条件一旦有所颠倒，必将会引起事物和问题也发生相应的改变，因而就事物或问题的某个重要条件倒过来想，有可能获得对事物的新的认识，并想出解决问题的新办法。

方法在很多技术操作手册中作为其中的一种条件或者一个步骤表示出来的，在此我们把它和"条件"列为一类。例如，受"高温消毒法"的启发，英国科学家汤姆逊提出在相反的条件——"低温"下能否达到消毒的目的呢？经过一系列试验，终于发明了低温消毒法。

【训练 6】请调查牛奶的消毒方法，其中的逆向"条件"给你什么启示？请找类似的案例进行说明。

(3)过程顺序颠倒。"过程顺序"严格来讲也是方式方法、条件的一种。过程颠倒作为一种倒过来想的创新思维方法，是指事物起作用的过程方向一旦有所颠倒，人们对它的认识和态度便会有所改变。所以，就事物起作用的过程从相反的方向思考，能从中引发新设想的萌生。对于加工方法、工作内容不变，只思考改变其相互顺序。当其过程只有两个步骤时，这种改变就是顺序颠倒；当其过程有两个以上的步骤时，就考虑改变其排列顺序，并对各种排列顺序一一试验，对比其效果，从而获得创新成果。

【例 10】建造"空中楼阁"。

高楼都是从底层开始逐层上建，现在有了先建楼顶再往下层建造的"升板法"，如图 5-8 所示。其施工过程是：先将大楼的承重柱树立好，然后就在地面浇制顶楼面的楼板，固化后以升降器将整个楼板(甚至还可预装部分设备)吊升至其应有高度并与立柱连接固定,之后再在地面浇制下层的楼面,依次进行。

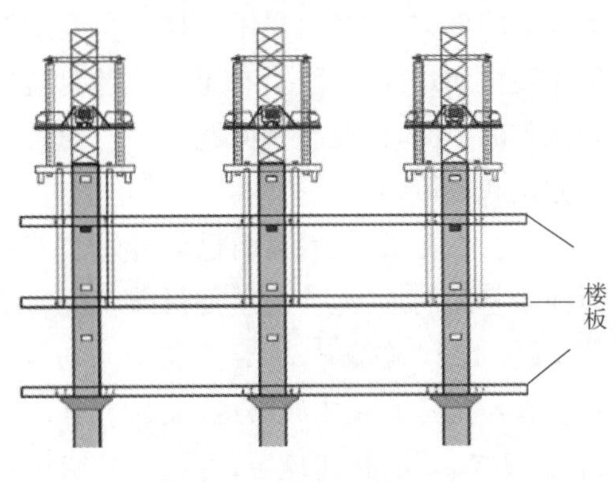

图 5-8　升板法图示

【分析】这样做的好处很明显,每层楼板都在地面施工,不仅方便快捷,还可省去层层楼面的支托架。而且,当上层楼面固定后便可实施内部分隔装修,形成立体施工,大大加快了整个建筑装饰工程的进度。在繁华的闹市中施工时,这种新的施工流程更加展现了它的优越性。留在最后施工的地面层可以作为建筑材料的堆放、周转地,大大地减少了施工占用的场地。

【训练 7】请举一个"过程顺序颠倒"的例子,通过改变了原有的过程顺序,缩短了工作、学习时间,或提高了工作、学习效率、质量或成本。

(4)作用颠倒。作用颠倒作为一种倒过来想的创新思考方法,是指由于人通过采取一定措施,能使事物因其性质、特点的改变而起到与原有作用相反的作用,包括使它对人不利的作用转变为对人有利的作用,因而在创新思考中,就事物的某种作用从相反的方向思考,有可能想出新主意、提出新设想。

【例 11】20 世纪 40 年代,美国贝尔电话实验室发明出半导体三极管,由此,电子学发生了一场深刻变革。但同时也留下一个令人头痛的问题,即晶体管的特性会随着温度变化而变化,严重影响测量仪器和控制系统的正常工作,科学家们为克服这个缺点而费尽心思。

我国发明家张开逊巧用缺点,利用晶体管随温度变化而波动的物理特性去测定温度,发明了"PN 结温度传感器",并因此获得了日内瓦国际发明和新技术展览大奖。①

【分析】发现可利用的缺点后,就要分析缺点,认清本质,即总结出缺点背后所隐藏着的原理或特性。利用缺点,化弊为利,变害为宝。

3. 立场观点颠倒逆向思维

这是从思维主体出发,面对同样一种现象,不同的人出于不同的世界观、价值观、立场所造成的观点上的对立逆反关系。例如在对待物质生活享受上,有"知足"与"不知足"两种完全相反的观点。事业型或者小富即安的人认为"知足常乐",在物质生活的享受上要知足,不要贪得无厌。而对待"及时行乐"的纨绔子弟,则永远"不知足"。

在企业的管理工作中也常见这种情形。当你是品质部的检验员的身份时,就会对产品质量特别关注;当你是生产车间主管的身份时,注重的就是生产效率,常会有"萝卜快了不洗泥"的忽视质量的事情发生。

观点颠倒作为一种倒过来想的创新思考方法,不仅可以对客观事物倒过来想,对反映客观事物的思想观点也可以倒过来想。将一种观点从相反的方向思考,有可能从中获得新的认识,

---

① 唐乐欣. 当缺点遇上伯乐:缺点逆用法[J]. 发明与创新(小学生),2014(6):17-18.

形成新的见解。“换位思考”“换个角度想”“转换观念”就是对这种情况的“逆向思维”。为了避免主观性和片面性，我们在思考问题时就不能只想到一种认识、一个观点的正面，或者是多数人认可的一面，还要想到问题的另一面，并两相比较，才能得出正确的结论，找到处理问题最好的方法和对策。

学会站在敌对面、替自己的“敌人”着想的思考方法，这是在战争中常用的方法。“敌人认为他最坚固的地方，恰恰就是最薄弱的环节”。

【例 12】“空城计”中诸葛亮的立场观点颠倒思维方法。

众人见司马懿不战而退，大为不解，便请教孔明，曰：“司马懿乃魏之名将，今统十五万精兵到此，见了丞相，便速退去，何也?”孔明曰：“此人料吾生平谨慎，必不弄险；见如此模样，疑有伏兵，所以退去。吾非行险，盖因不得已而用之。”

【分析】很多时候，特别是最初的时候，真理往往是掌握在“少数人”手里。这时，我们就要学会站在少数人的立场看问题，不“随大流”，转而“随小流”。转换观念，往往可以绝处逢生。在困境的时候，在难解的问题面前，立场、观念的逆向思维往往是最有效的办法。

当你屡遭失败时，不应只抱怨自己的命运和客观环境，应该想到“失败是成功之母”，自己又当了一“母”辈。一般人都认为鲁迅笔下“阿 Q”的精神胜利法是个贬义词的讽刺，其实，在某些时候人们需要这种“精神胜利法”，用调侃自嘲的口吻来放下思想上的包袱，从而达到自我放松的效果，鼓起继续前进的勇气。

4. 思路颠倒逆向思维

思路就是“思维路径”的简称，思路颠倒逆向思维就是从常见的出发点思考不得要领时，可以从问题的目的点出发，反方向倒退思考，以求成功的思维方法。如上述例 12 就是这种思维类型。

思路颠倒是针对最初的思路而言，如果最初的思路是从原因开始，一步一步推理发展到结果，那么颠倒思路就是从结果反向推理到原因。类似这些概念对，分析——综合，现象——本质，偶然——必然，个别(特殊)——普遍(一般)，随机性——规律性等，思维的起点无论放在上述概念对中的哪一端，暂且把它称为正向思路，颠倒思维路径的起点就是在另一端，就是原思路的反向思路。

复杂问题思考路径比较长，一般都不是一步就可解决，而是要经过多个步骤，经过多个中间结果，逐步发展到最终结果。每一个中间结果都是前一个起点的终点，同时又是后一个终点的起点。而且，每一步所涉及的知识、经验都不相同，这种思维过程称为单路径思维过程，其示意图如图 5-9 所示。

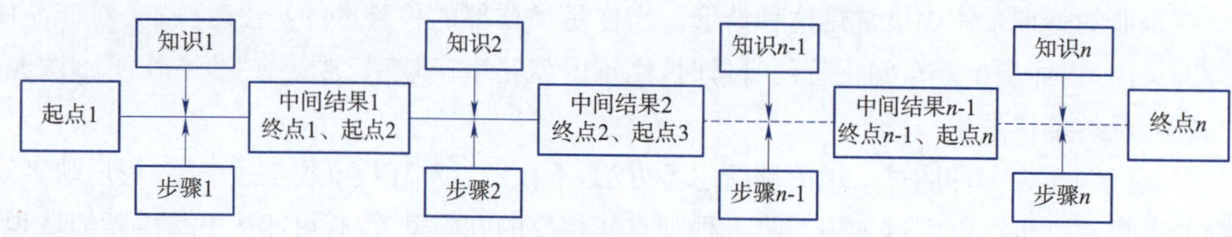

图 5-9 单思路思维过程示意图

真实的复杂问题思维路径是一个不完整的网络结构图，每一个步骤的通路可能不止一条，因而产生的中间（可能的）结果也不止一个。当然，不是所有的路径都能完整地从起点通行到终点的。

定义 5.1 中断路径　中途而断（思维进行不下去）的路径为中断路径，它代表错误的思路。图 5-10 中的 1→2→5，1→2→6，1→3 和 n-3→n-2→n 都是中断路径。

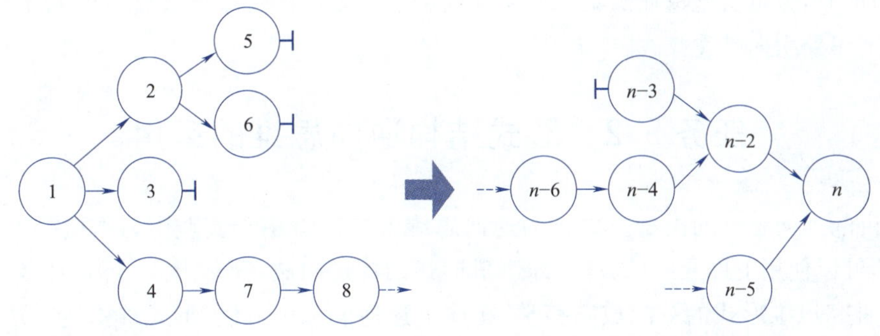

图 5-10　正向思维路径图

定义 5.2 全通路径　能够一直畅通到终点的路径称为全通路径，它代表正确的思路。图 5-10 中的 1→4→7→8，n-6→n-4→n-2→n 和 n-5→n 可以看作全通路径。

一个有解的问题，它的完整的、真实的思维路径图是由若干条中断路径和若干条全通路径组成的。而无解问题的思维路径图则全部都是中断路径组成。

上图的箭线表示逻辑关系方向，不是思维路径方向。圆圈表示中间结果，符号“┤”和“├”表示思维中断点。思维方向如果从“1”点开始，从左向右推进，那么颠倒的思路就是从“n”点开始，从右向左倒退推进。当然，也可以从图中的任意一点开始，向左、右两个方向发展。

多种思路中最具代表性的应用就是几何证明。在解几何证明题时，一般是从已知条件开始分析、逐步向求证的结果推进。但当给出的已知条件、可用的信息很少；或者从给出的已知条件出发，有多条路可往下推导，以致我们产生迷茫，无从下手。这时改变一下思路，如果从求证的结果反向倒推的路径较少，如图 5-12 所示，甚至只有一个，出发的思路比较简单，反而使得难题比较容易解决了。

解决问题的思维过程是一个“试错过程”，首先考虑的是方向选择，究竟是从正向思路开始，还是反向思路开始好呢？这就要比较给出的已知条件的数量，较好的做法是选择已知条件数量较少的那一端作为思路的起点，因为歧路少，走错的机会就少。实际上就是逐个尝试各条路径的通断。

假设从正向思路开始，如图 5-4 所示，选择从“1”点开始，走“1→2→5”，走不通时，就要掉头回到前面的离断点“5”最近的分叉点“2”，这个走回头路的过程称之为“回溯”（见《思维词典》）。当这个分支上的两条路都试走过，仍行不通时，再回溯到“1”点，试走其他路径。直到走通或者全部试完为止。从“n”点开始的反向思路也一样，这里不再重复。

由于多数人都会形成习惯思维路径（另一种思维定式），而不同的思维方向对解决问题的推理难易程度不尽相同。有的问题对于某个人的正向思路较容易，而对另一个人恰好相反。此外，由于解决不同问题所涉及的知识、经验也都不同，每个人所拥有的知识、经验也不同，因此思考问题的难易就因人而异。例如，破解刑事案件时，首先看到的是案发现场遗留的蛛丝马迹，显然只能依靠这些信息作为破案思路的起点。由此推向各种与蛛丝马迹有关的、可能的线索，寻找作案手段、原因和作案人。当找到犯罪嫌疑人后，还要再做反向思维，即从作案手段、动机开始，按照事发的时间顺序、逻辑关系推理，直到和作案现场的遗留物、遗留状态都相互吻合、相互印证时，方可实施逮捕破案。如果仅根据一个方向的思维推理就贸然断定作案人，很容易把破案思路引向歧途。

任务 5.2　形式结构逆向思维的运用

前面讲的逆向思维的类型可以作为逆向思维的方法运用于实践中。当这些方法不奏效时，我们还可以使用下面介绍的方法，即逻辑形式结构逆向法，简称形式结构逆向法。由于形式逻辑是研究思维形式的一门成熟科学，相比上述逆向思维方法，形式结构逆向法更加有规律，就像有了公式，思维过程就有章可循。

5.2.1　概念结构逆向法

我们可以把概念分解的方法运用到逆向思维中。对于一个思维问题分解出来的每一种要素，以及概念中的每一个属性，寻找与之相对立的一面，就是概念结构逆向思维了。当要进一步打开思路时，逆向思维的类型远不止前面介绍的四种。因此，在应用逆向思维时，不应受到这些类型的限制和约束，应运用分解思维法来思考。

【例 13】如何运用概念结构逆向法开发新型电冰箱？

可以先用分解思维法，分解出"电冰箱"这个概念的各种属性，包括本质属性和非本质属性，如各部分形状（以外观整体形状为例）、各部分相对位置（以冷冻室和冷藏室两部分为例）、颜色、放置方式、能源类型、散热方式等。然后对每一种属性找出它的"对立面"，就可以形成表 5-1 的结果。

表 5-1　新型冰箱要素分解表

属性名称	原状态	逆反状态	近似逆反状态	使用说明
外观形状	长方体	圆球体	正方体、椭圆体	可用于圆形建筑角落的房间
相对位置	冷藏在上，冷冻在下	冷冻在上，冷藏在下	按左右分置	可用于双开门式、扁长横放式
外观颜色	乳白色（浅色）	黑色（深色）	深灰色、深蓝色等	减少反光，可用于暗室场合
放置方式	长高立放	扁长横放	—	类似商场用的横式冷藏柜
能源类型	电能	—	太阳能、汽油、柴油等	用光纤传导太阳能，冰箱内部安置光电转换装置
散热方式	背后散热片	—	周围散热板	侧、上、下三面成为黑色的平板式散热器
开门方式	单扇向右开	双扇左右开	双扇上下开	

注：表中的"近似逆反状态"是指对于"原状态"而言，没有绝对相反状态的其他状态。比如"红色"的"近似逆反状态"可以指它的互补色"蓝色"。

由于构成电冰箱的属性要素远多于表 5-1 中列举出来的几种，因而对电冰箱的逆向思维结果也要远多于表 5-1 中的数量。所以，逆向思维的方向是发散的、多样化的。

关于逆向思维方法的运用，在困境中，当走投无路、山穷水尽的情况下，就应该往相反的方向思考。所谓“相反的方向”，是指那些所有思考过的方法中“最不可能”的方向。在“前进”不了时，不妨想一想“后退”；在总也“下不来”时，何不想一想“上去”；在一片赞扬声中，警惕其中的暗流；在一片反对声中，应能中流砥柱。总之，在逆向思维中，敢于设想那些“出乎意料”的方案，认真寻找其中“合乎情理”的解释，这样的效果往往是惊世骇俗的。

【训练 8】效仿表 5-1 的概念结构逆向法，想出对电风扇的改革方案。

5.2.2　词语语法结构逆向法

在“模块三 运用分解思维创新”中，讲到了判断分解法在“观点发散”的运用。其实，不仅是简单的“观点”，任何一种“原理”和“方案”的陈述、归纳推理过程等，都是简单判断——陈述句、或复杂判断（联言、假言、选言判断句）组合而成。因此，也可以用各种句型的语法结构逆向法来处理逆向思维问题。

判断分解法在“观点发散”的运用中，只是把一个判断分解为主项、联项、谓项三部分，即使再加上主项的三种代词（你、我、他）称谓，仍然还是不够细化。例如，当主项和谓项附带有形容词时，或者联项还附带有动词和副词（作为动作状语）时，这些成分就被忽略了。为了更加精确地把判断中的成分细分化及逆向化，分解判断句的语法结构时，就可以细化到整个语句中的每个词汇。具体应用这种方法时，我们首先要把所思考问题的核心内容简化成一个语句，然后针对其中的各个语法成分进行逆向思维。任何一个逆向思维的结论与原问题语句中的语法句型相比较，我们可以发现，二者或者是在句子结构某一部分的位置颠倒，或者是在句子结构中某一部分用了意义相反的词汇。

例如，“电场可以产生磁场”，逆向思维的结果就是把原句型中的主语和宾语的位置互换——“磁场可以产生电场”。

又如“增加燃料能使火箭飞得更远”，逆向思维的结果是“减少燃料能使火箭飞得更远”。比较二者，后者是把主语词组结构中的动词改为了意义相反的动词。

因而，我们在逆向思维时，可以不去考虑问题的内容，只对问题的句型或者句子成分的某一部分做逆向变换，就可以得到逆向思维的一种方案。下面介绍的几种语法结构的变换可以得到不同的逆向思维结论。

1. 主语和宾语位置颠倒

【例 14】电可以产生磁→磁也可以产生电。

在安培和奥斯特发现电磁效应的同时，法拉第也在进行着电磁方面的研究。他曾去观摩安培的实验，了解到当时科学的最新进展。1821 年，他发表了关于电磁研究的第一篇论文。可以说，探索电磁之谜的攻坚战就是在这一时期。首先，吕萨克发明了电磁铁，这是从电产生磁的又一证据，法拉第为朋友的成绩感到由衷高兴。但法拉第确信，电和磁是同一事物的两面，如何从磁产生电呢？这一问题耗费了法拉第整整十年时间，他不断地进行实验，不断地改进各种方法，每次都是从希望开始，却以失败告终。

1831年秋天，法拉第终于迎来成功的曙光。这一天，在又一次经历毫无结果的实验之后，他逐一检查了实验器具，他无意中发现：每次实验，他都是先接通电源，再转过头来观测电流计。这是不是问题所在呢？他变换了次序：先目不转睛地盯住电流计，然后用手合上开关。就在接通的一刹那，电流计的指针跳动了一下。"啊，电流！"就此，法拉第十年的努力终获成功。他发现了电磁感应定律，这是现代电磁学的基础。利用这个原理，法拉第创制出了世界上第一台感应发电机的雏形。后来，人们又制成了实用的发电机、电动机、变压器等电力设备，建立起水力和火力发电站，使电力普遍应用于社会的各方面。①

【分析】在这个案例中，法拉第两次运用逆向思维。

第一次是从问题"电和磁是同一事物的两面，如何从磁产生电呢？"开始，把这个问题的核心简化成一个语句，就是"电可以产生磁"。把其中的主语和宾语颠倒一下，就是"磁可以产生电"。这就是法拉第发明的起点。

第二次的逆向思维就是实验操作的先后次序颠倒，这一颠倒使得他发现了电磁感应定律。

【训练9】把下列语句中的主语和宾语位置颠倒，看能创新出什么结果？

① 风能降低温度。

② 奖金能产生士气。

③ 冷热使气体收缩膨胀。

④ 高温灭菌。

⑤ 电磁能产生热。

2. 对语句中有描述先后次序、排列位置的成分颠倒

【例15】反季节养鸭。

海南省崖县的农民孙会照，1982年开始养鸭，每只都养到6～7斤以上才出售，结果因鸭太大而滞销，顾客嫌一次性花钱太多而不想买。孙会照反向经营，变大为小，把鸭养到2～4斤左右就上市，滞销变畅销。人们通常认为鸭越大越能赚钱，而孙会照不仅细细琢磨顾客的心理，还来个逆向思维，巧妙地解决了这个问题。后来，孙会照又从市场供需中得到启示：每年鸭上市，大都集中在夏秋两个季节，这时鸭旺价贱。旺季一过价格倍升。能不能反季节养鸭呢？于是，他通过大胆实践，饲养的鸭在淡季上市，从中获得较高的效益。

【分析】把这个案例的核心内容简化成两个语句，第一句是"鸭养大滞销"，第二句是"淡季养鸭旺季上市"。

第一个语句的逆向方法见下面的"4、把某个单词变换成相反意义的词"，即"鸭养小畅销"。

第二个语句里，把"淡季"和"旺季"这两个词的位置颠倒过来，就成了"旺季养鸭淡季上市"这就是反季节养鸭方式了。

在例14中，法拉第的第二次逆向思维是对实验过程中的操作次序颠倒。把这个过程简化成一个语句："接通开关后观察电流计"。然后把这个语句中的两个动宾词组"接通开关"和"观

---

① 杨澍清. 物理学简史[M]. 甘肃人民出版社，2017.

察电流计”的位置互换一下，这个语句就成了“观察电流计后接通开关”。用这个次序再做试验，就获得了成功。

再如，20 世纪八九十年代活跃于企业管理界的“流程再造”，就是通对对管理程序的改造与创新，从减少、合并、颠倒顺序中产生新的效果。

3. 否定句变为肯定句

例如，把否定句“太阳不会从西边出来”变为肯定句“太阳会从西边出来”，就是一种逆向思维。在现实世界里，凡是人为规定的“禁区”，知识和经验告诉我们的“不对”“不行”“不可能”等一系列的否定规范，我们都要试图从反面思考一下。所以，凡是听到这一类的话语、看到这一类的文字语句，我们不妨把这一类否定句型变成肯定句型来大胆地、开放性地想一想，就有可能打破这种思维定式。

【训练 10】把下列否定句变为肯定句，看能否创新？

①垃圾没有用。

②纸容易撕破。

4. 把某个单词变换成相反意义的词

充当句子任何成分的单词，如果存在和它意义完全相反的词，用这个相反的词取代原句的单词，可以得到逆向思维的一个方案。

【例 16】以下三个例子中的“老师”和“学生”，“加热”和“冷冻”是意义相反的词，互相取代就得到了另一种方案。

①老师教学生 → 学生教学生

②做熟饭需要加热 → 做熟饭需要冷冻

③冷冻产生冰 → 加热产生冰

【例 17】把长的做短，把短的做成碎片。

估计大家对“抖音”不会陌生，很多人不仅是抖音的常客，也常常参与到抖音短视频制作中，分享工作、学习或生活的方方面面。抖音就是一款“把长的做短，把短的做成碎片”，大家刷得停不下来的产品。抖音于 2016 年上线，是一个短视频社区平台，用户可以使用该软件拍出属于自己的创意视频，尝试不同的视频内容，包括个人才艺、表演、舞蹈与剧情演绎，以兴趣爱好作为交友的基准。2021 年该平台的日活跃用户超过 6 亿，每天上传到抖音的作品超过 1 000 万件。抖音自上线以来，业务发展迅速，并获得不少荣誉，如 2019 中国品牌强国盛典十大年度新锐品牌，入选 2022 年 BrandZ 最具价值全球品牌 100 强(排名第 53 位)，入选《2022 世界品牌 500 强》榜单(位列 140 位)，入选胡润百富《2022 年中全球独角兽榜》等。①

【分析】以前看一部电影、一部电视剧，少说得一个小时。现在短视频的出现，直接把用户的兴奋点抛出来，让大脑不断接收新的刺激，并且通过简单的操作，让人欲罢不能。这类产品，抢占了用户的碎片化时间，成了大家娱乐、学习、生活的一部分。现今人们生活压力较大，上班和劳作占据了整块的时间，能够更容易抢占的时间，恰恰是碎片化时间。产品做得越碎片

---

① 数据来源：百度百科。

化，用完即走，就越容易获得成功。①

5. 把词组中的某个词变换成意义相反的词

词组的类型有很多，例如动宾型结构（动词＋宾语）、动补结构（动词＋补语）、状动型结构（状语＋动词）、定名结构（定语＋名词）、名位结构（名词＋方位词）等。只要把这些词组中的一部分变换为意义相反的词，就能达到逆向思维的效果。

【例 18】把下面词组中的某个词变换成意义相反的词。

①“消毒杀菌要用高温”（定名结构），用“低”代替“高”

改为：“低温”，即“消毒杀菌要用低温”，手段或条件发生改变，可能效果就会不一样。

②“高温能杀菌”（动宾结构），用“生”代替“杀”

改为：“生菌”，说不定真的会发生“高温能生菌”的现象。

③“发动机要安装在车前部”（名位结构），用“后部”代替“前部”

改为：“车后部”，这样，车身的结构就发生了很大的改变，车的性能也发生变化。

【例 19】减少燃料增加射程。

1964 年，中国要进行第一次中近程火箭发射试验，主要问题是射程不够。在如何提高射程上，人们想的都是如何提高推力。要提高推力，就要增加燃料；可是燃料罐都已经装满了，怎么办？

当时，王永志仅是一个中尉军衔的年轻技术人员。他经过对液氧温度的重新认识，改进推进剂混合比计算方法后提出：泄出 600 kg 酒精，减轻导弹熄火点重量，就可以使导弹达到预定射程。由于这个观点与“增加推进剂”的思路正好相反，专家们对他的意见不以为然，有人不客气地说：“本来火箭射程就不够，你还要往外泄？”

他找到发射场的技术总负责人钱学森。钱学森听完王永志的意见，马上找到总设计师说：“这个年轻人的意见对，就按他说的办。”果然，火箭泄出燃料后达到了预定的射程，命中目标。王永志的建议是正确的。30 多年后，钱学森还兴致勃勃地说：“我推荐王永志任载人航天工程的总设计师，没有看错人。他年轻时就崭露头角，大胆地进行逆向思维，和别人不一样。”

【分析】把这个案例的核心方案用一个语句描述，原方案就是“增加燃料能使火箭飞得更远”。“增加燃料”这个词组是动宾结构，动词是“增加”，宾语是“燃料”。把“增加”改为相反的词“减少”，就成了“减少燃料能使火箭飞得更远”。这就是逆向思维的成功运用。

实际上，很多经过改变的句子不能形成完整的、有意义的句子，但是根据改变后的词可以联想到某些可能的方案。例如把“人走路”中的主语、宾语颠倒后，成了“路走人”，显然后一句话没有什么实际意义。但是，“人走”两个字变成了“路走”，可以设想成“会走的路”，这种“会走的路”实际上在很多场景中运用。例如，在飞机场候机厅，为提高旅客行走速度或舒适度，会设计一段客流传输带，旅客站在传输带上，传输带把人从一端带动到另一端。在这里，传输带就可以看成是“会走的路”。而传输带在工厂的生产线、物流配送中心被广泛应用于短距离的货

① 数据来源：腾讯网。

物传送。

【训练 11】 以下句子中，把构成词组的某一个词变换成意义相反的词，获得对立方案或观点。

①爬上树才能掏鸟窝里的鸟蛋。

②近视的人必须戴近视眼镜才能看清楚。

③好人不撒谎。

④站得高才能看得远。

⑤艺高人胆大。

⑥艺多不压身。

5.2.3 其他逆向法

1. 反问追问

对于日常生活、工作中出现的任何一个方案、措施，你都要反问一句：这样做真的能行吗？

【例 20】 射线能使种子变异→射线真的能使种子变异吗？

【分析】 具有很高能量和极强穿透力的射线照射种子之后，可以使种子细胞内的染色体断裂，使它的位置、结构和基因分子发生变化。而农作物的各种特性都是由染色体的基因分子决定的，所以，射线照射使种子细胞染色体基因发生变化的结果，会导致生物体的特性发生变化。另一方面，射线还可以引起与细胞质有关的遗传性核外变异。两种作用的汇聚使辐射育种产生了奇异的特性。

2. 主客颠倒

把主、客（主动者、被动者；主人、客人；主语、宾语等）位置颠倒，会出现什么？

【例 21】 以下是主、客颠倒提问的例子。

①没人穿鞋→人没鞋穿

②登上天→把天拉下来

③人吃饭→饭吃人

【例 22】 两封决然相反的电报。

甲乙两家鞋厂各派一名推销员到太平洋的一个岛屿开辟市场。上岛调查后，他们各自给自己的工厂发回信息。一条是："这座岛上的没有穿鞋子的习惯，岛上没有市场，明天我就搭班机回国"。另一条是："棒极了，这个岛上的人都还没有穿鞋子的习惯，岛上市场潜力很大，我拟常驻此岛。"

【分析】 如果把这个案例里的核心内容转化为一句话"没人穿鞋"，把句子中某些词的次序颠倒过来，可以分别变成"鞋没人穿""人没穿鞋""人没鞋穿"等。仔细分析这几个句子，"鞋没人穿"和"人没穿鞋"没有什么价值，唯有"人没鞋穿"可能是导致这个岛上现状的另一种原因。所以对于同一个事实做出的相对立方案。常规观点认为：一个人认为岛上的人不穿鞋子，岛上自然不会有鞋子的销路。第二个人则敢于进行反向思维：今天不穿鞋子，明天为什么不会穿上鞋子呢？推翻了传统的定论，制定了与第一个相反的方案，就可会开辟出一个新市场。

【训练 12】请仿照例 21 和例 22 举一个案例，该案例能体现用主客颠倒提出问题、并解决问题。

3. 观点褒贬逆反

面对同一种现象或行为，往往不同的人或站在不同的立场，会形成两种完全对立的观点。这是观点发散结果中最极端的一对，可以称为观点褒贬逆反。

【例 23】以下各组词语所表达的是两种对立的观点，一种是褒义，一种是贬义。

①坚强不屈——顽抗到底。

②勤俭节约——小气吝啬。

③ 深思熟虑——谨小慎微。

④ 严肃认真——故作深沉。

固然，对不同立场或世界观的人，有这样对立的观点是很常见、不足为奇的。但是，对同一个人，面对一种众人一致的舆论，能否想到与之对立的观点中存在更加合理的道理。面对一种未来行动的草案时，能否想到其中隐藏着的危害，而与之对立的方案可能会避免这些危害。这是一个具有看问题更加深刻、全面和成熟的头脑的标志。在观点发散时，更要学会应用这种观点褒贬逆反的思维方法。

【训练 13】请参考例 23，写出与以下词语持对立观点的词语。

①引吭高歌 ——

②满面春风 ——

③兴高采烈 ——

④不到黄河不死心 ——

⑤长短不一 ——

⑥步履蹒跚 ——

⑦鬼哭狼嚎 ——

⑧没有过不去的独木桥——

4. 自设"绝境"

把自己设想在最困难、最危险、没办法时，该怎么办？向最不可能的方向去想，是最有可能"遇难呈祥"的。

任务 5.3　逆向思维在物流运营创新中的运用

通过前面的学习，我们认识了逆向思维，以及学习运用逆向思维中的形质颠倒逆向，知识、关系颠倒逆向，立场观点颠倒逆向和思路颠倒逆向进行创新训练。还学习运用形式结构逆向法——概念结构逆向法、判断结构逆向法进行创新训练，大大扩展了我们运用逆向思维创新的路径。逆向思维可以应用于很多领域，在本任务中，我们选出了"货到人"拣选方式、快递末端自取服务和瑞士地下物流运营系统等三个运用逆向思维实现物流运营创新的案例，供读者了解和学习。

5.3.1 “货到人”拣选方式

1. 传统的“人到货”拣选方式

对于配送中心而言，无论从作业成本、人力耗费还是时间占用角度来看，拣选作业历来都是重中之重。配送中心内通常有多种拆零拣选作业方法，总体上可归纳为两种：订单别拣选，俗称摘果式；商品别汇总拣选，俗称播种式。在普遍采用电子显示标签辅助拣选的今天，拆零拣选按照操作流程更加明确地区分为摘果式和播种式两类。

摘果式拣选法是针对每一份订单（即每个客户）进行拣选，拣货员或设备巡回于各个货物储位，将所需的货物取出，形似摘果。其作业特点是：拣货员走到相应的货架，从货位上取货，放入周转箱中。摘果式系统的平面布局如图 5-11 所示。

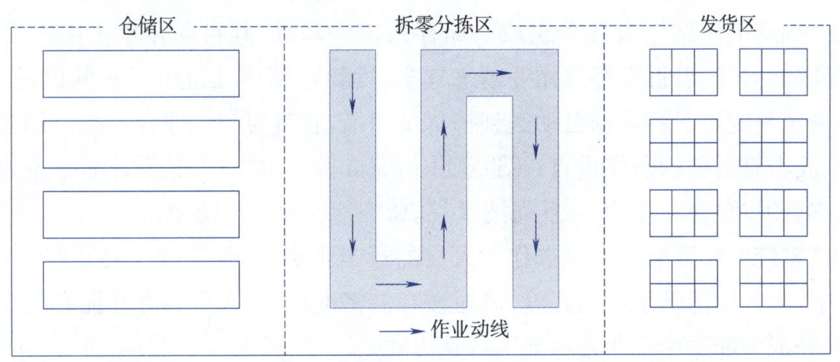

图 5-11　摘果式系统平面布局示意图

播种式拣选是把多份订单（多个客户的要货需求）集合成一批，先把其中每种商品的数量分别汇总，载有单一品种货物的拣货员或设备，巡回于各个客户的分货位置，按电子标签显示数量进行分货。其作业特点是：拣货员从货箱中取货（货箱中只有一种货物），按一定的路线巡回放入货架上的周转箱内，与摘果式的动作刚好相反。播种式系统的平面布局如图 5-12 所示。

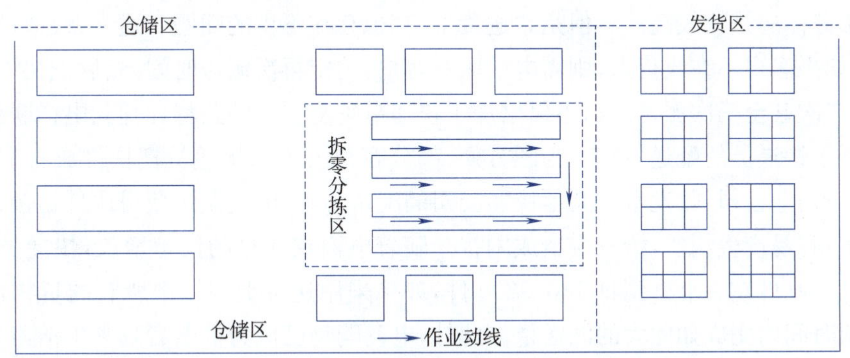

图 5-12　播种式系统平面布局示意图

摘果式和播种式拣选作业方式都是“人到货”即“人动，货不动”方式，需要大量拣选人员，并且人员走动距离大,劳动强度大,拣选差错率高。

2.“货到人”拣选方式创新

现阶段,具有较高的拣选效率和存储效率,同时又能大幅减少人工、降低劳动强度的“货到人”拣选系统正成为行业主流,越来越多地应用于物流配送中心的拆零拣选作业。特别是随着电子商务的迅猛发展以及消费习惯和消费模式的改变,拆零拣选作业量越来越大,要求也越来越高。拣货作业的速度与准确性往往决定着订单履行效率与客户服务质量,因此如何加快拣货速度越来越受到企业的关注。为了应对多品种、小批量、多批次的海量订单拣选挑战,以及越来越明显的人力成本压力,采用自动化物流系统成为大势所趋。

所谓“货到人”拣选系统,简单来说就是在物流配送中心的拣选作业过程中,由自动化物流系统将货物搬运至固定站点以供拣选,即“货动,人不动”。一般“货到人”系统主要由储存系统、输送系统、拣选工作站三大部分组成。储存系统是基础,其自动化水平决定了整个“货到人”系统的存取能力,随着拆零拣选作业越来越多,货物存储单元也由过去的以托盘为主转向纸箱/料箱;输送系统负责将货物自动送到拣货员面前,它需要与快速存取能力相匹配,简化输送系统、降低成本是目前的研究重点;拣选工作站完成按订单拣货,其设计非常重要,拣货人员借助电子标签、RF、称重、扫描等一系列技术,提高拣货速度与准确率。

“货到人”系统大幅度减少了拣选作业人员的行走距离,不仅实现了高于“人到货”模式数倍的拣选效率,大幅度降低了劳动强度,同时在存储密度、节省人力等方面拥有突出优势。“货到人”系统已经成为配送中心非常重要的拣选方式。

【分析】在本案例中,“人到货”拣选方式,存在人员走动距离大,劳动强度大,拣选差错率高等缺点。我们不妨采用主语和宾语位置颠倒逆向思维,把“人到货”改为“货到人”,通过对传统拣选系统的革新,使得“货到人”拣选成为现实。

5.3.2 快递末端自取服务

1. 快递末端“送货上门”服务

一直以来,快递末端配送普遍采用“送货上门”服务,这在电商购物还不盛行的阶段,收货人获得的服务体验是比较高的。但是,“送货上门”也存在不少的问题。通常,快递员到达目的地小区后,如果客户不在收货点,则需电话联系客户,约定再次派送时间,然后把快件送回配送站,再进行二次甚至三次派送。这不仅增加了快递员重复派送的路程、时间、电话联系的成本,同时也降低了快递员的配送效率。为图方便,部分客户会告知快递员把快件放置在可接收的地方,如社区物业公司、收发室或其他快递公司的配送站等,但此做法使得快件错领、丢失的情况时有发生,容易产生纠纷,给三方造成困扰。随着电商快递量的快速增长,快递员的配送量由原来的日 100 件左右上升到日 150～200 件,如果采用送货上门派送所有的货物,快递员难以在规定的时间内完成如此大的派送量。此外,电商购物已成为消费者日常生活习惯,客户每天有多个快件要收取,其居家出行、工作等方面难免受到限制和打扰。

2. 快递末端自取服务

为降低末端配送的一次未妥投率,提高配送服务质量,快递服务商在社区建设自营服务点，或通过合作方式设立公共服务点，或设立自提柜。如图5-13所示，服务点和自提柜作为快递员派送和客户接收快件的缓冲池，目的是使配送服务与客户需求在时空上匹配，基本能解决配送的一次未妥投问题，减少快递员在快件派送交付环节耗费的时间和成本，提高配送效率。

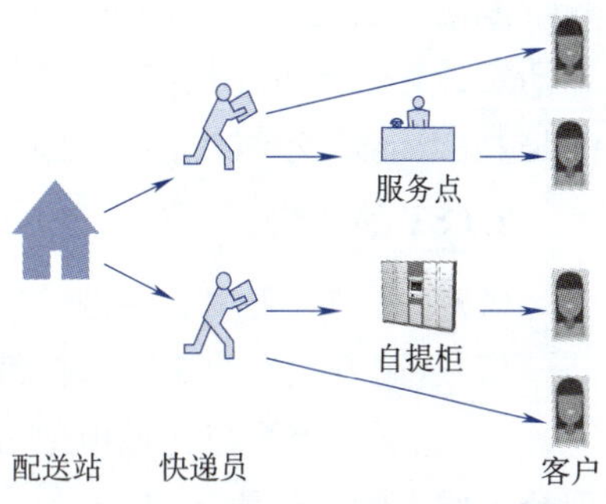

图5-13　新型的快递末端配送方式

【分析】本案例中，在电商购物发展成为消费者日常生活习惯的阶段，快递末端“送货上门”已不能满足快递服务供需双方的需求。我们把原配送服务方案描述为“快递员送货上门”。把主语“快递员”颠倒逆向，用“客户”取代“快递员”；“送货”这个词组是动宾结构，动词是“送”，宾语是“货”，把“送”改为相反的词“取”，就成了“取货上门”。创新方案是“客户取货上门”，即“客户上门取货”，包括客户到快递服务站和快递柜取货。目前，快递末端配送普遍采用这种服务方式，与快递员送货上门方式互补，构成快递末端配送服务体系组成部分。

5.3.3　地下物流运营系统

瑞士地下物流系统（Cargo Sous Terrain，CST）① 是瑞士为改善国家交通基础设施，减轻公路和铁路网络的负担而专门创建用于货物运输的地下物流系统，其具备存储功能，在地下50 m的隧道中运输托盘和集装箱、单个物品和散装货物，满足市场主体（即生产者，零售商和物流商）的需求，其地下物流过程如图5-14所示。2015年该项目技术和商业可行性的研究通过确认。

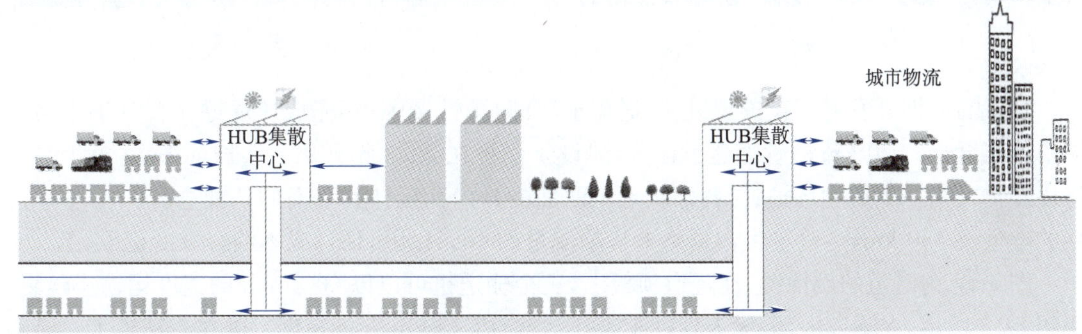

图5-14　CST示意图

1. 必要性分析

地面运输基础设施的无限延伸是不可能的。瑞士联邦公路局（ASTRA）和瑞士联邦空间发展署（ARE）估计，因未来几年有较好的经济发展态势，从2010年到2040年货运量也将增长37%，而目前已有的运输路线并不能吸收这些货物量的增长，因此必须采取措施来应对交通瘫痪的威胁。同时，地面运输基础设施是存在瓶颈的，无限延伸是不可能的，因此有必要寻找创新的运输方式。

① 资料来源：搜狐网。

流通性是经济增长的重要驱动力。货物从生产到消费的流转，在经济运行中对生产、分配和消费具有强大的制约作用。货物流通过程是否通畅，对经济的发展具有决定作用。而不幸的是，瑞士道路交通减速，对流通性产生负面影响的同时也降低了生活质量。

2. CST 的优势

(1)提升和改善现有关键基础设施网络效能，大幅度提高运输网络可靠性。

(2)运输方式符合未来可持续发展要求，可以实现零排放，没有噪声污染。

(3)地下物流系统在城市地下，采用自动化控制系统，货物运输安全准时，高效智能，可实现全天候无中断运输。

(4)能耗低、成本低，具有商业经济和社会经济效益等不同层次的优势。

3. CST 网络和运营方式

CST 主要由城市中心和物流中心之间的隧道系统、城市物流系统以及 IT 控制系统组成，将先进的 IT 技术应用到物流过程中。其物流中心和 Hub(枢纽)的示意图分别如图 5-15 和图 5-16 所示。

图 5-15　CST 物流中心示意图

图 5-16　CST Hub 示意图

项目的一期开发需要投资超过 35 亿瑞士法郎，预计 2030 年完成从尼德比普到瑞士最大城市苏黎世长约 70 km 的管道建设任务，建设工作将在 2023 年开始。从长远来看，整个系统将逐步扩展为一个货物运输管网，即从瑞士西面的日内瓦延伸到东面的圣加仑。CST 整个计划的隧道长 450 km，运输量将占据路上货物流量的 40%以上，估计成本约合 288 亿欧元。

图 5-17 为隧道的剖面图，在隧道顶板上，三个输送机可以以 60 km/h 的速度运输小包裹。如图 5-18 所示，在隧道内部，无人驾驶车带托运输，以 30 km/h 的速度行驶在三车道上。沿路线分布的枢纽可作为与其他运输工具的接口。

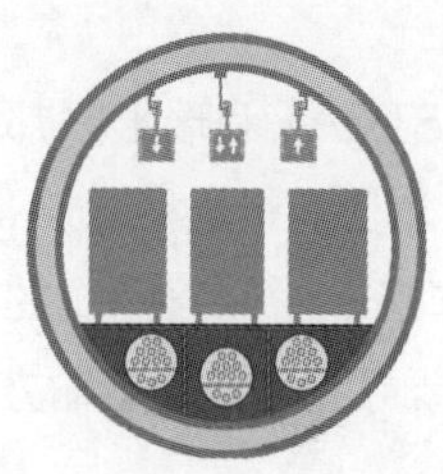

图 5-17　隧道截面示意图

图 5-18　无人驾驶车

【分析】如果把铁路、公路、空运都看作“地面以上”物流运输方式，那么，地下物流就是这种物流运输方式的反向思考的成果：一改“地面上运输方式”为“地面下运输方式”。这是一个很好的运用逆向思维获得成功的例子。

如此类推，笔者还想象出一种区别于“空运”的地面上空的“空中运输”方式。可以设想依托城市街道的高楼大厦、住宅小区的半空中架设钢架结构的货物运输管路，用分散式的电动滚柱(类似皮带运输机的支撑皮带的辊柱)作为运输动力，借助 AI 技术，控制货物的前进、转向运动，有货物来时滚柱启动，无货物时滚柱停止。估计其造价比上述的地下物流系统更低。

学习小结

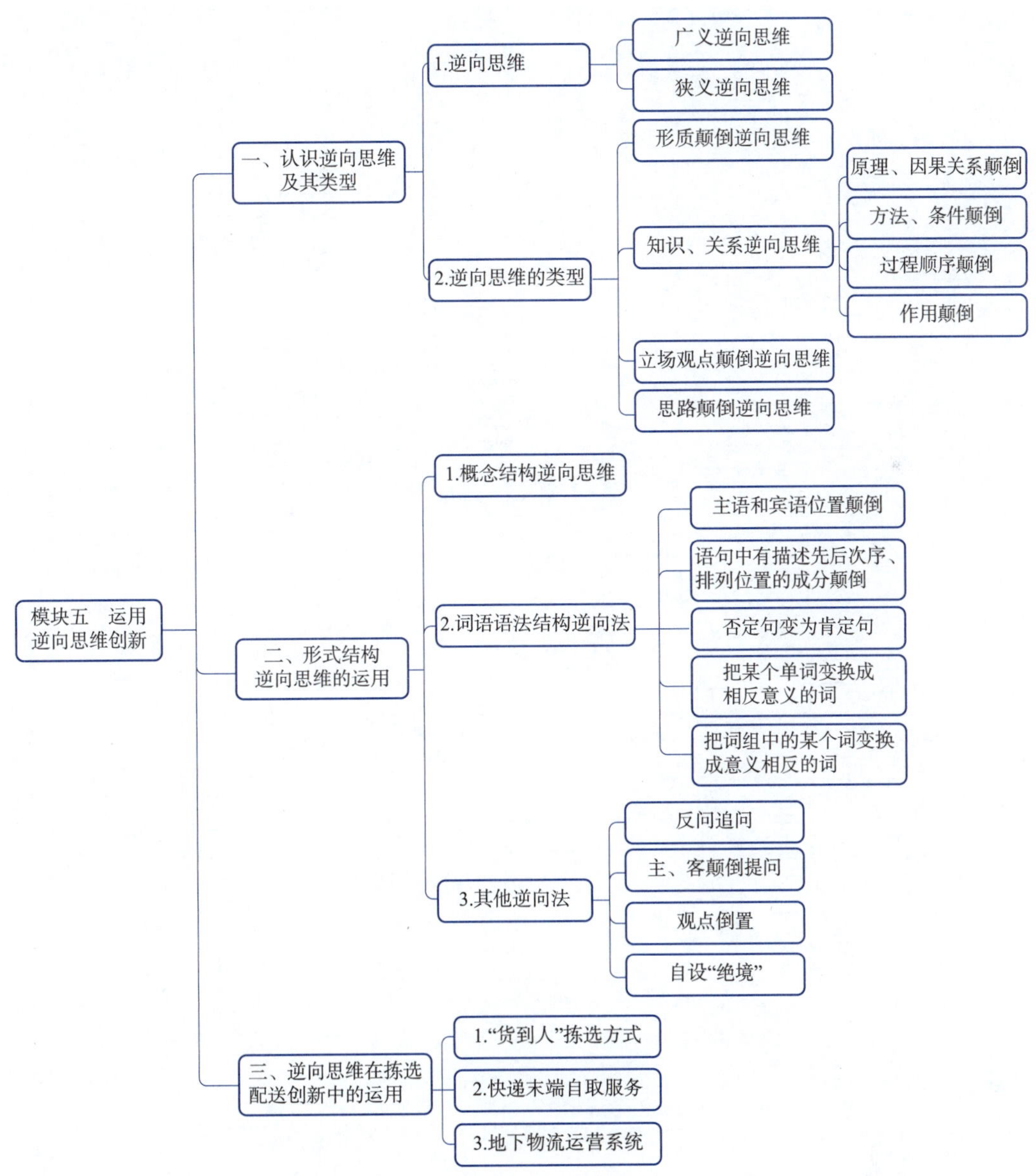

想一想

1. 为什么说逆向思维是成功率最高的创新思维方式之一？
2. 逆向思维中也要发散，具体是指在什么方面的发散？
3. 什么是“中断路径”和“全通路径”？

模块六 运用信息的变形与重组思维创新

学习目标

1. 理解和运用信息变形法创新。
2. 理解和运用信息重组法创新。
3. 认识其他思维方法。

重点与难点

1. 理解空间量化变形法、功能借鉴变形法、原理变形法(难点)和拓扑变形法(难点)的本质,在此基础上有目的地开展创新思维训练,实现创新。

2. 理解空间重组法、流程重组法(难点)、逻辑原料组合法(难点)和概念重组法的本质,在此基础上有目的地开展创新思维训练,实现创新。

假想是一种探索性思维形式,假想的本质就是信息的变形与重组。

“假想思维隶属于探索性思维。它是科学发现中常用的一种特殊的探索性思维的类型。”

“假想思维系指对尚未解决的科学问题以假设和预想的方式给出问题的结果的一种思维形式。”

“所谓假想思维,就是指对尚未解决的科学问题,以假设和预想的方式给出问题的结果的一种思维形式。它是探索性思维的一种基本类型,主要包括科学幻想、科学猜想和科学假说等,其中,科学假说是它的主要形式。”①

我国学者把假说定义为“对未知的自然现象及其规律性所做出的一种假定性的说明。”或“假说是有关自然现象及其规律性的一种不完备的,其基本观念尚待验证的学说。”②从创新思维的本质就是信息的变形和重组这个定义出发,假想的实质就是设想出对信息的变形和组合而产生的多种方案。针对创新思维的具体问题,这些方案可能是某种新产品、新方法、新技术或新原理。在此基础上,对这些方案逐一进行试错的试用、试验或逻辑推理,以获得我们追求的结果。

本书前面的模块中所讲述的各种创新思维方法和案例,主要讲的是信息的获取方法,如果

---

① 徐本顺. 科学研究中的探索性思维[M]. 济南:山东教育出版社,1992.

② 王前. 假说与理论[M]. 沈阳:辽宁人民出版社,1985.

要获得成功的创新成果，还必须对所获取的信息进行试探性变形和重组。在本模块的学习中，我们探讨信息的变形和重组方法，并训练读者运用这些方法有目的地开展创新思维训练，实现创新。

任务 6.1　信息变形法的运用

信息变形是对某事物的某些属性信息，如外观性状、尺寸、材质、数量的多少等进行改变，从而得到了原事物所没有的，却是我们所期望得到的新效果。在本节，我们将学习空间量化变形法、功能借鉴变形法、原理变形法和拓扑变形法，并运用这些方法进行创新实践。

6.1.1　空间量化变形法

这是实现信息变形的最简单的方法，常用在产品创新上。系列产品中的不同型号产品，大多都只是尺寸规格的不同。这里介绍尺寸变形，尺寸、材质和形状变形，数量变形，空间布局变形等四种方法。

1. 尺寸变形法

通过改变物体的尺寸而实现创新。

【例 1】毛笔系列产品。图 6-1 所示的是各种规格的毛笔。小号的写小楷，中号的写中楷，大号的写大楷。最大的如椽大笔，其形状大小如打扫卫生用的墩布拖把，能写出像成人体型大小的字。

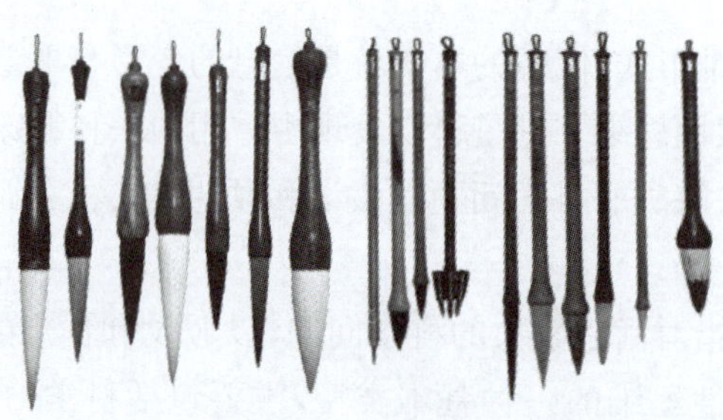

图 6-1　毛笔示意图

【训练 1】请列举 2 种以上日常生活、工作中使用尺寸变形法实现创新的产品。

【例 2】物流托盘(pallet)系列产品。中国国家标准《物流术语》对托盘的定义是：用于集装、堆放、搬运和运输的放置作为单元负荷的货物和制品的水平平台装置。为了实现物品包装的单元化、规范化和标准化，保护物品，方便物流和商流，托盘厂家根据客户需求生产规格多样的托盘。为了使托盘货物在国际上能快速流转并节约成本，在 ISO 6780—1988《通用联运平托盘 主要尺寸和公差》中采取兼容并包的态度，将下面 6 种托盘的规格并列成为全球通用的国际标准。1 200 mm×1 000 mm、1 200 mm×800 mm、1 219 mm×1 016 mm(即 48 英寸×40 英寸，1 英寸=2.54 cm)、1 140 mm×1 140 mm、1 100 mm×1 100 mm 和 1 067 mm×1 067 mm 等 6 种托盘的规格。托盘的发明和使用迅速地提高了搬运效率，使货物流动过程有序化，在降低生产成本和提高生产效率方面起着巨大的作用。图 6-2 所示为两种标准规格的托盘。

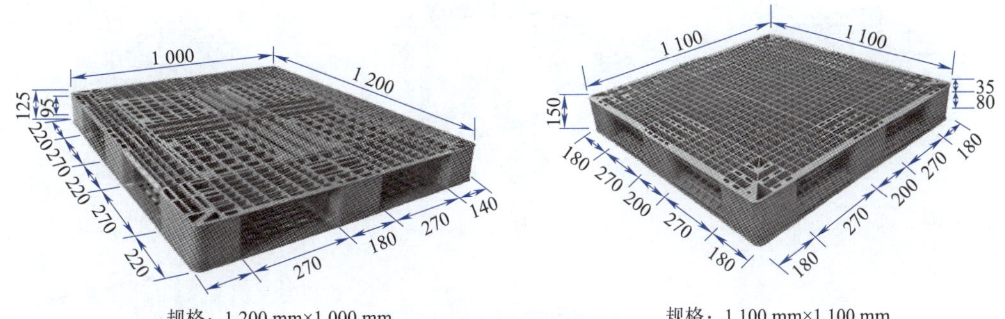

图 6-2　托盘示例(单位:mm)

【训练 2】请列举 1～2 种运用尺寸变形法创新的物流装备产品或其他产品。你可以运用该方法实现创新吗？说说你的想法。

2. 尺寸、材质和形状变形法

通过改变物体的尺寸、材质或形状中的两种或以上的组合而实现创新。

【例 3】球类产品。图 6-3 所示的不同大小的球。小的有乒乓球、大一点的有台球、网球、垒球，再大一点的有排球、足球，再大的就是篮球。它们除了尺寸不同之外，材质也不同，但形状都是圆形的。而稍有变形就能成为椭圆形的橄榄球。

图 6-3　球类示意图

【训练 3】请列举 2 种以上在日常生活、工作中使用尺寸、材质和形状变形法实现创新的产品。

【例 4】物流周转箱。物流周转箱简称为物流箱或周转箱，适用于运输、配送、储存、流通加工等环节。不同尺寸、材质和形状的周转箱可以应用于不同领域，如机械、汽车、家电、轻工、电子、食品等行业，能耐酸耐碱、耐油污，零件周转便捷；无毒无味的可用于盛放食品；有盖物流箱可以上锁，保护零散货物在流转过程中不被调换盗窃等。周转箱便于堆放整齐和管理货物。图 6-4 所示的是各种不同规格、材质、形状的物流周转箱。

【训练 4】请列举 1～2 种运用尺寸、材质或形状变形法创新的物流装备产品或其他产品。你可以运用该方法实现创新吗？说说你的想法。

3. 数量变形法

通过改变原物体的某个结构部分的数量而实现创新。

图 6-4　物流周转箱示例

【例 5】以图 6-5 所示的情侣伞和双口水瓶为例。它们之所以“新”，是因为比起我们常见的伞和水瓶，在伞面和瓶口数量上双倍化，外观时尚新颖，功能加强。

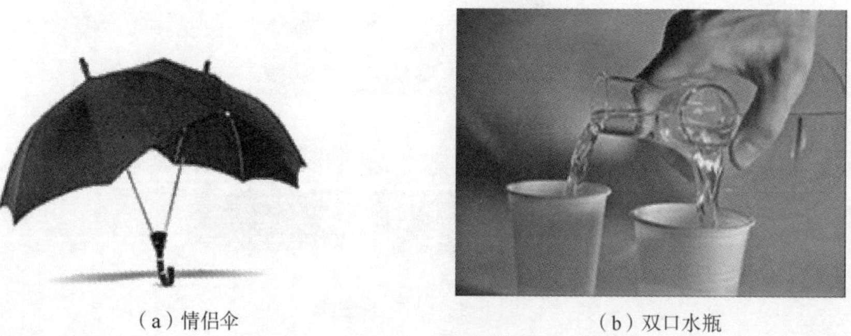

（a）情侣伞　（b）双口水瓶

图 6-5　情侣伞和水瓶创新产品

【训练 5】请列举 2 种以上日常生活、工作中使用数量变形法实现创新的产品。

【例 6】物流搬运车。搬运车是一种水平搬运货物的物流搬运设备。使用手动托盘搬运车时，将其承载的货叉插入托盘孔内，由人力驱动液压系统来实现托盘货物的起升和下降，并由人力拉动完成搬运作业。它是托盘运输工具中最简便、有效，最常见的装卸、搬运工具。图 6-6 列出了两种搬运车，左侧的搬运车只能实现水平方向的货物搬运工作，而右侧的剪式平台搬运车多了升降平台，搬运和升降功能结合，扩展了手动托盘搬运车的功能。

图 6-7 所示的两种货车，右侧货车比左侧的多了 2 排车轮，载重量显然更大，能解决客户对大量货物运输需求问题。

（a）手动液压搬运车水平方向搬运功能

（b）剪式平台搬运车搬运和升降平台功能结合

图 6-6　物流搬运车示例

图 6-7　货车示例

【训练 6】 请列举 1～2 种运用数量变形法创新的物流装备产品或其他产品。你可以运用该方法实现创新吗？说说你的想法。

4. 空间布局变形法

同样的事物，仅仅在空间布局的变化，也会形成功能效果上很大的不同。如战争中的排兵布阵，相同数量的人员和武器，可以针对不同的对手和作战目的，而排布成不同的阵型，以达到不同的战术目标。相同的分子、原子、离子或元素的组成成分，仅在数量或空间结构布局上的不同，就形成了世界上特性千差万别的物质或物种。

【例 7】 氧气和臭氧。如图 6-8 所示，氧气和臭氧都由氧元素组成，但数量不同，空间布局也不同。这些造就了它们的物理和化学性质的差异。氧气是无色无味气体，不易溶于水，常温下不很活泼，与许多物质都不易作用。而臭氧是氧气的一种同素异形体，具有鱼腥气味的淡蓝色气体，可在较低温度下发生氧化反应，有水存在时臭氧是一种强力漂白剂。

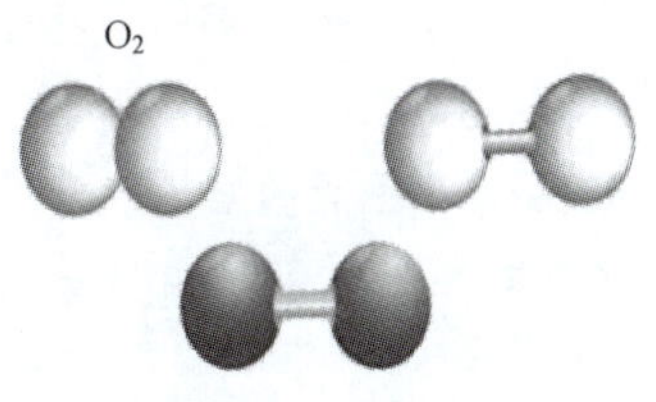

（a）氧气由2个氧元素构成

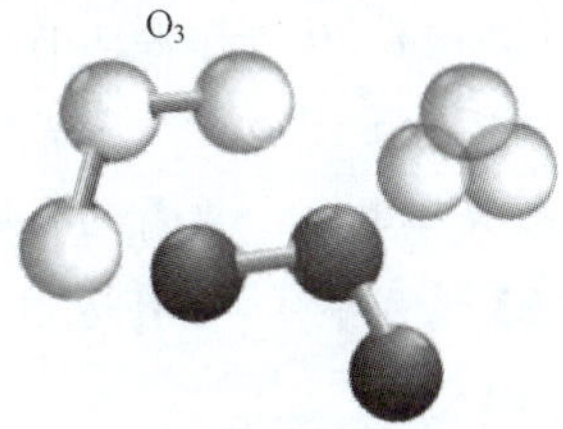

（b）臭氧由3个氧元素组成

图 6-8　氧气与臭氧的组成和分子结构

再如，石墨和钻石都是碳的同素异形体，完全由碳原子构成，但二者内部原子排列方式的不同使它们拥有了不同的特性，例如硬度、延展性和电传导性。

【训练 7】请列举两种以上日常生活、工作中使用空间布局变形法实现创新的产品。

【例 8】横梁式货架。货架是提高仓库容积率和物流作业效率的重要工具。横梁式货架又称重型货架，属于托盘货架类，是仓储货架系统中最为常见的一种货架形式。它是立柱片＋横梁形式的全组装结构，结构简明有效。从图 6-9 可以看到，立柱上排列了多个孔位，可以把横梁安装在不同的高度或组合成不同的空间布局形式，满足不同尺寸货物的存储和管理需求。

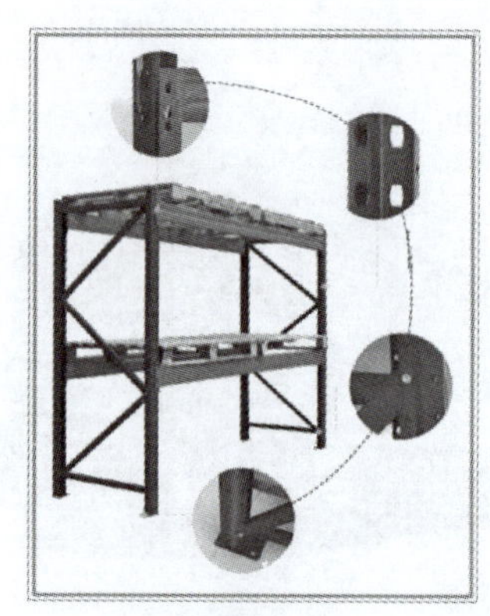

横梁式货架的结构

可以根据需要调节横梁高度和空间布局

图 6-9　横梁式货架示例

【训练 8】请列举 1～2 种运用空间布局变形法创新的物流装备产品或其他产品。你可以运用该方法实现创新吗？说说你的想法。

6.1.2　功能借鉴变形法和仿生法

1. 方法 5：功能借鉴变形法

功能借鉴变形也称为移植变形。市面上有很多产品，是通过借鉴了其他事物的外形或功能，并加以改变，使得功能大大加强，从而扩展了产品的用途范围。

【例 9】盾构机的发明。钻山挖隧道工程，早期是用人工开凿或使用炸药，不但难度极大、进度极慢，而且还很危险，现在使用了大型盾构机，隧道挖掘工程的周期就大大缩短，工程难度降低而且安全多了。大型盾构机是受到什么启发而发明的呢？我们知道，用电钻可以在木材和金属材料上钻孔，从外形和工作原理上看，盾构机的发明无疑是受了电钻的启发。电钻和盾构机如图 6-10 所示。

同样，航天工具——火箭的发明，就是受到了古代的武器——弓箭的启发。

【训练 9】请列举 1～2 种运用功能借鉴变形法创新的产品。你可以运用该方法实现创新吗？说说你的想法。

【例 10】快递包裹分拣机器人。

扫地机器人前方设置了感应器，可侦测障碍物，如碰到墙壁或其他障碍物，会自行转弯而

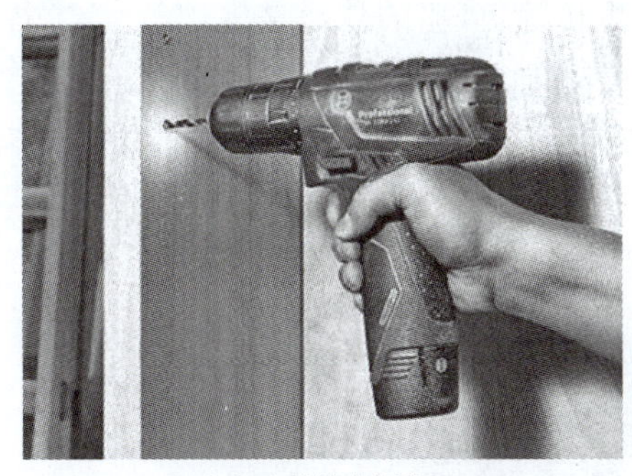

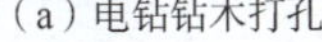

（a）电钻钻木打孔

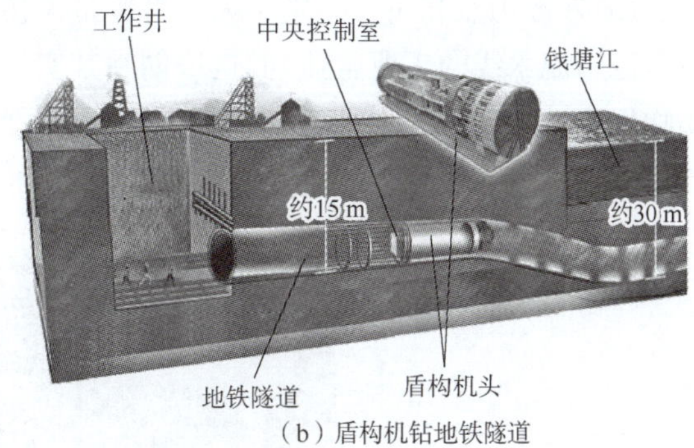

（b）盾构机钻地铁隧道

图 6-10 电钻和盾构机

走不同的路线，并规划清扫地区。一般能设定时间预约打扫，自行充电。

快递分拣机器人无疑是受到扫地机器人工作方式的启发而发明的。快递分拣机器人是快递物流中心、配送中心的仓储机器人之一。图 6-11 所示的全自动分拣机器人主要针对长度不超 60 cm、宽度不超 50 cm，重量在 5 kg 以下的小件包裹，集扫码、称重、分拣功能“三合一”，能够实现快递单信息识别，以最优的路线进行投递，每次扫码时间在 1 s 以内，运行速度可达到 3 m/s，分拣效率可达到 1.8 万件/h。分拣机器人可以在地面上密集而灵活地穿行，将一件件包裹运送到指定位置，轻拿轻放小心呵护；“累了的时候”还能像扫地机器人一样自动跑去充电。

在购物节等网购集中时段，分拣机器人能快速解决大量快递堆积如山难以分拣的问题、人手不足以及人工费用上涨等困扰快递企业的难题。

（a）扫地机器人

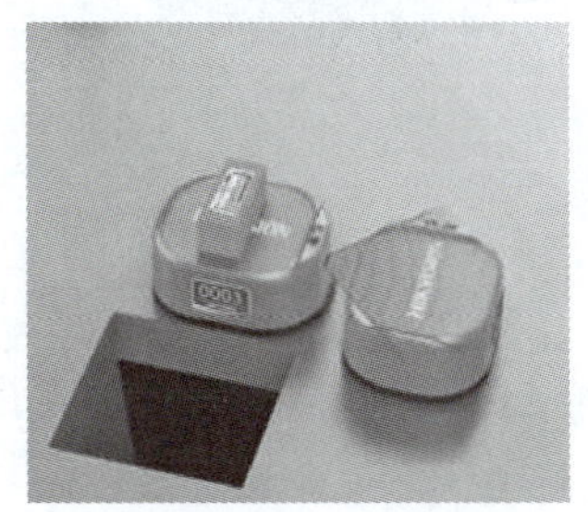

（b）快递分拣机器人

图 6-11 扫地机器人和快递分拣机器人示例

【训练 10】请列举 2～3 种运用功能借鉴变形法创新的物流装备产品或其他产品。你可以运用该方法实现创新吗？说说你的想法。

2. 仿生法

很早以前，人类就已经知道模仿动物、植物的外形，用于改善、增强人类的能力，也就是仿生学。人们研究生物体的结构、功能及其工作原理，并根据这些原理发明出新的设备、工具和科技，创造出适用于生产、学习和生活的先进技术。最早的飞机就是直接模仿鸟类。直到现在，飞机的外形仍然和飞鸟差别不大。潜艇是模仿海豚和鲸鱼，船的外形是模仿鱼类。“福特是最早运用流水线的工业企业，而这一创举其实是受美国屠宰行业的启发，因为在屠宰行业，将动物尸体挂在流水线上进行切割和分包早就司空见惯。”①图 6-12 所示的是运用仿生学发明的机械手。

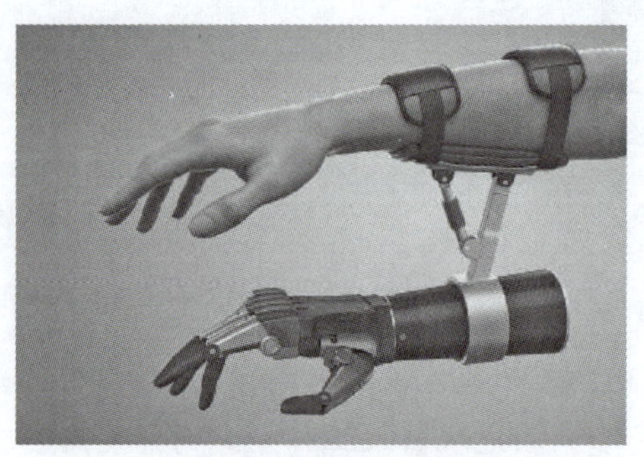

图 6-12　运用仿生学发明机械手

【**例 11**】仿生蚂蚁快递机器人。图 6-13 显示了这种实验阶段的蚂蚁快递机器人的工作场景。在物流行业，也有研究机构模仿蚂蚁的外形和行为特征，研发出蚂蚁快递机器人，它们可以一起沟通，共同搬运一个比自己体型体重大的快递包裹，希望借此能解决快递最后一公里的配送问题。

图 6-13　仿生蚂蚁快递机器人

【**训练 11**】请列举 1～2 种运用仿生法创新的物流装备产品和其他产品。你可以运用该方法实现创新吗？说说你的想法。

6.1.3　原理变形法

原理变形法是指针对观察到的现象或讨论问题，对其所依据的论据的理论、原理、定理等进行修正、补充、完善。

【**例 12**】爱因斯坦创立相对论。

相对论的两条基本原理，用平白的语言来说就是：第一，相对性原理。在不同的惯性参照系中，物理定律都是相同的，物理量的度量值是相对的。第二，光速不变原理。在所有的惯性参照系中，光速是一个常量。

① 刘圻. 创新的逻辑：公司价值与商业模式重塑[M]. 北京：清华大学出版社，2019.

在相对论中，惯性参照系中的时间、空间和运动速度的度量值都是相对量。对同一个事件的发生过程，处于不同参照系中的观察者，度量到这个运动物体所经历的时间长短以及物体的空间长度也是不一样的。唯有光速对所有参照系（不管是动态事件或静态观察者）都是不变的。

这个发现与人们的生活常识和牛顿运动定律反映的现实世界完全相反。在人们的生活常识中，度量一个物体的长度和一个物体运动所经历的时间长短，不论由观察者 A 或 B 度量，结果都相同，不会因为物体的运动速度以及观察者的运动速度不同而有所不同。这是因为相对于光速，物体运动的速度极慢，长度和时间的变化量极小，因而我们的感官感觉不到，甚至使用测量仪器都测量不出物体的长度变化和运动经历的时间长短变化，只有在极高速的运动状态下，即接近光速才显现出来。但是，人们受生活常识的影响，当时的科学家在做与光相关的物理现象的测量实验（迈克尔逊-莫雷实验）中，发现了实验中的测量值与人们常识认识的不一样，用当时的牛顿运动定律不能解释这些现象。

对于这种矛盾，爱因斯坦在很长时间的研究中也百思不得其解。仅在他做了上述两条原理性的假设后，并据此深入进行了理论演绎，才成功地揭示了其中的原理。

【分析】从信息变形的角度讲，可以说是通过对运动物体的长度和运动经历的时间这两个基本度量值的变形，造就了爱因斯坦在理论上的突破，发现并形成了现代物理学的基础理论之一——相对论。

【例 13】量子理论的产生。

原理变形的另一个例子是量子理论的产生。在量子理论产生之前，物理学家普遍认为物体所携带（或具有）的能量的数量变化是无阶梯等级连续变化的。就像一个在地面上滚动的球，在摩擦力、空气阻力的作用下会逐渐慢下来。在这个过程中，球的速度不会出现台阶般的突变，而是一个可以用连续函数描述的过程。但是，随着物理学实验的发展，这个普世原理解释不了新的物理实验结果，最典型的是黑体辐射和氢元素的不连续光谱现象。为了解释这个现象，德国物理学家普朗克（马克斯·卡尔·恩斯特·路德维希·普朗克）在 1900 年提出了一个假设，在微观世界里，粒子携带的能量是呈现台阶型变化的，即按照一个最小数量的整数倍变化，而不是人们用常识理解的连续变化。最小的台阶数量级被命名为“h”——普朗克常数。这个假设成功地解释了微观世界的各种现象。

【分析】从信息变形的角度来看，就是把能量数量级的连续变化变形为阶梯般的等级变化。以这个假设为基础，又经多位科学家的研究，最终发展成了现代物理学的另一个支柱——量子力学。

6.1.4　拓扑变形法

拓扑是研究几何图形或空间在连续改变形状后还能保持不变的一些性质的一个学科。它只考虑物体各部分间的位置连接关系而不考虑它们之间的距离、大小和形状。前面所列举的事物，其变形后的结果，一般都可以较直观和形象地想到和预见。但以下例子的形变就不那么容易一眼望穿了。

【例 14】请观察图 6-14 中的三件物品（碗、杯子、面包圈），哪两件是相似的？

直观看上去，多数人都会认为杯子和碗相似。但是从拓扑学的原理上说，杯子和面包圈才是相似的。我们把这三件东西想象成是用软胶泥捏塑成型的，如果把其中的一个件经拉伸、捏聚、压薄变形（不能撕破和扯断）后能变成另一件，这种变形称为拓扑变形，变形前后是两个不同的物品，这才是拓扑学中的相似——即本质上的相似。

同理，在图 6-15 中，字母 B 和阿拉伯数字 8 是相似的，在拓扑学中成为“同胚”。

图 6-14　现象和本质

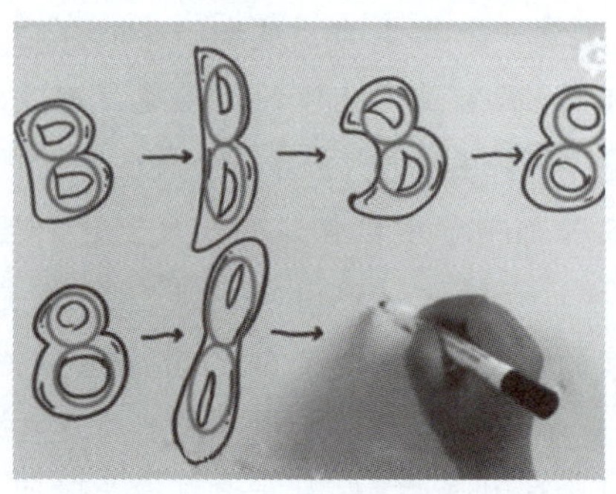

图 6-15　同胚示意图

【例 15】克莱因瓶和巧环。观察图 6-14 所示的克莱因瓶。在数学领域中，克莱因瓶(Klein bottle)是指一种无定向性的平面，比如二维平面，就没有内部和外部之分。在拓扑学中，克莱因瓶(Klein Bottle)是一个不可定向的拓扑空间。它的结构可表述为：一个瓶子底部有一个洞，延长瓶子的颈部，并且扭曲地进入瓶子内部，然后和底部的洞相连接。这和我们平时用来喝水的杯子不一样，克莱因瓶没有“边”，它的表面不会终结。它和球面也不同，一只苍蝇可以从克莱因瓶的内部直接飞到外部而不用穿过表面，它没有内外之分。

图 6-16 所示的巧环(或称为绳套)是依据了数字的拓扑原理由梁、环、柄、绳、珠等结构元素组合而成的一种益智产品。

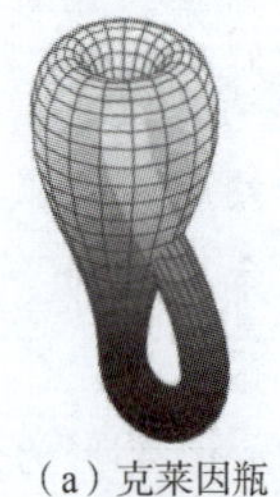

(a) 克莱因瓶

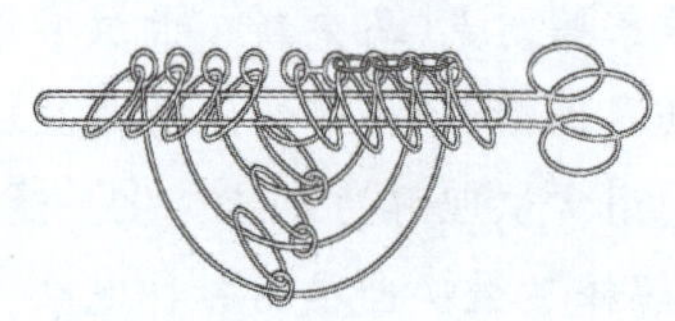

(b) 巧环

图 6-16　运用拓扑原理创新产品

拓扑学不仅用在理论研究中，在日常的生活和技术应用中同样有很大的用处。在城市建设中常见的立交桥，要求在道路交叉之处既能避免车辆碰撞，又能在各自转弯、走上自己的方向时能正确地走在规定的车道上。这就用到了拓扑学中的“连通性”原理。又如，在旅游区道路规划、城市道路规划中，设计出不重复(或最少重复)、又能经过所有景点的行走路径，同样也要用到拓扑学这种研究本质的同形变换的知识和方法。

【创新实践训练 1】

在本任务中，我们学习了 8 种信息变形的方法，并开展了相应的创新思维训练。请结合本任务所学方法和之前模块中学过的所有方法,选择运用其中一种或多种方法实现产品、方法、技术或原理的创新。

任务 6.2 信息重组法的运用

重组并不是一种简单的相加,而是依据事物之间所固有的内在联系进行有机组合。创新中的重组应满足两个条件,一是由不同的技术因素构成的具有统一结构与功能的整体,二是组合物应具有新颖性、独特性和价值性。如图 6-17 所示,左侧图中杯子、水壶和茶盘简单放在一起并不是创新重组;右侧图中的茶盘经过改造,使水壶、杯子能方便、安全地与茶盘组装形成一个整体,既满足安全便利的要求,又满足人们的审美要求,便可称为创新重组。所以,这里的重组不是一般意义上的叠加、排列、堆积,而是包含有机联系和衔接及其他整体性因素的有机组合。

(a) 普通茶盘

(b) 通过重组创新的茶盘

图 6-17 通过重组创新的茶盘

在本任务中,我们将学习信息重组法的空间重组、流程重组、原理组合和概念重组四种方法,并运用这些方法进行创新实践。

6.2.1 空间重组法

这种方法多用于产品创新中,即把两种或以上不同的物体在空间结构上组合成一体,形成一种全新的物体。这里介绍排列组合、分解组合两种方法。

1. 排列组合法

在某些组合问题中,需要用到多个物品(要素)组合。在尝试中,需要把各种组合一一列出来,逐个进行试验。当可选择的物品(要素)多于两个时,就需要用排列组合法来帮助我们把各种组合罗列出来。

在实际工作中,工作方法的革新、工艺技术的改革都属于“方法发散”问题。在这类问题中,每一个问题难免会涉及多种要素,如改进工作方法,就要涉及“人员”“职务”“时间”等。工艺技术革新中,必定会涉及“材料”“配比”“温度”“时间”“工具”“设备”等。每种要素又要考虑多种选择,如两种物品的“配比”选择、确定物品的多种不同比例组合等。这些要素的选择以及它们的组合比例就形成多个不同的工艺技术方案。当这些方案的数量太多时,试验需要的时间、人力、物力、财力都很多，当不可能试验全部方案时，就必须用科学的技术方法来优化各种要素的选择。常用的方法有“正交试验法”“优选法”等。这些技术方法在相关专业书籍中有介绍，这里不做叙述。

最简单的组合是排列组合。我们生活和生产中的许多产品都是这样组合而得到的。如玩具转笔刀、带橡皮的自动铅笔、双色圆珠笔、粗细两用笔、自来水圆珠两用笔、带磁铁的铅笔盒、能开瓶的小刀、音乐贺年卡、音乐钥匙链等。当然，这种方法不限于两两组合，手机就是无线电话、计算机、手表、照相机、指南针、收音机、导航仪等多种产品组合而成的。图 6-18 所示的具有测心率血氧功能的运动蓝牙手表和带有摄像头的智能眼镜都是集多种功能于一体的创新产品。

（a）具有测心率血氧功能的运动蓝牙手表

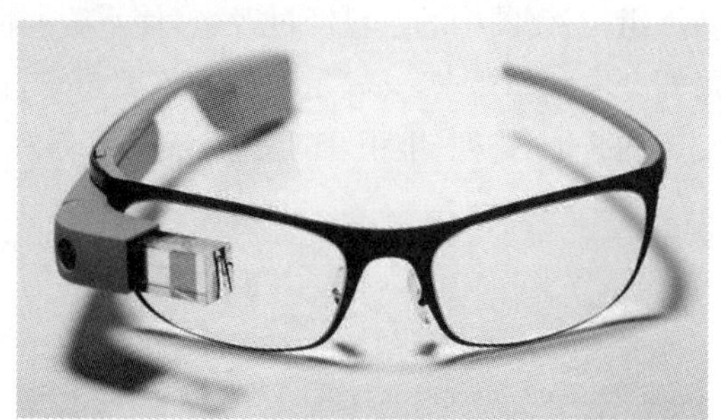

（b）带有摄像头的智能眼镜

图 6-18 运用排列组合法创新

【例 16】 自动化立体仓库的发明，提高了物流服务效率和质量。

图 6-19 所示的是自动化立体仓库。自动化立体仓库一般由货架、托盘（货箱）、巷道堆垛机、输送机系统、AGV 系统和自动控制系统、储存信息管理系统七大部分组成。自动化立体仓库的应用，一方面实现了向仓库高空拓展储存空间，大大提高了仓库的容积率；另一方面，由于采用计算机对货品信息进行准确无误的信息管理，大大提高了货物识别的准确性，采用机械化和自动化存取货物，搬运工作安全可靠，减少货损，提高了工作效率。自动化立体仓库的发明和应用很大程度改善了物流管理水平，提高了物流服务效率、服务质量和客户服务水平。

【分析】 货架、托盘（货箱）、巷道堆垛机、输送机系统、AGV 系统和自动控制系统、储存信息管理系统七大部分组合之后成为一个货物存储系统，各个组成部分相互协作共同完成货物的自动存取作业和管理。

图 6-19 自动化立体仓库

图 6-20 重力式货架

【例 17】 重力式货架的发明，提高货物管理水平，优化物流服务。

如图 6-19 所示，重力式货架是横梁式货架衍生品之一，货架结构与横梁式货架相似，只是在横梁上安装上滚筒式轨道，轨道呈 3°～5°倾斜。托盘货物用叉车搬运至货架进货口，利用自重，托盘从进口自动滑行至另一端的取货口。利用重力式货架可实现货物先进先出的存储方式。这样可以满足客户对货物"先进先出"管理的要求，提高了货物存取效率和管理水平，从而优化物流服务。

【分析】 前面已经介绍过横梁式货架(见图 6-8)，利用横梁式货架的框架结构，安装上滚筒式轨道，并且轨道有一定的倾斜度，就可以利用货物的重力作用实现货物自行滑动，这种巧妙设计对改善货物在时间上的有效和合理的控管起到很大作用，确保所有货物能被有效使用，避免造成不必要的损失。

【训练 12】 请列举 3～5 种运用排列组合法创新的物流装备产品或物流服务，从而改善物流服务。你可以运用该方法实现创新吗？说说你的想法。

【例 18】 运用排列组合法获得面包制作的多个方案。

面包是我们非常熟悉的食品，一般是以小麦等粮食作物为基本原料，先磨成粉，再加入水、盐、酵母等混合并制成面团坯料，然后再以烘、烤、蒸、煎等方式加热制成。其实，世界上还有许多特殊种类的面包，广泛使用的制作面包的原料除了黑麦粉、小麦粉以外，还有荞麦粉、糙米粉、玉米粉等。有些面包经酵母发酵，在烘烤过程中变得更加蓬松柔软；还有许多面包恰恰相反，用不着发酵。尽管原料和制作工艺不尽相同，它们都被称为面包。

面包的一般制作工艺流程是：原辅料→称量→过筛→面团调制→面团发酵→切块、搓圆→整形→醒发→装盘→焙烤→冷却→成品。

【分析】 我们可以把影响面包口感、外观效果的因素归为三个，分别是：基本原料、辅料、制作工艺。

基本原料的选择可以是：黑麦粉、小麦粉、荞麦粉、糙米粉、玉米粉等。

辅料的选择可以是：(水或酸奶)、(酵母或面种)、盐等。

工艺中的加热方式可以是：烘、烤、蒸、煎等。

对以上三个因素进行选择并组合，可以得到面包制作的多个方案，例如：

{ 黑麦粉，(酸奶，面种，盐)，烘 } { 黑麦粉，(酸奶，面种，盐)，烤 } 等等。

【训练 13】 请列举 1～2 种运用排列组合法创新的产品、工艺技术或工作方法等。你可以运用该方法实现创新吗？说说你的想法。

2. 分解重组法

分解重组法是指将某种产品分解为几个构成要素，并使各要素独立化，然后对这些要素进行重组而产生新产品的一种方法。分解重组法的操作步骤如下：

(1)确定改进对象及其新功能。确定需要改进的产品(越具体越好)，提出对产品的初步改进构思，并确定新功能。

(2)产品分解。按结构与功能将产品分解为部分，并将每一部分独立化，如零部件。

(3)选择连接机构。按新产品具有的功能寻找和选择各部分的组合方式，并选择合适的连接机构。

(4)产品组合。按上述思路将各独立部分进行组合,并对原构思方案进行改进。

【例 19】普通铅笔改进为简易自动铅笔。图 6-21 展示了普通铅笔、自动铅笔的零部件和自动铅笔。首先,我们可将普通铅笔分解为笔杆、笔芯,然后考虑笔杆和笔芯的连接部分——夹持笔芯与推进笔芯的机构,然后按能自动出铅的设想将这几个部分组合,形成自动铅笔。

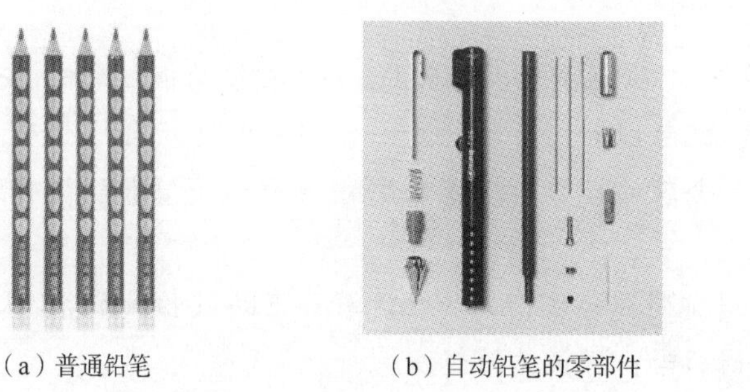

(a)普通铅笔　　(b)自动铅笔的零部件　　(c)自动铅笔

图 6-21　运用分解重组法创新铅笔

【例 20】阿迪达斯公司的组合式鞋店。①

阿迪达斯公司在美国的一家超级市场设立了组合式鞋店,里面摆放的不是做好的鞋,而是半成品,其款式花色多样,有 6 种鞋跟、8 种鞋底,均为塑料材质,鞋面的颜色以黑为主,搭带的颜色有 80 种,款式有百余种。顾客进店后可任意挑选自己所喜欢的鞋的部位,然后交给职员当场进行组合,只要 10 分钟,一双崭新的鞋便唾手可得。这家鞋店 24 小时营业,职员技术熟练,鞋子的售价与成批制造的价格差不多,有的稍便宜些,所以顾客络绎不绝,销售额比邻近的鞋店多 10 倍。

【分析】该鞋店把鞋子拆分成多个部分,既给顾客 DIY(Do It Yourself)定制带来了乐趣,满足了需求多样化,也增加了店铺的销售额,实现双赢。

【例 21】将普通杯子改进为折叠杯子。首先将杯子分解为杯盖、杯体、杯底,然后将其变为三个独立部分,可采用嵌套的方法解决连接问题,并可选择不同材料与不同的颜色各种部件,最后按这个构思重新组合成折叠杯。再进一步改进,使用硅胶材料做可压缩折叠杯,比嵌套折叠杯在使用上更安全可靠,新颖,方便携带和使用。示例见图 6-22。

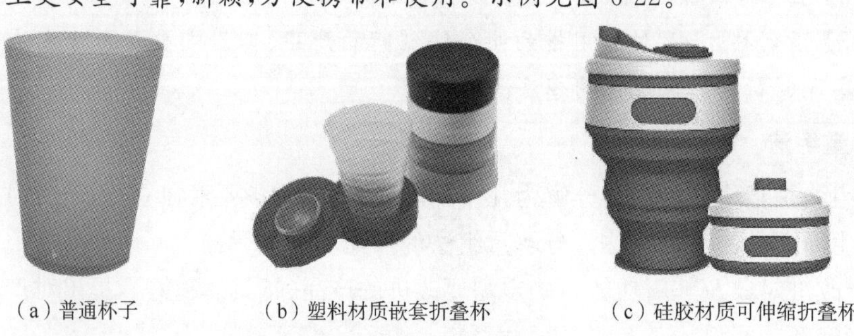

(a)普通杯子　　(b)塑料材质嵌套折叠杯　　(c)硅胶材质可伸缩折叠杯

图 6-22　应用分解重组法创新杯子

① 袁长明. 物流管理概论[M]. 北京:化学工业出版社,2007.

【例 22】 自动化分拣系统，提高分拣效率，优化物流服务。

自动分拣系统(Automatic sorting system)是先进配送中心所必需的设施条件之一。具有很高的分拣效率，通常每小时可分拣商品 6 000～12 000 箱；可以说，自动分拣机是提高物流配送效率的一项关键因素。它是二次大战后在美国、日本的物流中心广泛采用的一种自动分拣系统，该系统已经成为大中型物流中心不可缺少的一部分。

图 6-23 所示的是自动化分拣系统。系统一般由机械传输线，自动分拣系统、机电一体化控制系统、计算机网络及通信系统四部分组成。我们知道机械传输线最早应用于工业化生产中，如煤炭的搬运、生产线上的机械、家电、电子、食品等的短距离搬运，通过对这些传输线结构的分解，与分拣系统、机电一体化控制系统、计算机网络及通信系统结合，可以实现自动化多岔口的分拣、分类和分流货物的作用，能极大地降低人工分拣的错误率，降低人工分拣的劳动强度，大大提高分拣作业效率，提高物流服务时效性，增强了企业竞争力。

图 6-23　自动化分拣系统

分解重组法应用非常广泛。儿童玩具中的变形金刚组合体，就是这种方法最充分的应用。运用分解重组法创新的产品很容易形成系列化，同一产品因各部件组合与连接方式不同，可以形成多种产品方案。这些产品使用方便，部件坏了也易于修配。

从方法的角度讲，分解重组法也是一种基本的思维训练方法。所以，目前国际上流行的儿童玩具多为组合式的，如乐高玩具、拼图等。在使用分解重组法时，首先要确定研究对象，并且有一个整体设想。在这个设想的指导下，选择新的整体组合思路，这样才可能使分解重组更有效。上面的铅笔和杯子的改进案例中，关键部件在于连接部位，而连接部位的确定取决于初步的整体设想，如果连接部分设计巧妙，产品可变换无穷。

【训练 14】 请列举 2～3 种运用分解重组法创新的物流装备产品，优化物流服务。你可以运用该方法实现创新吗？说说你的想法。

6.2.2　流程重组法

如果某种方法由多个事件或步骤组成，我们只改变一下它们原来的先后顺序，就能改进工作效率或工作质量。这种方法常用在企事业单位的业务管理中，称为流程重组。在思维过程中，借助于这种方法，我们只需改变一下思维路径过程中的相关信息、要素或步骤的顺序，就可得到更好的效果。这种组合方法称为流程重组法。

【例 23】 优化烙饼时间。一个直径 20 cm 的锅，同时只能烙两张饼。现在要烙三张饼，每张饼都要烙两面，每面用时 1 min。问烙好 3 张饼，需要多长时间？

【分析】 A、B、C 三张饼，一共有 A_1、A_2、B_1、B_2、C_1、C_2 六面。

初步流程 1。如图 6-24 所示。第 1 min，同时烙 A_1、B_1 面；第 2 min，烙 A_2、B_2 面；第 3 min，烙 C_1 面；第 4 分钟，烙 C_2 面，共用时 4 min。

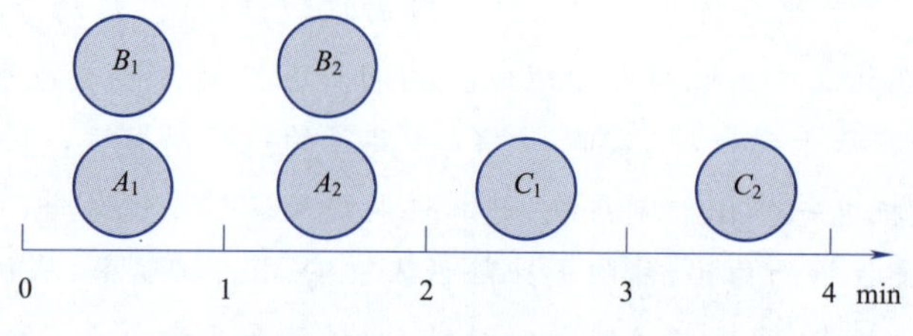

图 6-24 烙饼的初步流程

改进流程 2。使用流程重组法改进流程。如图 6-25 所示。第 1 min，同时烙 A_1、B_1 面；第 2 min，烙 A_2、C_1 面；第 3 min，烙 B_2、C_2 面。共用时 3 min。比“初步流程 1”快了一分钟。

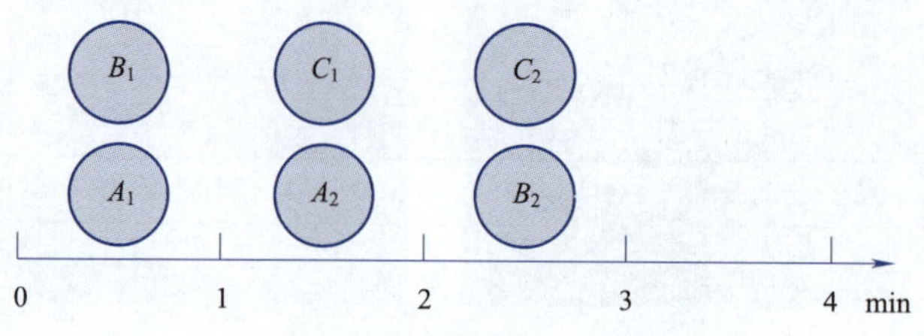

图 6-25 烙饼的流程重组后的流程

【例 24】 对某工件钳修、加工的工艺流程优化。流程重组过程见表 6-3。

表 6-3 运用流程重组法改进工艺流程

<table>
<tr><th colspan="3">方案 1</th><th colspan="3">方案 2</th></tr>
<tr><th>时间</th><th>操作者</th><th>机器</th><th>时间</th><th>操作者</th><th>机器</th></tr>
<tr><td>1</td><td>①准备下一工件</td><td>空闲</td><td>1</td><td>②装上工件</td><td>(1)被装上工件</td></tr>
<tr><td>2</td><td>②装上工件</td><td>(1)被装上工件</td><td>2</td><td>①准备下一工件</td><td rowspan="4">(2)加工</td></tr>
<tr><td>3</td><td rowspan="4">空闲</td><td rowspan="4">(2)加工</td><td>3</td><td rowspan="3">空闲</td></tr>
<tr><td>4</td><td>4</td></tr>
<tr><td>5</td><td>5</td></tr>
<tr><td>6</td><td>6</td><td rowspan="2">③钳修上一工件</td><td rowspan="2">空闲</td></tr>
<tr><td>7</td><td rowspan="2">③钳修上一工件</td><td rowspan="2">空闲</td><td>7</td></tr>
<tr><td>8</td><td>8</td><td>④卸下工件</td><td>(3)被卸下工件</td></tr>
<tr><td>9</td><td>④卸下工件</td><td>(3)被卸下工件</td><td>9</td><td>⑤工件运存放处</td><td>空闲</td></tr>
<tr><td>10</td><td>⑤工件运存放处</td><td>空闲</td><td>10</td><td></td><td></td></tr>
<tr><td>利用率</td><td>60%</td><td>60%</td><td>利用率</td><td>67%</td><td>67%</td></tr>
</table>

续表

方案 3			方案 4		
时间	操作者	机器	时间	操作者	机器
1	②装上工件	(1)被装上工件	1	②装上工件	(1)被装上工件
2	①准备下一工件		2	①准备下一工件	
3	③钳修上一工件	(2)加工	3	③钳修上一工件	(2)加工
4			4		
5	空闲		5	⑤工件运存放处	
6	④卸下工件	(3)被卸下工件	6	④卸下工件	(3)被卸下工件
7	⑤工件运存放处	空闲	7		
8			8		
9			9		
10			10		
利用率	86%	86%	利用率	100%	100%

方案 1 是最初的工艺流程，运用流程重组法进行三次持续改进，从方案 2、方案 3 到方案 4 可以看到，方案 1 的人、机时间利用率从 60%提高到了方案 4 的 100%，大大提高了资源利用率。

【训练 15】请列举 1～2 个运用流程重组法实现创新的案例。你可以运用该方法实现创新吗？说说你的想法。

6.2.3　概念重组法

一个新的词汇可能成为一个核心概念，一个核心概念可能还没有详细具体的内容，但也可能导致一场理论创新、产品创新、工艺技术创新和生活方式的革新。因此，在思维过程中，概念领先即先有新概念，再根据新概念的启示充实内容或者制造实物产品，也是一种有效的创新思维方法。每一个特定时期，为应对新问题都会创造出新概念。

例如，亚洲开发银行提出的“包容性增长”这一概念，它的最初意义在于“有效的包容性增长战略需集中于能创造出生产性就业岗位的高增长，能确保机遇平等的社会包容性以及能减少风险并能给最弱势群体带来缓冲的社会安全网”，最终目的是把经济发展成果最大限度地让普通民众来受益，让社会和经济协调发展、可持续发展。

在辩证唯物论的反映论里，人们的某些认识、思维、概念是可以先于物质而独立存在的。特别是由于人类认识自然的水平越来越高，知识积累越来越丰富，创新活动越来越多，人类已经可以根据现在推测将来，或者根据事物的发展规律预知未来。从而越来越多地出现了概念先于事实的超前概念，而且还产生了许多“虚拟概念”，并由此而产生了“虚拟世界”。“虚拟概念”的出现使人们进一步认识到概念创新在整个创新体系中的巨大作用。下面介绍概念合成法、概念分类法和变换定义法等三种概念重组法。

1. 概念合成法

概念合成法是指把两个原来不相干的概念连接在一起组成新概念。实际上，该方法在前面的空间重组法中已经涉及，其中的“排列组合法”从概念上说就是“概念合成法”，只要把“排列组合法”中的各个概念换成任意的概念，就可以移植应用到概念合成中。

我们可以通过对各种词语的重组，合成新概念，包括但不限于以下形式。

(1)用新概念和老概念合成。如“网络经济”是用“网络”和“经济”两个概念合成的新概念，是指一种建立在计算机网络(特别是 Internet) 基础之上，以现代信息技术为核心的经济形态。

(2)用俚语和科学用词合成。如“网虫”是网络寄生虫的意思，指那些经常上网、沉迷于网络的人。

(3)用中文、数字或外文词合成。如“e 栈”是一个智能快递柜企业的品牌，“B2B”(Business to Business)是一种商务模式，中文的意思是“企业对企业”，其中的数字“2”是英文“two”的谐音。

在学科发展中，使用概念合成法表述新学科的名称很常见。例如，物理学和化学交叉学科是物理化学；互联网催生了网络工程学、网络心理学、网络经济学、网络法学、网络文学、网络生物学、网络社会学等新科学。合成的新学科不是两门学科内容的简单相加，而是两种理论方法的相互融合，形成了不同于原学科的新理论学科。

其他如 2019 年度中国媒体十大新词语之一——“夜经济”，是指从当日 18 时至次日凌晨 2 时所发生的服务业类经济活动，是夜间居民消费和企业供给的汇合，发展“夜经济”是提升城市消费需求、促进产业结构调整的有力举措，是一种经济形态。

(4)两面神思维法。概念合成法中，用两面神思维法合成的新概念具有特殊的新意。两面神原是罗马的门神，它有两张面孔，一张是哭脸，一张是笑脸，能同时转向两个相反的方向。美国神经生理学家卢森堡借用“两面神”来说明思维的一种特殊的创造性，是指同时积极地构想出两个或多个并行的概念、思想或印象，并且把对立的思维方向结合在一起，创造性地产生、表述了一个统一完整的新概念。卢森堡认为，创造性思维会积极地把相反物或对立面结合在一起，创建新理论，开展创造发明，以及文学艺术创作。两面神思维体现了主体对自然规律的深入领悟与思想方法的凝聚和提炼的高度统一，以至于在运用的时候，创造的结果与创造的方法同样让人感到美不胜收。例如，“SOHO 族”(SOHO 是 Small Office，Home Office 的简称)是指那些居家办公的自由职业者，免掉了因上下班交通拥挤而浪费时间，远离了办公室的人事纠纷，可以从事自己所喜爱的工作，是当今时代新新人类的最爱。“SOHO 族”虽然在字面上不是由两个意义完全相反的词组成，但在这个新概念的内涵上，确实是由两个原来互不相容的事物组成。

卢森堡在详细研究和分析了爱因斯坦创建相对论的科学发现过程后，认为爱因斯坦的创造力是“两面神思维”的一个典型例子。他在狭义相对论中，就把电场和磁场融合成一个可理解的统一体。对于质量和能量，以及动量和能量也都如此。后来，由于力求理解惯性和引力的统一性质而产生了广义相对论。“两面神思维”实质上是一种从对立之中去把握统一的方法，即对立统一原则。这种思维虽在 20 世纪被科学家当作新发现，但它在哲学上却源自 18 世纪德国哲学家黑格尔，并经由马克思进一步发展。毛泽东就是熟练灵活应用这一方法的专家，在他的革命生涯中，就创造出很多“两面神”类型的新概念。如“游击战争的战略”，“游击战”本来只是一种战术，毛泽东把它和战略直接联系起来，形成了战术和战略合成一体的新概念。

【例 25】内线中的外线。

内线中的外线是毛泽东军事辩证法的重要范畴之一，其含义是处于战略上内线作战的军队实行战役战斗上的外线作战。这是积极防御战略方针的重要内容，是进攻与防御在空间的表现。它直接渊源于防御中的进攻，目的在于将自己战略上的弱者地位改变为战役战斗上的强者地位。内线作战是弱者在战略上不可避免的、同防御相联系的行动。但战略的内线包含着战役战斗的外线。内线和外线可以互相转化。我之战略作战上的内线，在战役战斗的作战上可以变为外线。坚持内线中的外线作战，其关键在于多打战役战斗的胜仗。要使弱者由战略的内线作战变为战役战斗上的外线作战，就必须在战役战斗上集中兵力，打歼灭战，逐渐改变内线和外线的作战态势。在中外军事斗争史上，毛泽东第一次把内线和外线当作一对军事范畴，结合中国革命战争的实际，将两者辩证地统一起来，从而找到了变内线作战为外线作战的正确道路，指导中国革命战争走向胜利。①

这些新概念之所以在实践中能产生奇特的效果，是因为“两面神”思维也是广义的“逆向思维”中的一种，它起了照亮思维死角的作用，把“最不可能的”“相互矛盾”的东西巧妙地结合在了一起。

【训练 16】请列举 3 个以上用概念合成法创新的概念。再运用概念合成法创造 2 个新概念，并对新概念做简要说明。

2. 概念分离法

概念分离法是指从原有的概念中分辨出一部分具有独特属性的种概念，把它们作为一个新概念的子集。由于科学技术的发展、社会的进步和人们认识水平的提高，原来被看作一个整体的种概念集合的各个元素，用新的科学技术方法发现了这些元素的本质属性（或者特有属性）原来并不是完全一样的，存在若干本质上的差别。因此，我们或者可以根据这些差别（种差）把它们分解成为几个小的子集合，形成几个新概念，或者仅仅把其中独特的一小部分属性从原来的属概念中离析出来，成为一个独立的新概念。

比如，癌症早在“癌症”这个概念出现之前很久就已经存在了，只是因为医学水平不够发达，在早期一直把它和一般肿瘤混为一谈。经过很长时间的临床治疗经验的积累、医学科学水平的不断提高，才把这部分“恶性肿瘤”从肿瘤中分辨出来，并冠以“癌症”一词。

在各个学科的发展过程中，类似这样的例子比比皆是。古希腊的哲人早就意识到世界上的物质都是由很小的“原子”组成，这种原始的“原子论”就是最早的物质结构说。直到 1811 年意大利化学家阿伏伽德罗发表了分子学说：“原子是参加化学反应的最小质点，分子则是在游离状态下单质或化合物能够独立存在的最小质点。分子是由原子组成（构成）……。”从此，“分子”这个概念才从古代的概念——“原子”中分离出来。

类似的，马克思在《资本论》的研究和写作过程中，敏锐地把“劳动力”的概念从“劳动”这个概念中分辨区别了出来，从而更深层地揭示了“劳动力价值”的本质意义。

---

① 廖盖隆. 马克思主义百科要览[M]. 北京：人民日报出版社，1993.

分离出来的新概念，有的没有改变原概念的外延范围，只是改变了原概念中的种概念的划分，把其中一个种概念划分成为两个种概念。有的确实增加了新的内涵，在原概念之外多出了一个种概念，扩大了原概念的外延。

【训练 17】请列举 1～2 个运用概念分离法创新的概念。你可以运用该方法实现创新吗？说说你的想法。

3. 变换定义法

从一个物体或概念的多个属性中选择其中一个属性，把它划入一种合适的类别中，重新给这个物体或概念下一个定义，也称为变换定义。

从不同的角度理解、认识一个概念，是拓宽思路的重要的、有实际应用价值的方法。在前文提到的用途发散，就是从另一个视角看待一个事物，从而受到启发而创新一种事物，新事物就有了新用途。我们可以使用下面的步骤实现对某概念变换定义，实现概念创新，从而应用新概念再进行创新。

第一步，划分概念的类别。我们从一个物体或概念的多个属性中选择其中一个属性，把它划入到一种合适的类别中。这样，同一物体或概念可以划入不同的类别。

【例 26】对“茶杯”概念划分类别。

根据它的材料我们可以把它划入“玻璃制品”“陶瓷”或“不锈钢”等材料类别；根据它的形状可以把它划入“柱状物体”“异形”等形状类别；根据它的用途可以把它划入“茶具”或者“盛液体的容器”类别，等等。划分到这些一个个不同的类别的过程，就是把“茶杯”概念的另类化或者异类化。

第二步，重新定义概念。在第一步的基础上，把这种属性作为本质属性，再去找出这一类别与其他类别的“种差”，重新给这个物体或概念下一个定义，也称为变换定义。

续例 26，在对“茶杯”划分类别的基础上，选择其中一种属性作为本质属性，如选择“玻璃制品”作为本质属性，则创新了“玻璃茶杯”这个概念，并把它定义为：玻璃茶杯是一种由玻璃材料制作而成的茶具。

【例 27】变换“砖”概念的定义。

当把砖作为一种建筑材料，也就是说当把“建筑材料”看作“砖”的本质属性，“土坯烧制”作为“种差”，“砖”的定义是“用土坯烧制成的建筑材料。”当把“土坯”看作“砖”的本质属性、“建筑材料”作为“种差”时，“砖”的定义就变成“经烧制成为建筑材料的一种土坯”。此时，砖就是诸多土坯中的一种。当把“砖”的形状作为本质属性时，就把“砖”称为“一种用土坯烧制成的用于建筑的长方体”，是多种形状的一种。把“砖”分别看作“建筑材料”“土坯”“长方体”，就会具有不同的用途。

显然，由于“砖”还有很多属性，我们还可以从更多的角度来给“砖”下不同的定义。不同的定义表达了思维主体对同一事物的思维的注重点的不同。

上述对“砖”的各种定义方法，在现实情况中我们可以看作是不同的思维主体（或者是“砖”的不同使用者）对“砖”所下的不同定义。在建筑工人或者建筑工程师的眼中，“砖”就是一种“建筑材料”；在生产砖的工人看来，“砖”就只是一种“烧过的土坯”；当一位几何教师向学生讲解长方体时，他可能只把“砖”作为“长方体”的一个实例而已。

由此可见,对同一概念的不同定义的方法也可以看作是不同思维主体看待同一概念的侧重点的不同。当然,在这种注重点之下,也容易忽视其他的特点。

用多种方法对同一概念下定义,可以有效地突破人们对某一事物固有的、唯一的、僵化的侧重点的看法,打破由思维定式束缚创造性思维的枷锁,从多个角度思考问题,在多条不同的道路上探索求解,通过多次试错逼近,使创新活动获得理想的成果。

【训练 18】 请列举 1～2 个运用变换定义法创新的概念。你可以运用该方法实现创新吗?说说你的想法。

除了以上介绍的三种信息重组法,还有原理组合法,它是指将产生不同的物理、化学、生物等现象的原理组合起来形成新原理的方法。在这里不做详细介绍。

【创新实践训练 2】

在本任务中,我们学习了三种信息重组方法,并开展了相应的创新思维训练。请结合本任务中的方法和之前模块中学过的所有方法,选择运用其中一种或多种方法实现物流或其他领域的产品、方法、技术、原理或概念的创新。

任务 6.3　信息重组法在物流概念创新的运用

6.3.1　物流金融

近些年随着电商物流和快递快运的蓬勃发展,许多新的管理理念、商业模式和管理信息系统软件被越来越多的物流公司采纳和吸收。金融和资本这些曾经在国内只跟银行相关联的词汇,在今天的物流业中变得越来越普遍,物流金融就成为一种创新的金融业务。

物流金融(Logistics Finance)是指在面向物流业的运营过程,通过应用和开发各种金融产品,有效地组织和调剂物流领域中货币资金的运动。这些资金运动包括发生在物流过程中的各种存款、贷款、投资、信托、租赁、抵押、贴现、保险、有价证券发行与交易,以及金融机构所办理的各类涉及物流业的中间业务等。① 自 2010 年以来,随着各大快递公司的迅猛发展和轮番上市,"大众创业、万众创新"旗帜的树立,资本将眼光瞄向了物流行业。如何把资金输入有需求的物流公司,成为一部分金融人和物流人思考的问题。本文所说的物流金融特指公路运输物流领域,并不包含快递物流,快递物流费用只占整个公路物流费用的 1/10。以下将从产品模式和未来发展简要介绍物流金融。

物流金融通常有两种场景,一是银行系物流金融,二是场景式物流金融。

1. 银行系物流金融

它主要有保理模式和供应链模式。

(1)保理模式。保理全称为保付代理,又称托收保付。卖方将其现在或将来的基于其与买方订立的货物销售/服务合同所产生的应收账款转让给保理商(提供保理服务的金融机构),由

① 资料来源:百度百科.

保理商向其提供资金融通、买方资信评估、销售账户管理、信用风险担保、账款催收等一系列服务的综合金融服务方式。它是商业贸易中以托收、赊账方式结算货款时，卖方为了强化应收账款管理、增强流动性而采用的一种委托第三方（保理商）管理应收账款的做法。保理的一般业务流程如图 6-26 所示。

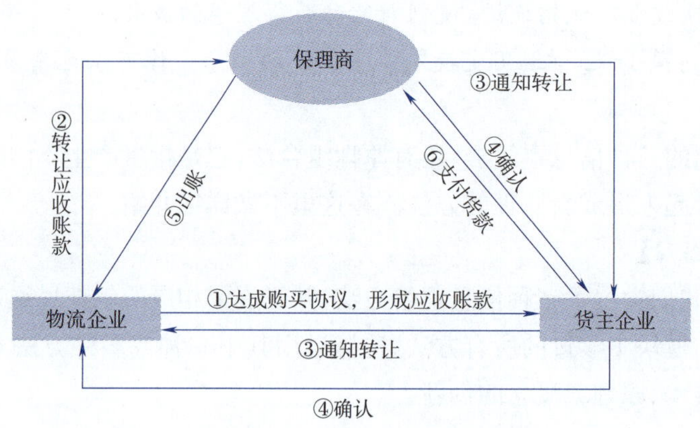

图 6-26　保理的一般业务流程

在物流行业，卖方就是物流公司，买方就是货主，物流公司的应收款主要为运费，动辄三个月以上的运费结算周期严重拖累了物流公司的现金流。日常的支出都是即时的，运费的结算周期长，这就带来了资金需求，保理公司可以基于这种应收运费做授信融资。此外，由于物流公司日常的应付款压力主要来源于支付运费，一些金融公司也专门设计了应付运费融资产品，基于实际发生的应付车辆运费支出做垫付。

(2)供应链模式。在物流行业，物流公司跟货主（厂家或者第三方等）会签订运输合同，双方发生运输业务关系，但由于资金限制，物流公司常常无法承接更多业务，限制了扩张。如图 6-27 所示，金融公司可通过切入两者的交易关系，以资金托管整个运输业，具体做法是：金融公司通过与货主签订运输合同，再背靠背签给原来的物流公司，承担货主固定的运费结算周期，同时缩短物流公司的结算周期（即回单实时结运费），加快物流公司的资金流动，达到扩大业务和提高利润的目的。供应链模式由于直接渗入双方的交易关系，实现了风险的双重控制。

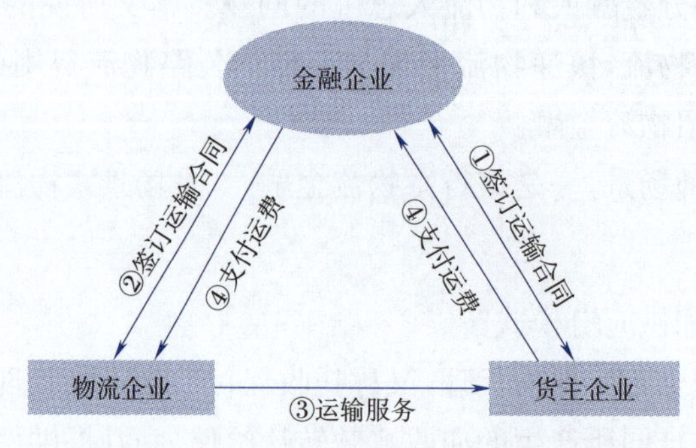

图 6-27　供应链金融一般业务流程

2. 场景式物流金融

物流是货物空间位置的转移，这个转移中一个重要的工具就是运输车辆。在中国，公路运输费用占整个运输费用的75%，运输车辆成为物流行业建设绕不开的一个话题。近年大车队、公共运力、运力平台不断涌现。中国90%的运力都是个体司机，很多司机和车辆都挂靠在某个运输公司名下，从法律权属上属于挂靠公司。基于车辆本身也衍生出了一些金融产品，主要有车辆融资租赁和ETC路桥费垫付两种模式。

(1)车辆融资租赁。车辆融资租赁是一种依托现金分期付款的方式，在此基础之上引入运输服务中所有权和使用权分离的特性，租赁结束后将所有权转移给承租人的现代营销方式。由于基于实际的抵押标的设计金融产品，相关的资金对接比较便利，银行和汽车厂商的金融服务都可以做到，运输车辆的融资租赁是一个相对成熟完善的体系。车辆融资租赁业务流程如图6-28所示。

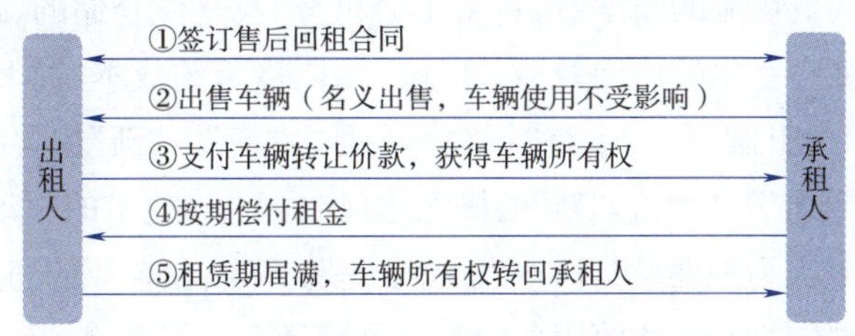

图6-28　车辆融资租赁业务流程

(2)ETC路桥费垫付。ETC路费垫付本质属于信用卡模式，先消费后还款，信用卡有一定的免息期，ETC垫付产品按照实际垫付周期计算利息。但ETC垫付产品依然会面临一定的违约风险。

普惠金融一直是政府倡导的方向，但中小企业的融资渠道狭窄，融资成本居高不下。物流金融公司恰恰可以充当资金和物流公司之间的桥梁，依靠对物流业深入的研究和一定的风险控制，将资金输出到有需求的物流公司，给千千万万的物流中小企业以实实在在的支持。①

6.3.2　新物流

随着国务院部署推进“互联网+高效物流”战略的提出，以现代信息技术为标志的智慧物流成为物流行业供给侧结构性改革的先行军。中国消费市场已经逐步进入了以“新媒体+新零售+新制造+新物流”的“四新时代”，与时俱进、整合优势资源走联合发展之路，成为“新物流”发起的背景和初衷。新物流以技术为核心，更加强调技术的应用与创新。②

新物流的进化，是源于新零售的进化。零售的关键词是人、货、场，物流实际上一直在协调三者的匹配效率。但由于传统零售一直注重“场”和“货”的角色，忽略“人”的因素，所以传统物流的聚焦点也是“场”和“货”，也就是商家或厂家。而这正是中小企业产生大量库存的原因所在，即没有考虑人的因素，不关心用户到底需要什么、什么时候需要、需要多少。“人、货、场”重构之后，人成了新零售的核心，物流体系的运行机制也随之改变，不再仅仅为线上电商平台送

① 徐磊. 创物流[M]. 北京：中国工信出版社，2019.

② 马姗姗. 新技术驱动新物流[J]. 中国物流与采购，2018(3)：50-51.

货，还要为场景更为丰富的线下零售渠道送货。物流开始由树状结构向网状结构进化，中心化的平台不再是唯一，去中心化的枝干体系日益发达。

传统物流讲究的是上、下游关系，上游的供应商通过销售产生订单，销售订单又变成物流订单，通过履约和送达，最终产生包裹的流转。基于新零售的新物流需要改变产业链上、下游的串联方式，使用数字化的信息流。物流行业数字化后，每个包裹、每辆货车、每个快递小哥都会纳入新物流的网状信息结构之中，从订单的产生到货物的送达，完全是数字驱动。每家快递公司的运输量、每个快递员的接单量，完全建立在充分而高效的数字信息分配机制之上，而不是传统的中心化平台驱动。要实现全平台的数字化驱动，就需要新技术的创新和利用。①

最重要的新技术是 IoT(万物互联)，因为物流不同于交易和支付，它是虚拟世界和物理世界的交互和链接，这个链接的发生只有通过 IoT 才能实现。新物流要做的就是“打破合作边界，进行网状重构”。从新物流的角度看，将来不会再分“我是做仓储的，你是做配送的，他是做零售的”，大家必须通过数字化的协同效应，才能最大限度节约成本、最大可能创造价值。②

新物流的概念可以分开解释，一个是“新”，一个是“物流”。“新”主要有三个表现：一是资本与技术驱动，新物流的本质仍是物流，“新”的概念体现在资本和技术的驱动上；二是规模驱动，大规模的快递物流包裹量，大力地驱动物流业发展；三是跨界，站在企业的角度，物流业的新是一个跨界的概念。物流的本质是服务，物流服务的本质是满足客户需求，物流价值的本质是通过物流服务为客户创造价值。不管新或旧的物流，发展方向是既要满足客户需求，又要创造合理利润。

学习小结

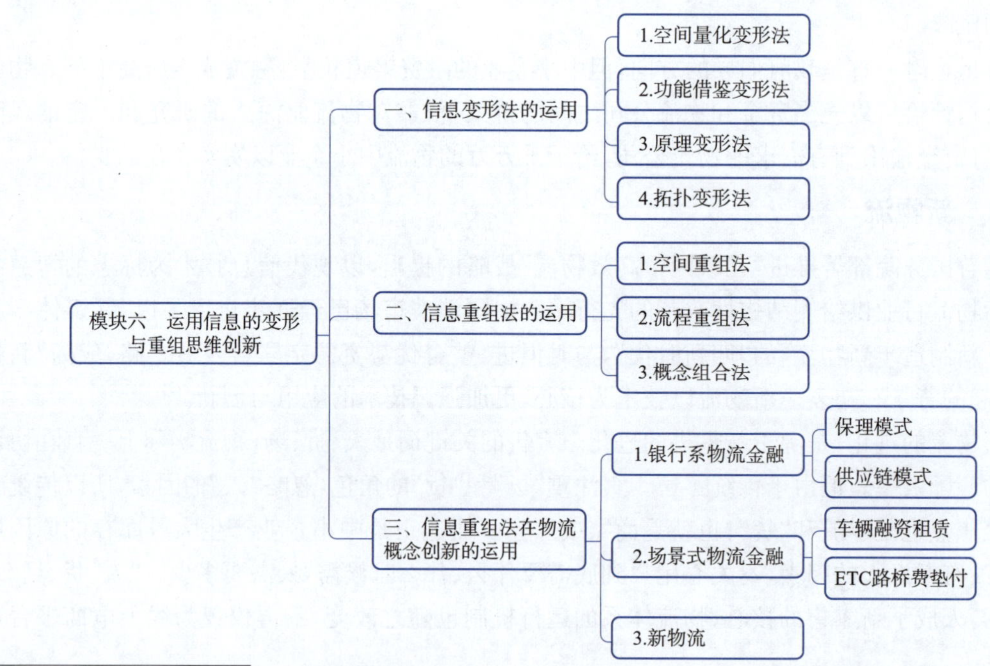

① 徐磊. 创物流[M]. 北京：中国工信出版社，2019.

② 方浩. 新物流时代来临[J]. 金融经济，2018(13)：49-50.

想一想

1. 什么是“信息”？请给“信息”下一个定义。
2. 你能用实际例子来解释“假想的本质就是信息的变形与重组”吗？

模块七　创业准备

学习目标

1. 了解认识物流行业所包括的范围及业务划分。
2. 了解并熟悉创业步骤及创业前期的各项准备工作。
3. 学会并掌握市场调查的方法。
4. 学会撰写市场调查报告。

重点与难点

1. 正确地选择适合自己的创业方向及具体的业务项目。
2. 掌握各种市场调查方法和数据分析技术(难点)。

创业准备是创业者在创业之前的各项准备工作,包括对行业的了解和认识、创业的思想准备、在市场调研的基础上选择确定创业方向和项目,以及根据初步确定的项目检查各种所需资源和来源。

本模块把物流领域和创业方面的内容结合起来,内容包括物流以及物流行业的分类及其特点;按照物流业务环节划分以及按照物流业务专业化程度划分的各类物流企业;创业环境中的六个方面包括政府政策、政府项目支持、金融支持、教育与培训、研究开发转移和进入壁垒;开展市场调查的程序、内容、形式、方法,以及如何撰写市场调查报告。

在了解上述知识的基础上,提出了在物流领域适合大学生创业的切入点。

任务 7.1　选择创业项目

7.1.1　选择创业行业

下面我们以物流领域为例,介绍创业项目选择的思路:首先,要了解创业目标行业的定位;其二,要全面了解行业的细分领域有哪些(即行业分类);第三,结合自身拥有的资源,选择其中一个细分行业作为创业要进入的行业。

1. 物流的功能

对于尚未涉入社会、企业实际工作而又意欲创业的读者,要从书本上了解某些行业与专业、科学技术、学术知识,首先要从了解这里面的基本概念入手。其中有很多基本概念,仅从字面上的意义或者人们口头上流传的理解是远远不够的。还必须从“正规”途径深入地认识和了解它。对于科学技术及学术研究领域的概念，要遵循本学科的学者在其领域的专著中对其确定的定义；对于经济生产或市场领域的概念，则要通过相应的标准来认识和了解它。这些标准有国际通用的国际标准、各国的国家标准、各行各业的行业标准等。

对于物流行业，首先要深入地了解何为“物流”。从字面上理解“物流”就是“物品的流动流通”。中华人民共和国国家标准《物流术语(GB/T 18354—2021)》对“物流”的定义是：物品从供应地向接收地的实体流动过程。根据实际需要，将运输、储存、装卸、搬运、包装、流通加工、配送、回收、信息处理等基本功能实施有机结合。

首先，定义中的“物品”不是单纯指“商品”或“物料”，而是包括一切实体。

其次，物流的地域范围。是从作为起点的“供应地”到作为终点的“接收地”，表明了物流涵盖广泛的地域范围，小到一个企业内部物流，大到国际间物流。

第三，物流的业务范围。物流不仅仅是“物品”的“流动”过程，还结合了“储存、装卸、搬运、包装、流通加工、配送、回收、信息处理等”基本功能要素。也就是说物流首先是围绕其中一个或多个功能要素而开展的基础业务，并在此基础上延展其业务范围——增值服务，例如预测、库存管理等。

第四，物流运作的系统化思想。“有机结合”是指物流功能要素间相互联系和作用，也就是说物流运作是对物流基本功能要素实施“有机结合”的过程，从而产生最优服务效率和效益。

2. 物流行业

物流产业是由多个行业组成的综合性、服务性、基础性产业，其产业构成相当复杂。王之泰教授按行业大小将物流业分为如下两类①。如图 7-1 所示。第一类是大行业。包括交通运输业、储运业、通运业(主要指从事托运和货运委托人的行业)和配送业。第二类是小行业。除了以上四大行业，还有许多小行业，其中不少小行业既隶属于这一大行业，又隶属于另一大行业。该分类考虑了物流业内主体行业与附属行业间的关系，以及行业间的交叉和联系。

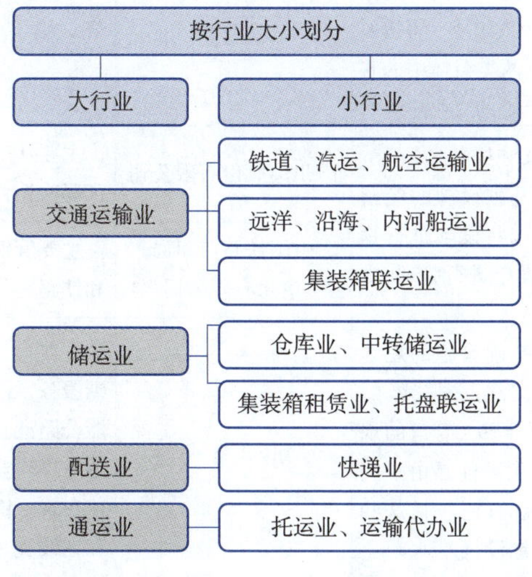

图 7-1　物流产业按行业大小划分

① 王之泰. 现代物流学[M]. 北京：中国物资出版社，1995.

从行业内涵来看，物流产业有狭义和广义之分。狭义的物流产业，主要包括那些直接进行的物流活动，如运输、仓储、装卸、包装、流通加工、物流信息等基本活动。广义的物流产业，包括物流活动本身和物流活动的要素（如劳动、资金、土地、信息）、手段和条件。物流产业还可以从以下两个方面进行划分①，如图 7-2 所示。

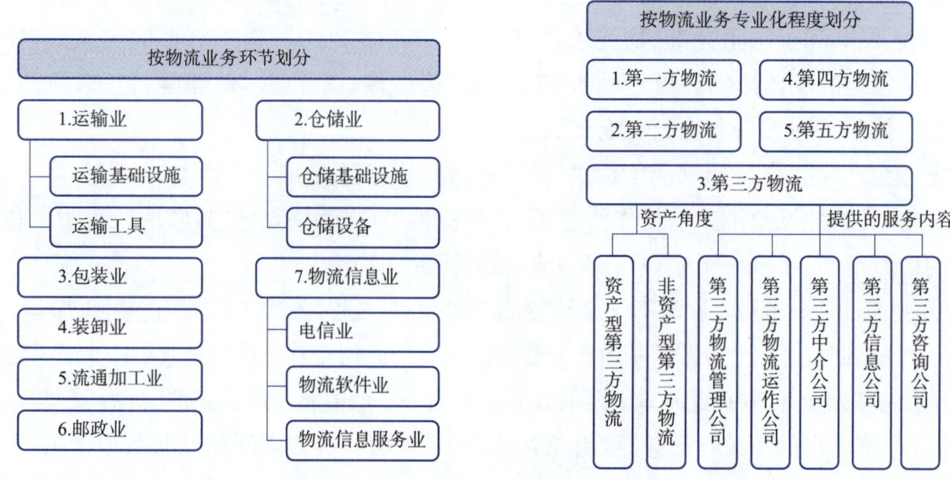

图 7-2　物流产业的两种不同划分方法

按照物流业务环节划分的详细描述如表 7-1 所示，按照物流业务专业化程度划分的详细描述如表 7-2 所示。表中所列的典型企业属于狭义上的物流行业的企业。

表 7-1　按照物流业务环节划分

类　型	说　明	典型企业	核心业务
1. 运输业	运输业是物流产业中最重要的部分之一。它由各种运输工具、提供不同运输方式的运输服务的组织和个人组成。可按照下述两类载体来分类，这两类载体中的狭义部分共同构成了物流产业的立业基础	—	—
(1)运输基础设施	是第一类载体，有狭义和广义之分。 ·狭义的：包括运输基础设施的经营和管理行业，以及利用这些设施进行物流运营的公司，对这些设施进行管理、维修与养护的行业等。 ·广义的：包括运输基础设施的规划行业和建设行业，如铁路线、公路线、航空线、水运航道与港口和码头、管道的规划、勘测与设计行业，它们可能是由一些规划设计研究院所组成的；还包括这些基础设施的施工、建设、铺设行业	广州港股份有限公司	主要从事广州港公共码头的经营和华南地区码头运营
		中国铁路广州局集团有限公司	主要管辖广东、湖南、海南三省铁路的经营和铁路客货运输的运营
		传化智联	主要为货主企业和物流企业提供智能公路港服务。搭建了遍布全国 100 多个城市的智能公路港和“仓、运、配”一体化服务网络，打造贯穿产业链上下游的信息系统，让企业物流实现一键发货、一单到底、全程智能化管理和在线支付

① 何明珂. 物流系统论[M]. 北京：高等教育出版社，2004.

续表

类　型	说　明	典型企业	核心业务
(2)运输工具	是第二类载体，包括运输工具的规划、制造、经营与管理等行业。与第一类载体一样，第二类载体也可分为规划、建设、经营和管理等行业。有狭义和广义之分。 ·狭义的：包括运输工具的经营和管理行业，包括利用这些运输工具进行物流运营的公司，如交通运输公司、铁路运输公司、外运公司、远洋公司、集装箱运输公司、航空货运公司、邮政运输公司、储运公司、管道运输公司、速递和快运公司，以及对运输工具进行管理、维修与养护的行业等。 ·广义的：包括规划和设计行业，如火车、汽车、轮船、飞机、管道及其附属设备的设计部门，如研究所、设计公司等；建设行业包括火车机车车辆制造厂、汽车制造厂、飞机制造厂，铸管厂等。显然，这些为物流产业提供基础设施和设备的产业组织被视作制造业和建筑施工业	中远海运集装箱运输有限公司	主要从事国际、国内集装箱班轮运输及其相关产业服务。截至 2019 年 12 月底，公司自营船队包括 403 艘集装箱船舶，运力达 2 234 352 标准箱，经营 401 条航线
		中铁集装箱运输有限责任公司	主要从事集装箱铁路运输；集装箱多式联运；国际货物运输代理业务；无船承运业务；集装箱、集装箱专用车辆、集装箱专用设施、铁路篷布的销售、租赁等
		德邦快递	主要从事国内零担和整车货运经营，拥有车辆资源、IT 信息管理系统和平台，联动快递、物流、跨境、仓储与供应链的综合性物流服务
2. 仓储业	仓储业是物流产业中最重要的部分之一。可按照载体的不同分为两类	—	—
(1)仓储基础设施	是第一类载体，包括仓库、配送中心、物流中心、货场等固定设施。有狭义和广义之分。 ·狭义的：包括仓储基础设施的经营和管理行业，如出租现有仓库及其辅助设施收取仓租的行业，集成已有仓储设施获取利润的行业，利用配送中心、物流中心的集成设施提供专业化配送或物流服务的行业等。 ·广义的：包括仓储基础设施的规划和设计行业，如冷库、高架立体仓库、配送中心、物流中心的勘测、规划和设计行业，它们也可能由一些仓库规划设计院所组成；根据设计方案承担具体的仓库、配送中心、物流中心建设、施工的行业	中储发展股份有限公司	中储仓储网络覆盖亚洲、欧洲、美洲等世界主要经济区域；在国内 20 多个省、直辖市和自治区投资运营了物流园区。形成了立足中国，服务全球的仓储物流服务能力，能够为中外企业的全球化经营提供物流支持
		广东林安物流集团	主要从事现代智慧物流园区运营和管理，搭建现代物流信息交易服务平台、供应链金融平台、第四方物流服务平台。 该集团最初以“物流园运营和管理”为核心业务，随着互联网和移动互联网的广泛应用，集团业务逐步扩展
		拓领中国	专业从事快消类商品的仓储运营，拓领集团在中国拥有和经营广泛的配送中心、仓库和物流设施网络，该网络遍布全中国的重要战略枢纽，仓储设施总面积超过 27 万平方米

续表

类　型	说　明	典型企业	核心业务
(2)仓储设备	是第二类载体，包括仓库内部安装和使用的货架、叉车、托盘、自动导向车AGV、自动分拣机、巷道机等，还包括对这些设备的规划、制造、经营与管理等行业。有狭义和广义之分。 ·狭义的：包括仓储设备的经营和管理行业，如专门负责托盘回收的行业、专门负责将物流中心或配送中心所需要的各种基础设施和设备集成起来进行物流中心或配送中心整体经营的企业等。 ·广义的：包括仓储设备的规划和设计行业，如货架、自动分拣机、叉车设计和开发公司等；制造行业包括叉车厂、货架厂、托盘厂、机械厂等，与运输业的情况一样，这些为物流产业提供基础设施和设备的产业组织被视作制造业和建筑施工业	京东物流	主要从事中小件、大件、冷链、B2B、跨境和众包物流快递服务，为客户提供全供应链服务和技术解决方案。截至2020年6月30日，京东物流在全国运营超过750个仓库，包含云仓面积在内，京东物流运营管理的仓储总面积约1 800万平方米
		上海发网供应链管理有限公司	是国内电商仓配一体化服务的先导者，专业的全渠道物流服务平台。依托遍布全国的仓网体系，深度整合多种类型的配送资源，为企业提供B2C+B2B的仓配一体化物流服务及商流服务
		科捷物流	基于遍布全国延伸海外的供应链仓配网络，依托自主知识产权的物流管理系统和供应链大数据应用平台King Koo Data，以及融合人工智能(AI)和物联网(IoT)等智能科技的物流系统综合解决方案，为客户提供定制化的一站式供应链服务
3. 包装业	物流产业仅包括货物包装业，是指利用包装机械和包装材料，在生产、流通和消费过程中对货物进行包装的行业	略	略
4. 装卸业	由于装卸和搬运活动紧密结合在一起，有时也将装卸业称为装卸搬运业，它是附属于运输业和仓储业而产生的行业，只有那些利用装卸搬运机械设备从事装卸搬运服务的活动才是装卸业的活动	北海市万海港口装卸有限公司	主要从事港口货物装卸、搬运服务
5. 流通加工业	流通加工是生产过程在流通过程的继续，属于生产活动。流通加工业是在流通过程中对商品进行加工的行业，对完整的商品进行方便物流和销售而进行的加工活动，如分类、分级、贴标签、装罐、剪切等，可列入物流产业	略	略
6. 邮政业	是指以由各种运输工具和运输方式及营业网点组成的专用邮政网络收寄、承运和投递包裹、信函、机要、特快、印刷品的行业。整个邮政行业隶属于物流产业的范围	中国邮政速递物流股份有限公司	主要从事国内速递、国际速递、合同物流等业务，国内、国际速递服务涵盖卓越、标准和经济不同时限水平和代收货款等增值服务，合同物流涵盖仓储、运输等供应链全过程
7. 物流信息业	它包括三类：电信业、物流软件业、物流信息服务业	—	—

续表

类型	说明	典型企业	核心业务
(1)电信业	由于电子信息的特殊性,电信业被纳入信息产业范畴。它为物流信息的传递、存储、分类、物流过程的跟踪等提供电信及建设基础设施和设备。电信业分为电信基础设施提供业和电信设备提供业。这里不做介绍	略	略
(2)物流软件业	由从事供应链物流管理的计算机信息系统设计、开发、集成、测试、推广、管理、服务的企业组成的行业。这是中国物流产业发展中最有活力的一个行业	上海吉联新软件股份有限公司	专注于物流信息技术领域,为航运、物流、B2B\B2C\C2C平台的运营、互联网金融等,涵盖从订单、仓储到国内国际陆上、航空、海上、铁路运输和海外配送等物流全程服务,提供信息系统的IT规划、管理咨询、设计研发、系统实施、技术支持等服务
		锐特信息技术有限公司	锐特信息借助云计算、大数据及人工智能等先进技术,为各个行业的企业打造一体化、精细化、集约化、移动化的供应链混合云解决方案,包括冷链(食品、餐饮、药品)、家电家居、大宗商品、整车汽配、第四方物流、生产制造、商贸零售、电商(跨境电商)、危化化工等
		唯智信息技术(上海)有限公司	提供集智能及移动互联于一身、支持微服务架构的物流混合云全面解决方案。提供OMS、TMS、WMS、BMS、ROS、WES和物流链云平台等产品
(3)物流信息服务业	由从事供应链物流信息的收集、挖掘、整理、分析、提供、咨询和公共物流信息平台、电子商务平台设计、开发、集成、测试、推广、管理、服务的企业组成的行业。物流中介与代理机构、物流信息提供商和物流咨询公司是这个行业的主体	货拉拉	是一家从事同城/跨城货运、企业版物流服务、搬家、零担、汽车租售及车后市场服务的互联网物流商城
		运去哪	主要提供包括海运、空运、拖车、报关、仓库内装、货运保险、跨境电商物流、目的港服务等在内的国际物流综合服务,旨在利用互联网、数字化技术,打造可视化的跨境供应链物流
		菜鸟网络	是一家互联网科技公司,专注于搭建四通八达的物流网络,打通物流骨干网和毛细血管网,提供智慧供应链服务

表 7-2 按照物流业务专业化程度划分

类型	说明	典型企业	核心业务
1. 第一方物流	指卖方、生产者或供应方组织的物流。这些组织的核心业务是生产和供应物品,为了自身生产和销售业务需要而进行物流网络及设施设备的投资、经营与管理。严格来说,从事第一方物流的公司属于制造商。制造商专注于自身的核心业务,把第一方物流委托给第三方物流公司来承担是发展趋势	略	略

续表

类　型	说　明	典型企业	核心业务
2. 第二方物流	指买方、销售者或流通企业组织的物流。这些组织的核心业务是采购并销售物品，为了销售业务需要而进行物流网络及设施设备的投资、经营与管理。严格来说，从事第二方物流的公司属于分销商。分销商专注于自身的核心业务，把第二方物流委托给第三方物流公司来承担是发展趋势	略	略
3. 第三方物流	指由专业物流组织开展的物流。专业物流组织是指以物流业务为核心业务的组织，一般指的第三方物流是独立的，与第一方物流和第二方物流组织相比具有明显资源优势和专业能力的物流公司。第三方物流公司一般应该进行物流系统的集成，起供应链物流集成商的作用。从事第三方物流的公司是真正的物流公司。而第三方物流公司可以将物流系统设计和优化等需要更多知识、经验和信息的业务委托给第四方物流服务提供商去完成	—	—
(1)从资产角度考察分类	·资产型第三方物流。需要具备提供专业物流服务所需的主要物流资产，主要指物流的载体，包括物流基础设施或者/以及物流设备。资产型第三方物流公司也可以看作是重资产型的。 ·非资产型第三方物流。需要具备对物流资产进行规划、集成、运作、管理和控制的能力，它一定程度起到供应链物流服务集成商的角色，否则它无法壮大。 介于资产型和非资产型，还有很多第三方物流公司属于轻资产型。 注意：很多第三方物流企业可能从集成组织内外的物流资源这种非资产型组织开始起步，这是一种低成本进入物流领域的方式，在物流市场尚不发达的阶段是比较奏效的，但这种运作模式容易被模仿，在激烈竞争的市场上难以发展壮大。真正具有前途的第三方物流公司应该具有一定规模（和竞争优势）的物流资源，同时具有非资产型物流组织对物流资源的集成能力。如中国外运、顺丰快递等就是这种类型的第三方物流组织	见下面介绍	—
(2)从提供的服务内容考察分类	·第三方物流管理公司（即非资产型第三方物流公司）		物流加盟商

续表

类　型	说　明	典型企业	核心业务
(2)从提供的服务内容考察分类	·第三方物流运作公司(即资产型第三方物流公司)	顺丰速运	是国内领先的快递物流综合服务商,已初步建立为客户提供一体化综合物流解决方案的能力,不仅提供配送端的高质量物流服务,还延伸至价值链前端的产、供、销、配等环节,从消费者需求出发,以数据为牵引,利用大数据分析和云计算技术,为客户提供智能仓储管理、销售预测、大数据自助分析等一揽子解决方案。其他如京东物流、中外运物流有限公司等
	·第三方物流中介公司(如货运代理公司)	中国船务代理有限公司	提供标准化的船舶代理服务。其他如上海中外运船务代理有限公司、北京世纪龙凤航空货运代理有限公司、锦程物流等
	·第三方物流信息公司(如货源配载信息网络公司)	物通网	主要提供货源、车源、物流专线、整车货运、国际物流、物流园区、搬家公司、物流招标、物流设备等信息服务
	·第三方物流咨询公司等	苏州西奥物流管理有限公司	主要为物流园区、保税区、物流中心的可行性研究、发展规划、项目申报提高咨询服务。类似第四方物流
4. 第四方物流	指由咨询公司提供的物流咨询服务。第四方物流公司(严格来说是咨询公司)以其知识、智力、信息和经验为资本,应物流公司或物流公司的客户之邀,为他们提供物流系统分析和诊断,或提供物流系统优化和设计报告,或为物流服务需求方提供物流运作方案设计等。其主业是咨询(不一定限于物流业的咨询),不需要从事具体的物流运作活动,但要具备从事物流咨询必须具备优良的物流行业背景和经验。第四方物流服务提供商最好将物流信息需求委托给第五方物流服务提供商去承担	亿博物流咨询有限公司	在能源、钢铁、汽车、装备制造、烟草、医药、服装、食品等行业,提供包括电子商务、城市物流、物流设施、物流战略、供应链管理、物流产业等咨询服务和供应链解决方案
		上海竞斐物流咨询有限公司	是一家具有国际经验的专业物流咨询公司,由具有欧洲经验的专家主导,提供城市物流、物流集群、物流枢纽、多式联运、口岸保税、企业物流战略以及智慧物流等方面的规划、研究和咨询服务。
		法布劳格物流咨询(北京)有限公司	是拥有超过 30 年行业经验的德资公司,专业提供新工厂物流规划,精益生产物流设计,生产企业厂内物流诊断,配送中心布局与规划,物流与供应链规划,物流园区规划,物流园区战略咨询等服务
5. 第五方物流	指由物流信息服务提供商提供的物流信息服务,包括对供应链物流信息的收集、挖掘、整理、分析、发布、咨询服务;提供公共物流信息平台或/及物流电子商务平台的设计、开发、集成、测试、推广、管理、服务。第五方物流服务提供商的主业是提供信息处理设备、技术手段和管理方法,物流信息可能只是其提供的信息的一部分,它并不需要从事任何具体的物流运作,严格来说它属于电子商务或信息中介公司。 随着移动互联网、智能手机的广泛应用,出现了大量的提供交易中介服务的公司,以平台为媒介,撮合物流供需双方的需求为核心业务	如表 7-1 中,物流信息服务业的货拉拉、运去哪、菜鸟网络	
		蜂鸟即配	通过平台连接商家和消费者,专注于即时配送领域,本地生活最后一公里。提供任意时间的即时配送和同城配送服务
		运满满	基于移动互联网技术开发的手机 App 应用产品,致力于为公路运输物流行业提供高效的管车配货工具,同时为车找货(配货)、货找车(托运)提供全面的信息及交易服务

注:典型企业的核心业务内容来源于该企业官网或百度百科

以上所列的典型企业，主要依据企业的“核心业务”进行分类。物流行业在兴起之初，属于劳动密集型行业，现在逐步演变为资金和技术密集型行业，特别是对于全国性综合物流服务商更是如此。典型的例子就是快递业的“三通一达”——申通快递、圆通速递、中通快递和韵达快递，从非资产型转为轻资产型，再逐步转为重资产型快递公司，进而在竞争激烈的快递市场中，开辟新的盈利空间——综合物流服务甚至供应链服务。而顺丰快递、京东物流属于重资产型和高技术型企业，菜鸟网络是高技术型企业。

7.1.2 了解创业环境

创业环境对创业活动起决定性的作用。它为创业实践活动提供精神的或物质的条件，从各个方面影响创业的进程，并决定它的成败。创业环境是指与创业活动相关的因素的集合，包括宏观环境、行业环境和微观环境，具体如图 7-3 所示。

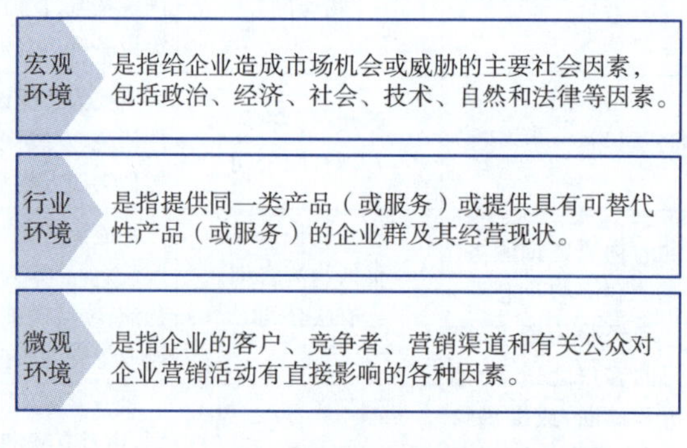

图 7-3 创业环境

对创业环境进行评价是认识和了解创业环境的前提。对创业环境的评价，比较有代表性的是 GEM(Global Entrepreneurship Monitor，全球创业观察)中国报告(2005)提出的从政府政策、政府项目支持、金融支持、教育与培训、研究开发转移、商业和专业基础设施、进入壁垒、有形基础设施、文化与社会规范等九个方面来评价创业环境。作为大学生创业群体，我们从其中的六个方面了解所处的创业环境。

1. 政府政策

政府政策是指政府部门制定的关于创业的有关政策，它对创业活动的开展和创业企业的发展有重大的影响。主要包括创业扶持政策、行政收费优惠政策、创业实体注册条件的放宽政策、吸纳就业的奖励政策、税收优惠政策、金融信贷扶持政策、社会保险优惠政策、免费创业培训政策等。

创业扶持政策是国家各级政府对创业者在创业需要解决的问题上所做出的相关优惠政策的总称。它涉及融资、开业、税收、创业培训、创业指导等诸多方面。对打算创业的创业者来说，了解这些政策，才能走好创业的第一步。从国家层面上来说，创业政策比较宏观，各地政府在国家大政策的指导下又出台了一些适应当地的扶持政策，可操作性更强，创业者需了解所在地政府出台的具体政策。

2. 政府项目支持

提供项目支持是政府政策的具体化，是我国政府支持创业和创业者的基本形式。政府项目通过某些组织与机构举办的和开发的大量创业项目，如政府倡导发挥互联网平台企业带动作用，引导社会资本和大学生创客、返乡能人等入乡开展“互联网＋乡村旅游”、农村电商等创业项目。

3. 金融支持

初创企业的资金大多数处于短缺状态，严重影响其业务进展。员工薪水、设备、日常办公费用、场地租金等作为企业经营成本，都可能妨碍企业的发展。很多小微企业经营失败就是因为没有足够的资金维持经营。创业者可以通过多种融资渠道筹措资金，资金来源主要有三种途径。

一是私人权益资本。包括自有资金、亲戚朋友借贷、引入私人股权融资。股权融资是指创业者或中小企业让出企业一部分股权获取投资者的资金，让投资者占股份，成为股东，而不是借贷，是带有一定风险投资性质的融资，是投融资双方利益共享、风险共担的融资方式。对于不具备银行融资和资本市场融资条件的中小企业而言，这种融资方式不仅便捷，而且可操作性强，是创业者与中小企业现实融资渠道。

二是政策性贷款。是指政府部门为了支持某一群体创业出台的小额贷款政策，如下岗失业人员小额贷款政策。同时也为支持中小企业的发展建立了许多基金，如中小企业发展基金、创新基金等。这些政策性贷款的特点是利息低，微利行业政策贴息，甚至免利息，偿还的期限长，甚至不用偿还。但是要获得这些基金必须符合一定的政策条件。

三是上市融资。是指将经营公司的全部资本等额划分，表现为股票形式，经批准后上市流通，公开发行。由投资者直接购买，短时间内可筹集到巨额资金。

在创业企业发展初期，资金来源一般以私人权益资本和政策性贷款两种途径为主。

4. 教育与培训

教育培训是创业活动得以开展的必要条件，也是创业者将潜在商机变为现实商机的基础。创业教育的开展可以从中小学阶段开始，教学培训内容包括市场经济知识、创业知识、管理知识等。创业者可报名参加地方政府补贴的各种免费创业培训，培训内容包括企业营销策划管理、企业财务管理、税务政策解读、企业人力资源管理等，培训合格将取得相应的培训证书。

5. 研究开发转移

研发成果的市场化转移过程是否顺利，不仅表明商业化的步伐，也表明创业研发和研发成果转化为生产力的效率和水平，更反映出创业者能否抓住商业机会。研究开发转移包括研究成果转化的条件，如政府资助、知识产权保护等方面。

6. 进入壁垒

进入壁垒是指产业内既有企业对于潜在进入企业和刚刚进入这个产业的新企业所具有的某种优势的程度。换言之，是指潜在进入企业和新企业与既有企业竞争可能遇到的不利因素。包括规模经济、客户忠诚度、资本金投入、转换成本、必要资本量及沉没费用、产品差别、绝对费用、政策法律、既有企业的战略性阻止行为等等。

7.1.3 选择创业项目

在“7.1.1 选择创业行业”中，我们以物流行业为列，对它做了行业细分，明确了每个细分行业的核心业务。创业者对行业进行剖析后，就要结合自身拥有的资源，选择创业的切入点，确定创业项目。这里所说的“切入点”是指创业者选择其中一个细分行业作为创业要进入的行业后，从该细分行业的哪个业务环节作为创业的核心业务。例如，是选择做技术研发还是生产制造、流通或服务。下面，我们介绍选择创业项目的步骤，并以物流行业为例，对其进行剖析后选择和确定创业项目。

1. 选择创业项目的步骤

选择创业项目的步骤如图 7-4 所示。

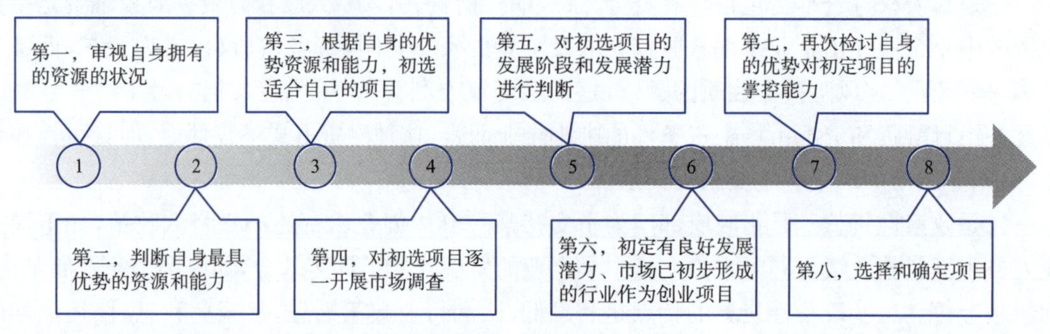

图 7-4　选择创业项目的步骤

第一，审视自身拥有的资源的状况，包括知识和经验、技术、资金、人际关系有合作创业意向的伙伴、客户。

第二，判断自身最具优势的资源和能力。

第三，根据自身的优势资源和能力，初选适合自己的项目。初选项目可以从以下几个方面切入：自己最喜欢最感兴趣的项目、自己最擅长的项目、自有资源（技术、设施、设备、资金）最多的项目、目前市场最紧缺（相对也是最赚钱）的项目、属于自己的创新发明（有专利权）项目。这些切入点各有优缺点。选择最感兴趣的项目的优点是：兴趣往往是一个人最大的最持久的动力，而且也常是自己最擅长的技术，故而能最大限度地激发自身的精力和能量投入其中。缺点是这些项目未必适合市场需求，未必能赚钱。现有资源最丰富的项目，例如有的学生的家长就有自己的企业，或拥有这些资源，这就给创业带来了极大的便利。但其缺点是未必适合目前市场需求，也未必是自己喜欢且愿意投身其中的项目。市场最紧缺的项目的优点不言而喻，但可能自己没有与之相应的资源在握。最后，对于有创新发明的项目，争取各投行的资金时最有吸引力，也就是说较容易获得资金支持。但这些项目不一定都适合市场经营。综上所述，初次创业者要全面权衡上述各种类型的项目的优缺点，确定自己的初选项目。当然，初选项目的数量不限于只选一个，但也不应过多，一两个即可，不宜超过三个。

第四，对初选项目逐一开展市场调查。

第五，对初选项目的发展阶段和发展潜力进行判断。

第六，初选有良好发展潜力、市场已初步形成的行业作为创业项目。

第七，再次检讨自身的优势对初选项目的掌控能力。

第八，选择可以发挥自身优势资源、能力、市场空间比较大、自己能掌控的项目作为创业项目。强调的核心是创业者对自身拥有的资源的优劣多寡和能力的准确把握。

【例 1】只做大件重货运输的即时和整车配送——货拉拉 Lalamove①

2013 年，传统物流公司占据了长途落货配送的主要份额。中国内地市场“最后一公里”的概念还未孕育成，在城市内，无论是 To B（对企业）的商配还是 To C（对消费者）的宅配，整体上都不够成熟，成本高昂却效率低下，降本增效势在必行。

聚焦到货拉拉的创业之地香港，同城货运还是寻呼台的时代。用车时，需要先打电话到寻呼台，然后再由寻呼台安排车辆，寻呼台有很多家，这家不行就找下一家，一到高峰期或是偏僻点的地方，叫车难上加难。2013 年 10 月 21 日，货拉拉在香港正式成立，研发出货拉拉 App。万事开头难，由于经费紧张没钱拍广告，联合创始人谭稳宝就亲自上阵，踩在两辆货车上，舞着大旗拍摄了一部搞笑主题的 TVC，这部 TVC 在 YouTube 上爆红，播放量超过 100 万。货拉拉在香港的业务越来越红火，得益于“互联网＋同城货运”模式在香港的高度适配，货拉拉不但解决了物流环节中最复杂的“配”，还将信息整合后透明化，叫车用车效率大大提升。

【分析】2013 年，传统的同城物流市场，有专门做商配的，解决从工厂到仓库、到门店甚至到商超、便利店的渠道，也有专注做宅配的，解决货物到户的渠道。像货拉拉一样的“互联网＋物流”城配企业，多数选择是两者兼顾，C 端做宅配，B 端做商配，货拉拉与竞争者们服务的客户类似，但在赛道选择上会更专注一些，瞄准了城配的大件重货运输，而且只做即时和整车配送，模式简单，扩张极快，这吸引了资本的注意。

2. 选择创业项目

物流是个大行业，作为初创者，经验和手握的资源都很有限，不可能选择如远洋船运等太大的项目，适宜从较小处着手。寻找适合的切入点就是创业初期的重要工作之一。切入点的选择，除了前文讲到的从创业理念出发考虑之外，更重要的是要在整个物流大行业中找到实实在在的具体业务作为创业企业的核心业务。这里，我们就要用到模块三中的分解思维划分分解法。首先，把整个物流行业按照业务专业分解，可以分解成为仓储、运输、快递、港口、物理园区等多个专业，我们创业只能从中选择某一专业。对于初次创业者，这些专业业务还可能过于庞大，比如“运输”专业中，有铁路、公路、航空运输和船运，我们只能从事其中一种。类似的，对于仓储业，还可以进一步细分为一般百货仓储、食品仓储、粮食仓储等。再进一步细分，食品仓储又可以分为水果、海鲜、熟食品等的仓储。对于资金等资源较少的初次创业者，从中选择一个较小的品类业务为好。细分出的每一种业务，再比较其中的创业理念，就更有利于选择出合适的创业切入点。

上述还只是从专业业务方面的分解，按照划分的原理，我们还可以依据其他标准来划分物

---

① 资料来源：《物流报》。

流，比如以从业者角色来划分，创业者既可以一个独立创业者的老板身份创业，也可以以加盟者的身份参与某一个大企业的一部分创业。再者，还可以依据时间过程阶段划分为新兴业务初期（如新型机器人、AI技术）、成熟行业（传统的物流业务）、衰退业务，任何一个阶段，即便是衰退业务都有创业的机会，当然也各有优劣之分。

由此可见，只有经过上述细致的思考和分析，才能选准最有利于创业者现有条件的业务入口，才可能有较高的创业成功概率。

选择合适的创业项目对于初创者具有十分重要的意义。如果选择的项目不适合，如俗话说的“入错行”，会徒然给以后的经营增加很多本来可以避免的困难，严重的还有可能为创业失败埋下伏笔。

我们在“7.1.1 选择创业行业”中，已经对物流和物流行业的分类及其特点有了初步了解。通过分析可知，物流领域适合大学生创业的切入点有如下三个：

一是通过技术创新实现创业，如物流装备的创新发明与应用、物流软件的创新设计与应用，这对创业者在专业知识和技术等方面的储备有较高要求，属于知识创业，特点在于利用知识、技术和智慧创办新企业或开创新的行业、新的市场。

二是作为第三方物流公司的加盟商切入物流行业，还可以从非资产型或轻资产型、劳动密集型、进入门槛低的行业切入。例如，作为快递公司的末端配送服务加盟商，运作最后一公里配送服务；又如加盟货运代理公司，运作其中一个业务，等等。初创者在业务运作方面不断积累经验和人际关系，再逐渐扩大经营规模和经营范围。

三是校园物流。近年来，中国经济进入新常态，在增长方式上，中国正在由“WTO＋外贸”模式转向“互联网＋消费”模式，年轻人是数字消费的引领者。据阿里研究院数据显示，以过往的双11为例，约50%以上的消费者年龄在30以下，其中18～25岁的年轻人占25%左右。高校消费也同样有自己的特点，主要体现在消费频率高，人均网购额度低于社会平均。2015年，全国2 000多所高校人均网购额为1 100元，低于全国平均。同时，高校内部消费水平也显示出较大差异，211高校的人均网购额为1 500元，高出全国高校平均水平的36%，985高校人均1 650元。据统计，2015年全年，全国高校收到的包裹数约占全国总量的6%，这个市场至少可以带动7万个直接就业机会。

校园物流有多种模式，有校方直接主导的，也有校外物流企业主导的。例如校园驿站是菜鸟网络多种形态中的一种，每个菜鸟驿站都可以与阿里平台进行系统对接，基于物流云的服务网点无须自建系统；在物理基础设施层面，菜鸟也统一了标准，降低校方与物流企业对接的交易成本。菜鸟通过平台自主的方式，让大学生创业也可以参与其中，与之前大学生快递代理网点的区别在于，菜鸟驿站输出了一套数据、实体和服务标准，让每个主体之间的大规模协作成为可能。①校园物流还有由本校学生创业创办的。由于学生熟悉校内的环境和学生的爱好，所以不失为一种创业的捷径。

① 资料来源：百度网.

【例 2】大学生创业做校园物流，月收入达五万元[①]。

小李和三个师兄凭借“物流平台创业项目”，获得第七届成都市青年创业大赛桂冠。并且他们的“校园物流”服务，每月营业额可以达到 5 万元。

小李是成都理工大学的学生。不久以前，被快递公司忽视的“校园最后一公里”吸引了小李和师兄小胡、小黄、小王四人的目光，“学校每天的快件收取量有几千单，但快递配送到学校都只在大门口等人自提，”小胡说，收件人为此常错过第一时间取包裹。在学校团委的支持下，他们以代收和代发快递的物流平台进入学校市场。“统一代收校园内的快件，最后负责送到收件人的手上。”小黄说：“第一天只有一家快递公司把包裹给我们，就 20 多单。”但完成第一批包裹配送后，物流平台的客源就打开了。某快递公司的派件员说，“以前为了二三十个包裹，往往要在学校门口等上几个小时，现在几分钟就交托了。”快递公司盘算过，向物流平台支付一定的费用，用省下的派件员的时间占领更多市场，很划算划。一周后，物流平台每天处理的快件量就涨到了 100 多单。

物流平台的“顾客”送给他们一个暖心的名字——贴心暖男。“我们免费上门派送包裹代收快件，大家觉得贴心。”讨巧的服务把快递代收和代发做上路后，平台业务扩充到了校园餐饮和生活物资配送，“和周边的商家合作，”小胡说：“一笔配送订单向商家收取 1 元的配送费，买家不多给钱。”简单算一算，小胡他们的营业额大约有 5 万元。“收入都来自我们和快递公司，电商企业和周围商家的合作，对学生来说，他们购买成本没有任何的增加。服务最不能缺的是创意，在物流平台，有各种各样的活动吸引同学。‘签到’可享受赠品或打折卡，选择某家快递可以享受相应折扣等。”

一些电商也将触角伸到了物流平台。全球最大的某电商企业已经和小胡谈妥，未来物流平台走到哪所校园，他们的合作就跟到哪里。原本在校园内有自提点的电商也在考虑和小胡合作。小胡带着物流平台创业项目拿到了“中国创业榜样”全国训练营的“入学通知书”，第七届成都市青年创业大赛的桂冠和最佳商业模式奖都颁给了它，物流平台的创业模式再次获得肯定。他们团队打算将物流平台标准化，争取迅速把商业模式复制到其他高校。

【分析】这个创业项目的核心是利用“物流平台”连接了学生（C 端）和企业（B 端，快递企业、电商企业、校园周边商家等）两端，为两者提供各服务。是一个通过技术创新实现创业的典型案例。

任务 7.2　开展市场调查

市场调查就是运用科学的方法，系统地搜集、记录、整理和分析有关市场的信息，从而了解市场的现状和发展趋势，为创业者确定适合的创业方向和业务项目，并为市场预测和经营决策提供科学依据的过程。市场调查的目的是获得真实的、能够帮助创业者及未来的企业经营做出正确决策的信息及数据。

---

① 资料来源：百度网.

【例 3】谁是汤罐头的主要消费群体？

1879 年，一个叫 Parlin 的人，把美国《星期六邮报》推销广告位推销给一个生产汤罐头的公司，被拒绝了。理由是，汤罐头是花钱买方便的有钱人，而报刊的读者是工薪阶层。似乎逻辑很对，但这只是一个假设。

Parlin 没有继续说服，而是跑去费城的垃圾场，查看人们扔掉的罐头盒，这是已知消费事实。结果发现，工薪阶层生活圈的罐头垃圾比富人区多。Parlin 对客户说，"工薪阶层是汤罐头的主流消费群体，应该投《星期六邮报》"。这也是一个假设，但它基于事实。

后来罐头商把广告投到《星期六邮报》，销售陡增，证明了这个假设。

【分析】Parlin 运用恰当的方法，通过实地调查，获得真实数据，帮助企业做出正确的决策。

7.2.1 市场调查的程序和内容

1. 市场调查的程序

市场调查的程序是指了解、记录、整理及分析市场情况的活动顺序与步骤，大致可分为准备、实施、资料处理和撰写报告四个阶段，如图 7-5 所示。

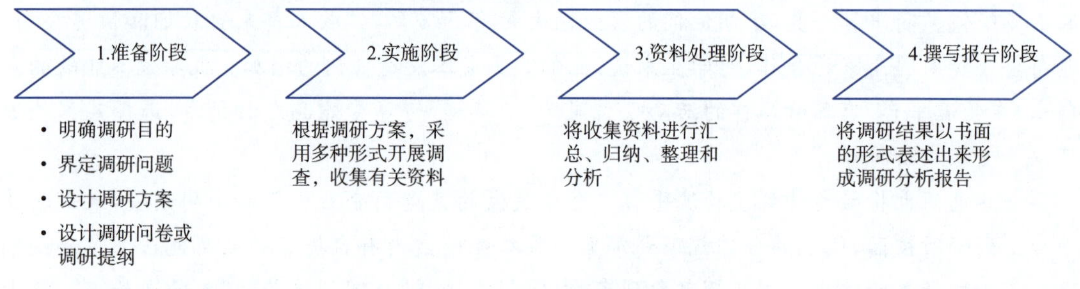

图 7-5 市场调查的程序

2. 市场调查的内容

市场调查的主要内容包括客户需求、市场容量、目标客户、主要及潜在竞争者、未来市场发展趋势与发展速度、人才走向等 6 个方面，具体如表 7-3 所示。

表 7-3 市场调查的主要内容

市场调查的基本内容	说　明	以"货拉拉"为例
1. 客户需求	—	—
(1)产品(Product)	广义上包括实物产品和服务。包括质量要求、产品特性、规格种类、包装要求、产品结构等	供求信息透明、便捷高效的叫车用车互联网同城货运平台 App
(2)价格(Price)	客户可能接受的价格	价格合理、低廉
(3)推广(Promotion)	包括品牌宣传(广告)、公关、促销等一系列的营销行为	实地宣传、网络(视频网站)宣传
(4)渠道(Place)	产品的主要销售渠道、销售方式，消费者购买方式、购买地点、场合	手机 App 商城、互联网

续表

市场调查的基本内容	说 明	以“货拉拉”为例
2. 市场容量	是指一定时期内客户对某种产品或服务的需求量	2013 年，中国香港，同城货运还是寻呼台的时代，传统物流公司占据了长途落货配送的主要份额。中国内地市场“最后一公里”的概念还未孕育成，在城市内，无论是 To B 的商配还是 To C 的宅配，整体上都不够成熟
3. 目标客户	调查确定本企业的目标客户，哪类客户最可能接受和购买我们的产品	对城配时效性要求高的客户
4. 主要及潜在竞争者	调查主要竞争者的产品结构、产品价格、卖场情况、市场占有率；竞争企业的实力；可能的潜在竞争者；将要进入本行业的企业，可能的竞争对手	像货拉拉一样的“互联网＋物流”城配企业，多数选择是两者兼顾，C 端做宅配，B 端做商配，市场竞争激烈
5. 未来市场发展趋势和发展速度	对未来市场的发展趋势进行预测，找出影响市场发展的主要因素，分析可能的市场机会与不利情况	中国内地市场“最后一公里”的概念还未孕育成，在城市内，无论是 To B（对企业）的商配还是 To C（对消费者）的宅配，整体上都不够成熟，成本高昂却效率低下，降本增效势在必行
6. 人才走向	本企业所处的产业/行业，劳动力市场的供求情况、劳动者的年龄、受教育程度、知识和专业技能	具有充足的从事计算机软件开发的专业人才

7.2.2 市场调查的形式和方法

1. 市场调查的形式

市场调查的形式如图 7-6 所示，包括市场普查和抽样调查。

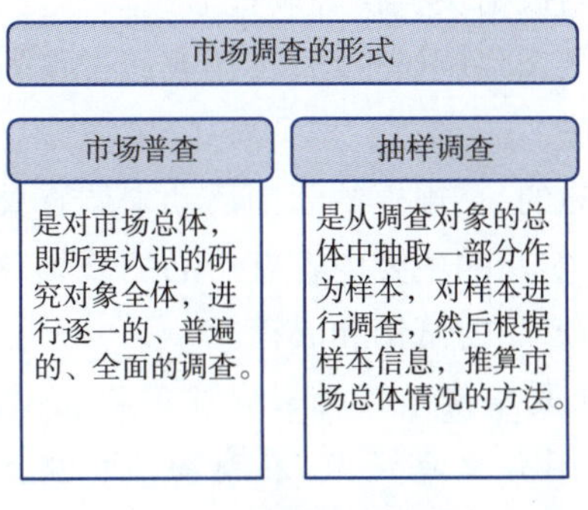

图 7-6 市场调查的形式

市场普查。就是对市场总体，即所要认识的研究对象全体，进行逐一的、普遍的、全面的调查。这是全面收集信息的一种方法，可以获得完整的、系统的信息资料，缺点是受限于时间、地域、调查人员的水平和财力。一般只用于商业网点普查、某种商品库存量普查、对购买试销新产品的全体消费者对质量等方面的跟踪调查等。

抽样调查。就是从调查对象的总体中抽取一部分作为样本，对样本进行调查，然后根据样本信息，推算市场总体情况的方法。抽样调查的特点是用样本调查结果推算整体结果，会产生抽样调查的误差，即抽样资料能否较可靠、精确地描述抽样样本所代表的总体。抽样的误差产生于抽样误差和资料收集误差两个方面。

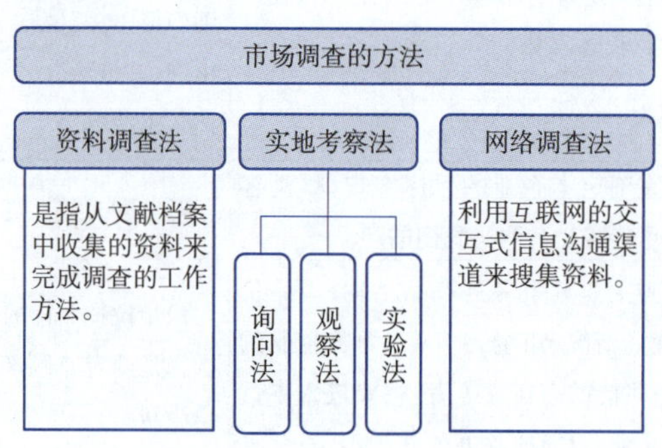

图 7-7　市场调查的方法

2. 市场调查的方法

市场调查的方法如图 7-7 所示，主要有资料调查法、实地考察法和网络调查法。

资料调查法。是指从文献档案中收集资料来完成调查的工作方法。资料法的资料分为外部资料和内部资料。外部资料来源于政府机构及经济管理部门公布的资料，咨询公司、市场调查公司和行业协会公布的市场信息，以及书籍杂志。内部资料来源于企业业务资料、统计资料、财务资料以及各种调研报告、经验总结、顾客建议或投诉等。

实地考察调研。可分为询问法、观察法和实验法。

(1)询问法。是指调查人员通过各种方式向被调查者发问或征求意见来搜集市场信息的一种方法。它可分为深度访谈、座谈会、问卷调查等方法，其中问卷调查又可分为电话访问、邮寄调查、入户访问、留置问卷调查、街头拦访等调查形式。

(2)观察法。是指调查人员亲临调研现场，直接或通过仪器观察、记录被调查者行为和表情，以获取信息的一种调研方法。

(3)实验法。是指通过实际的、小规模的营销活动来调查关于某一产品或某项营销措施。执行效果等市场信息的方法。实验的主要内容有产品的质量、品种、商标、外观、价格，促销方式及销售渠道等。它常用于新产品的试销和展销。

【例 4】依文集团的董事长夏华为了摆脱家庭贫困状况，毅然决然地从中国政法大学辞职，决定踏入服装行业。辞职后什么也没做，在商场门口坐了整整三天。她在观察这些来来往往的人群，做出判断——哪家货卖得最好，就去哪家当售货员。夏华在西单商场做了八个月的售货员，她可以通过一面之缘，就猜出对方的职业、性格、爱好等特征。那一年，她成了整个商场男装销售冠军。夏华清楚地记得她只有四个杆的地方，但每一杆都一共挂过一百多件西装，和其他杆不一样。夏华从平凡的职位中抓住了商机，从四杆柜台开始走向她的时装帝国。

注：夏华毕业于中国政法大学。现任依文集团董事长、依文·中国手工坊创始人，中英企业家联合会主席、中国企业家俱乐部理事、中国服装协会副会长，全国“五一劳动奖章”获得者、全国三八红旗手、全国巾帼建功标兵等荣誉称号。26 年来，夏华始终如一地用匠心打造民族文化，全心倾注于中国时尚态度的全球引领，不断把中国民族品牌和传统手工艺呈现在国际舞台，让上万名深山绣娘用自己的手艺脱贫致富。

网络调查法。是利用互联网 Internet 的交互式信息沟通渠道来搜集资料的一种方法。包括三种形式：一是利用网络开展问卷调查（即问卷调查法）；二是通过网络调查二手资料（即资料调查法）；三是通过对用户访问特定网页和应用程序（App）内容，对用户行为监测从而获得数据资料。中小企业在市场调查方面普遍存在缺乏专职市场调查人员和财力不足的问题。随着移动互联网和新技术的应用，很多企业往往借助专业在线方式收集信息。

7.2.3　撰写市场调查报告

市场调查报告是一种重要的经济调查报告，它是以科学的方法对市场的供求关系、购销状况以及消费情况等进行深入细致地调查研究后所写成的书面报告。其作用在于帮助企业了解、掌握市场的现状和趋势，增强企业在市场经济大潮中的应变力和竞争力，从而有效地促进企业经营管理水平的提高。

市场调查报告可以从不同角度进行分类。按其所涉及内容的多少，可分为综合性市场调查报告和专题性市场调查报告；按调查对象的不同，可分为市场供求情况调查报告、产品情况调查报告、消费者情况调查报告、销售情况调查报告以及市场竞争情况调查报告；按表述手法的不同，可分为陈述型市场调查报告和分析型市场调查报告。

市场调查报告的格式。不同的市场调查报告写作，主要依据调查的目的、内容、结果以及主要用途来决定。市场调查报告在结构上一般包括标题、导言、主体、结尾（含附录）几个部分。具体如表 7-4 所示。

表 7-4　市场调查报告的组成部分

市场调查报告的组成部分	说　明
标题	即市场调查的题目，它必须准确揭示调查报告的主题思想，简单明了、高度概括、题文相符
导言	一般说明市场调查的目的和意义，市场调查工作基本概况，包括市场调查的时间、地点、内容和对象以及采用的调查方法、方式；或先写调查的结论是什么，或直接提出问题等
主体	是市场调查报告中的主要内容，要客观、全面阐述市场调查所获得的材料、数据，用它们来说明有关问题，得出有关结论；对有些问题、现象要做深入分析、评论等。主体部分要善于运用材料来表现调查的主题
结尾	是市场调查的基本结论，有些报告还提出对策措施，供有关决策者参考。 附录的内容一般是有关调查的统计图表、有关材料出处、参考文献等

【训练 1】物流市场供给分析调查报告①

① 资料来源：第六次中国物流市场供需状况调查报告。

请阅读以下材料，根据本节所学内容回答以下问题。

①案例采用的是普查还是抽样调查？

②案例采用了什么调查方法？

③分别从不同角度对该市场调查报告进行类别分析。

④该调查报告采用文字、图和表三种表达形式，各有什么好处？

⑤通过该调查报告，你认为可以选择的创业项目有哪些？请一一罗列出来，并说明理由。

注：该案例的内容节选自《第六次中国物流市场供需状况调查报告》。

为了解我国近几年的物流市场运作状况，2005年中国仓储协会在《物流技术与应用》编辑部等单位协助下，邀请了中国机械工程学会、中国物流技术协会等九家权威协会作为协办单位，联手共同组织了第六次中国物流市场状况调查活动，调查对象覆盖全国的生产、商贸及物流企业。本次调查报告内容包括三部分：第一章中国物流市场需求分析、第二章物流市场供给分析和第三章主要物流设施市场需求分析。下面的内容节选自其中的第二章物流供给市场分析。

1. 样本构成分析及企业基本信息

物流供给企业回收问卷的构成比例如表7-5所示。

表7-5　物流供给企业回收问卷的构成比例

企业性质		行业性质	
国有独资	46%	纯运输公司	9%
集体	1%	纯仓储公司	13%
三资	5%	储运公司	15%
外商独资	1%	快递配送企业	4%
民营	19%	综合物流公司	59%
内资股份制	25%		
上市公司	3%		
合计	100%	合计	100%

2. 物流供给能力

本次调查发现，物流企业规模有较大上升，如图7-2所示。企业规模在500人以上的企业占13%左右，较第五次调查的11%增加了12个百分点，但大部分企业规模仍在500人以下，以中小物流企业为主。根据对调查数据的统计分析，平均单个物流企业的其他供给能力如表7-8所示。

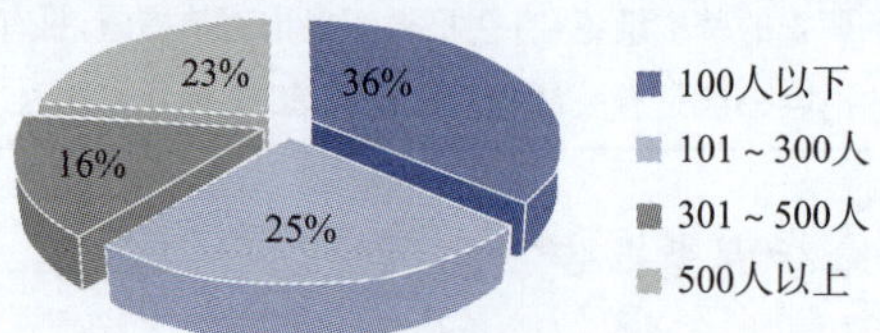

图7-8　物流企业规模占比

表 7-6　平均单个物流企业的其他供给能力

供给企业资源	仓储面积	叉车数量	搬运车	起重设备	运输车辆	铁路专用线	厢式货车
平均资源量	15 万 m^2	32 台	65 台	12 部	53 辆	2 495 m	78 辆

调查表明，物流供给企业的仓储与设备供给能力平均水平均比前几次调查数据有所提高。从企业填报的数据及提供的设施利用情况看：现有的物流运作供给能力要大于物流市场需求；物流供给企业规模还不大，运输能力及仓储配送能力不能满足需求；现代化的立体仓储与现代配送中心等供给能力较低，普通仓储能力过剩，利用率不高。

3. 物流服务水平

(1)物流供给企业作业能力与作业质量能够基本满足市场需求。物流作业质量是企业选择新的物流供给企业的首要指标。图 7-9 所示的作业指标是根据企业填报的问卷估算而得，根据估算可知，物流供给企业的单据准确率和运输配送及时率基本上可以满足物流需求企业的要求。这一结论与第五次调查所得结论基本一致。

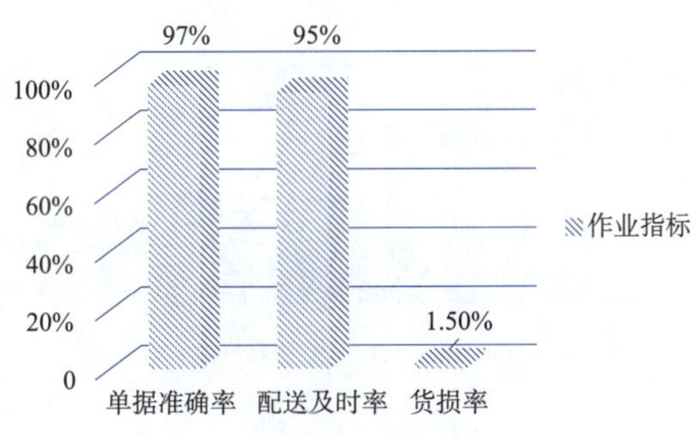

图 7-9　物流供给企业的作业指标

(2)现代化的物流设施、设备快速增长。从调研结果来看，我国物流服务提供商目前拥有厢式车与敞车的比例为 1.47∶1，相对于第四次调研结果的比例(1.37∶1)有了一定的增长。这一比例连年提高，说明了近年来我国物流企业为了适应物流市场快速发展需要，满足公司企业运输过程安全、环保的要求，大量改造敞车为厢式车，使厢式车保有量增长很快。此外，本次调查还表明我国物流企业的冷藏车、保温车拥有量也有一定程度增加，叉车、搬运设备、起重设备等机械化物流设施也有了较大的增长。

(3)物流信息系统建设情况有了很大改善。调查结果显示，物流企业中，拥有信息系统占 79%，无信息系统占 21%。说明近两年物流企业对建设物流信息系统很重视，拥有物流信息系统的企业比例由第三次调查的不足 40%，提高到了第四次调查的 60%左右，第五次调查的 77%左右，到本次调查又有所提高，达到 79%。说明物流企业近年来信息管理发展很快。

业务管理与查询功能仍是物流企业信息系统最主要的功能。如图 7-10 所示，目前在物流企业信息系统的功能模块中，业务管理模块及查询功能模块拥有比例最大，都在 80%以上，与第五次调查相比又有一定的提高，这也是物流管理系统的核心模块。但物流管理信息优化分析模块及市场分析模块占有比例不高，说明智能化的物流系统拥有比例还很低。

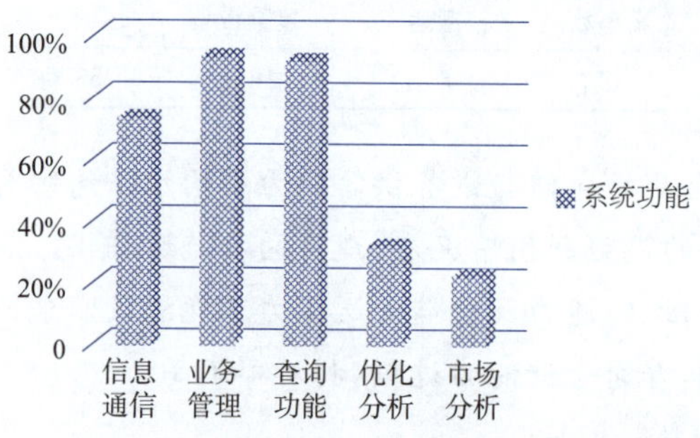

图 7-10　物流企业信息系统的功能模块

(4)物流企业未来 1～3 年计划向客户提供的物流服务项目。如图 7-11 所示，从物流供给企业的业务功能来看，企业计划在未来 3 年提供的物流服务还是主要集中在传统的仓储、干线运输、市内配送、包装加工，本次调查问卷中填报的企业比例都超过了 70%，与第五次调查比例大体一致，没有太大变化。

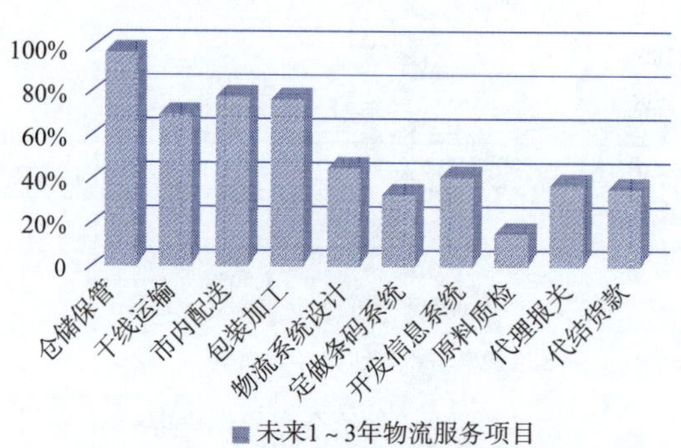

图 7-11　物流企业未来 1～3 年向客户提供的物流服务项目

【训练 2】各类物流市场的实地考察

①组织形式。2～3 人一组，分别实地考察公路货运专线市场、菜鸟驿站等最后一公里服务站、物流中心、物流园区、仓储、同城配送、回收物流、最后一公里生鲜配送。

②每组写一份调查提纲或调查问卷。

③按调查提纲开展实地调查，并结合其他调查完成一份简要的市场调查报告，并写成 PPT。

④每组派一名组员做调查汇报。

⑤每组派一名组员作为评审员组成评审小组，对各组汇报进行评审和评分。评审小组评分占总分 30%。

⑥教师根据各组的调查报告、汇报表现和问答环节中的表现分别评分。教师评分占总分的 70%。

任务 7.3 评估创业项目

7.3.1 评估项目的价值

创业项目的价值可以从以下三个方面进行评估。

1. 项目所处的市场现状

市场现有状况的好坏是看市场供给方满足顾客需求的程度。显然，满足程度越低，创业者进入就越容易，成功的概率越大。从这个角度看，全新的项目或者市场上从来没有的项目，并不一定是最好的选择，因为看不出它是否真正得到潜在顾客的认可和欢迎。度过了萌芽期的市场是最好的市场，项目只有在比较平稳的市场中才能发芽成长。如果创业项目在价格上有非常明显的优势，同时产品质量不是很差，项目有很大的成功机会。

2. 创业者是否能够控制

控制性包括硬资源和软资源两个方面，硬资源是生产所需要的原材料，货源等；软资源，即技术技能、管理能力、信息掌握、市场人际关系等无形的、人为控制的资源，如果是创业者能控制的项目，这就是一个非常好的项目，成功概率也较大。

3. 是否有成长空间

成长空间是指市场发展的速度。对于一些虽然当下市场的供求满足程度很高，看似创业者很难插足进入，但由于该项目有很高的发展速度，如果得知潜在或正准备的进入者较少，依然有很大的进入空间，创业的成功率依然很高。

7.3.2 分析项目的可行性

可以利用表 7-7 的工具进行项目可行性分析。

表 7-7 项目可行性评价工具

评价因素	具体评价问题
创业项目与外部环境	• 是否符合国家政策、地方政策、行业政策甚至国际惯例？ • 业务模式是否符合当前消费习惯？还是引导新的消费潮流？ • 是否会得到相关的政策优惠或政府扶持？ • 行业前景如何，是否属于朝阳产业？
创业项目与创业者	• 创业项目是否适合创业者的知识水平、职业经历和个人特性？ • 创业者是否足以承受失败的风险（主要是经济角度）？ • 是否已经具备完整的创业团队？
创业项目自身	• 市场需求是否明确、稳定、持久？ • 是否有足够的市场容量？市场容量的成长性如何？ • 是否具有强大的（包括潜在的）竞争者？是否具有竞争优势？ • 市场进入时机是否合适？

学习小结

模块七　创业准备
一、选择创业项目
1.选择创业行业
2.了解创业环境
创业环境
宏观环境
微观环境
行业环境
创业环境的评价
政府政策
政府项目支持
金融支持
教育与培训
研究开发转移
进入壁垒
3.选择创业项目
二、开展市场调查
1.市场调查的程序
准备阶段
实施阶段
处理阶段
撰写报告
2.市场调查的内容
客户需求
市场容量
目标客户
主要及潜在竞争者
未来市场发展趋势
人才走向
3.市场调查的形式
市场普查
抽样调查
4.市场调查的方法
资料调查法
实地调查法
网络调查法
5.撰写市场调查报告
标题
导言
主体
结尾
三、评估创业项目
1.评估项目的价值
2.分析项目的可行性
创业项目与外部环境
创业项目与创业者
创业项目自身

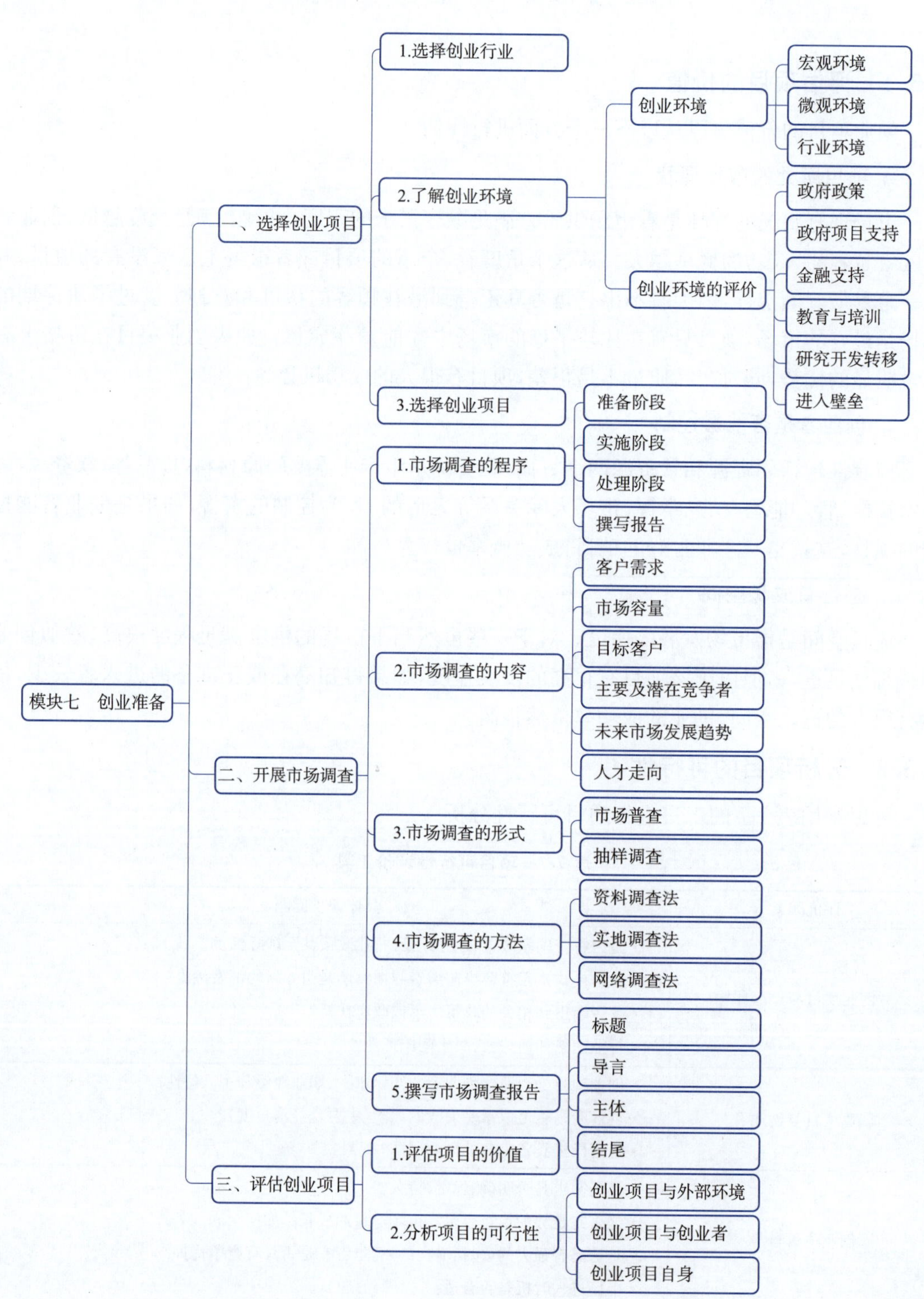

想一想

1. 把自己放在一个准备创业的位置上，归总自己占有的资源，根据自己的资源初步选择两个创业项目，并用书面文字写出来，可以不限于物流行业。

2. 根据自己的初选项目，列出市场调查提纲，特别要选择好合适的调查方法。

模块八 创办企业

学习目标

1. 了解商业计划书的框架和内容。
2. 模仿撰写商业计划书。
3. 了解创业企业常用的融资方式和渠道。

重点与难点

1. 撰写商业计划书。
2. 项目概述、产品定位、市场分析和财务分析。

任务 8.1 撰写商业计划书

一般来说，商业计划书是创业团队或公司为达到融资或其他目的，对创业项目或进一步发展的目标而提出的项目蓝图和纲领。商业计划书的主要作用如图 8-1 所示。

（1）梳理清晰创业思路	（2）统一创业团队思想	（3）争取外来资金	（4）招揽人才加入
能很好地梳理创业思路，完善和提高项目方案质量	团队成员反复研究和讨论项目的问题、方法和对策，取得一致意见	合作方或出资方审核项目方案的可行性，盈利能力能否达到出资方的期望，确定合作投资意向	吸引相关人才的加入，最好的办法莫过于用这份商业计划书了

图 8-1 商业计划书的主要作用

（1）梳理清晰创业思路。众所周知，对于复杂问题，单凭头脑思考的结果是比较粗浅的。一旦要用书面语言把它描述出来时，思考中的漏洞、逻辑上的矛盾就会充分暴露出来。因此，把创业思路转化为完整的书面报告，是一个能很好地梳理创业思路、完善和提高项目方案质量的有效方法。

（2）统一创业团队思想。编写商业计划书的过程中，必然要对原先没有想到的或者思考得不够清晰和完整的方法、对策等问题，召集团队成员仔细反复地研究和讨论。这个过程本身就是统一团队成员思想的过程。更何况成型的商业计划书必须要经全体团队成员的一致同意才能通过。

（3）争取外来资金。如果创业需争取外来资金（非本团队成员的自有资金），商业计划书是必备的文件。不管出资方还是参与合作的投资方，比如银行、私募资金、风险投资机构、租赁机构等融资机构，必定要仔细严格地审核这份计划书，审查项目方案的入市可行性，以及盈利能力能否达到出资方的期望，从而确定是否有合作投资意向。没有计划书，根本不可能迈入这些机构的门槛。

(4)招揽人才加入。如果创业团队需要招揽相关人才的加入，最好的办法莫过于用这份商业计划书了。

8.1.1　商业计划书的内容

商业计划书没有统一标准格式，一般包含如图 8-2 所示的要点。

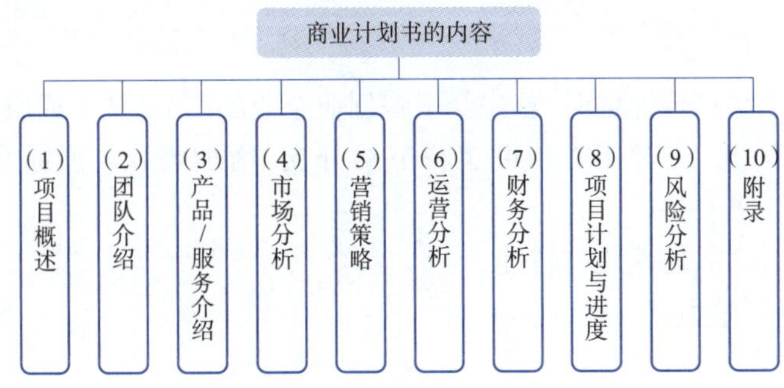

图 8-2　商业计划书的内容

(1)项目概述。描述出项目的清晰轮廓，包括是什么、定位、目标等。

(2)团队介绍。介绍团队成员的经历、能力、经验和专长，及其对应的关键岗位。

(3)产品/服务介绍。包括产品/服务是什么、用途和特点；与竞品比较，它具有哪些竞争优势；是否拥有自主知识产权，如专利、商标、版权、鉴定证明等。

(4)市场分析。包括调查分析项目所在市场的状况、变化趋势、发展潜力；调查分析现有的和潜在的竞争者、竞争优势和战胜对手的方法；分析产品的目标市场及客户群。

(5)营销策略。包括制定总体市场和细分市场的营销计划；找出进一步开拓市场、提高市场占有率的办法。

(6)运营分析。确定工厂或服务地点的选址；分析确定生产或服务规模；分析对各种类型员工的需求。

(7)财务分析。一般提供三年的营业收入和费用，现金流量。

(8)项目计划与进度。描述具体的行动计划及其时间进度，以及要达到的目的。

(9)风险分析。分析创业项目将会遇到的各种风险；提出应对这些风险的具体措施。

(10)附录。支持上述信息的材料。

8.1.2　撰写商业计划书

下面给出了撰写商业计划书的建议，供读者参考。

1. 项目概述

项目概述是对创业项目是什么、定位、目标等进行总体描述，呈现出一个项目的清晰轮廓。

2. 团队介绍

一支结构合理、高素质、有战斗力的队伍是管理好、发展好企业的重要保证。因此，风险投资人特别重视对创业团队的评估。主要介绍团队成员和公司组织架构。

(1)团队成员。团队成员在知识、技术、能力等方面应该是互补的，如需要产品设计与开发、生产管理、市场营销、财务管理等方面的专门人才，他们在团队中互相合作、取长补短。因此，需要在计划书中对核心成员进行说明，介绍他们的背景、经历和能力，在本创业团队中的职务和责任。

(2)公司组织架构。包括公司的组织架构；各部门职能，各部门的负责人及主要成员；股东及其认股权、比例和特权；公司董事会成员及其背景资料。

3. 产品/服务介绍

投资人对投资项目进行评估时，首先会了解创业企业的产品、技术或服务能否以及在多大程度解决现实中的问题，或者能否帮助客户节约开支、增加收入。产品介绍一般包括以下内容：

(1)产品是什么，产品的性能与特性。

(2)产品的市场竞争力。

(3)产品的研究和开发过程。

(4)产品的市场前景预测。

(5)产品的品牌和知识产权、技术壁垒。

(6)开发新产品的计划及其成本。

创业者需对产品(服务)做出详细、准确、通俗易懂的说明，一般要附上产品原型、图片或其他资料，甚至做现场对比实验，让投资者感受和了解产品的特点和效果。并回答以下问题：用户的痛点、用户能从企业的产品中获得什么好处？产品与竞品相比有哪些优势，用户为什么会选择？创业企业拥有哪些自主知识产权，如专利、商标、版权等，自身拥有的技术，其壁垒有多高？或与已申请专利的合作者达成了哪些协议？产品的定价及其能带来的收益如何？创业企业对产品质量与性能的迭代、新产品开发的计划与速度。

4. 市场分析

对市场的错误认识和误判是企业经营失败最主要的原因之一。当企业计划开发新产品或原有产品投向新的市场时，首先要进行市场调查、分析与预测。如果投资者不认可、不接受分析结果或预测可信度，将会拒绝创业项目。在创业计划书中，市场预测包括以下内容：

(1)市场现状综述，竞争对手和竞品概况。

(2)本企业产品面向的目标用户和目标市场，以及该市场的特点。

(3)本企业产品的市场地位等。

创业企业应尽量收集更多的信息，采用科学的预测手段与方法获得预测结果，并结合具体情况做出恰当的判断。

5. 营销策略

营销是企业经营中最富挑战性的环节。影响营销策略的主要因素有：消费者特点、产品特性、企业自身的状况和市场环境方面的因素。最终影响营销策略的则是营销成本和营销效益因素。由于创业企业及其产品的知名度很低，很难进入已经与竞争企业建立稳定合作关系的销售渠道中去。这对营销提出了很大的挑战。在创业计划书中，营销策略一般包括以下内容：

(1)营销渠道和合作伙伴的选择。

(2)营销队伍的组建和管理；促销计划和广告策略。

(3)价格策略。

6. 财务分析

财务分析一般包括以下内容：可预见的资产负债表、预计的损益表、现金收支分析、资金的来源和使用以及盈利分析。流动资产是企业的生命线，企业在初创或扩张时，需要有周详的流动资金计划，并实施严格的现金使用控制。损益表反映的是企业的盈利状况，它是企业在一段时间运作后的经营结果；资产负债表则反映某一时刻的企业状况，投资者可以利用资产负债表中的数据计算比率指标来衡量企业的经营状况以及可能的投资回报率。财务分析需明确的问题包括：

(1)产品在每一个期间的销售量是多少？

(2)什么阶段进行产品线扩张？

(3)每件产品的生产费用是多少？每件产品的定价是多少？

(4)采用哪些分销渠道？预期的成本和利润是多少？

(5)需要雇用具备哪些知识和技能的人？雇佣何时开始，工资预算是多少？

7. 盈利分析

盈利分析是财务分析中的一项内容，主要包括收入分析、成本分析、利润计算与分析(包括盈亏平衡点计算)和投资回收分析四部分内容。

(1)收入分析。收入分析包括主业营业销售收入、附加性收入和营业外收入。

(2)成本分析。这里要掌握以下概念：

①固定成本(费用)。是指不随产品/服务的生产销售数量的变化而变化的费用。如开办费，厂房场地和设备投资以折旧形式分摊的成本费用，租金，管理费(包括固定工资的员工月薪，如管理人员、行政、后勤人员的工资)等。还包括一些其他费用：如广告费、展销会费、市场调研费、贷款利息、保险费、研发费、运输工具的年审费，以及各种税收。

②可变成本(费用)。是指随着产品/服务的生产销售数量变化而变化的费用。如构成完整产品的材料费，计件工资以及直接用于生产的水电费、运输车辆、轮船和飞机的燃料费等。

③盈亏平衡点。是指企业在不赚不赔情况下的销售量。

(3)利润计算与分析。

①单一品种产品/服务的利润估算。

$$\begin{aligned}\text{利润} &= \text{收入} - (\text{固定成本} + \text{可变成本}) \\ &= \text{销售单价} \times \text{销量} - (\text{固定成本} + \text{单位可变成本} \times \text{销量}) \\ &= (\text{销售单价} - \text{单位可变成本}) \times \text{销量} - \text{固定成本} \qquad (8\text{-}1)\end{aligned}$$

要保证企业盈利，就必须要确定经营规模，如至少要购买多少运输工具、准备多大的仓库、招收多少具有相关知识和技能的员工。这首先要估算最低的营业量，即计算盈亏平衡点，在财务理论中称为“量、本、利分析法”。

盈亏平衡点 = 固定成本 ÷(销售单价 − 单位可变成本)　　(8-2)

【例 1】某汽车运输公司的每月开支包括：仓库租金 2 000 元/月，管理人员工资 12 500 元/月，其他费用 1 500 元/月。运输一车货的收入是 1 200 元/趟，汽油费 200 元/趟，司机工资是 200 元/趟。该公司每个月至少要运输多少趟货才能不亏损？

解：

固定费用包括：仓库租金，管理人员工资和其他固定费用。

固定成本＝2 000＋12 500＋1 500＝16 000(元)

单位可变成本包括：汽油费、司机工资。

单位可变成本＝200＋200＝400

盈亏平衡点：利润为“0”时的销售数量，即总销售收入－总成本＝0。

盈亏平衡点＝16 000 ÷(1 200－400)＝16 000÷ 800＝20(趟)

答：该公司每月至少要拉 20 趟货才可保本。

②多品种产品/服务利润估算。计算步骤如下：

步骤 1，统计或预测各品种所占的百分比例；

步骤 2，以每个品种的销售单价乘以相应的百分比之和作为份额销售单价；

步骤 3，以每个品种的单位可变成本之乘以相应的百分比之和作为份额单位成本；

步骤 4，用式 8-1 和式 8-2 计算利润和平衡点，式 8-1 和式 8-2 中的“销量”改为“销售份额”“销售单价”改为“销售份额单价”，“单位成本”改为“份额单位可变成本”。

利润＝(份额销售单价－份额单位可变成本)×份额销量－固定成本　　(8-3)

盈亏平衡点份额销量 = 固定成本÷(份额销售单价－份额单位可变成本)　　(8-4)

步骤 5，计算所得的份额，再换算为单个品种的数量，即为所求。

【例 2】某汽车运输公司的每月开支包括：仓库租金 2 000 元/月，管理人员工资 12 500 元/月，其他费用 1 500 元/月。有两种货车拉货，大车收入为 1 200 元/趟，汽油费 200 元/趟，司机工资是 200 元/趟。小车收入为 800 元/趟，油费 60 元/趟，司机工资是 140 元/趟。大车出车次数占 20%，小车出车次数占 80%。该公司每个月至少要拉多少趟货才能不亏损？

解：

固定费用包括：仓库租金，管理人员工资和其他固定费用。

固定成本＝2 000＋12 500＋1 500＝16 000(元)。

可变成本＝大车汽油费×0.2＋小车汽油费×0.8＋大车司机工资×0.2＋小车司机工资×0.8

　　＝200×0.2＋60×0.8＋200×0.2＋140×0.8

　　＝40＋64＋40＋96＝240

运输收入＝大车收入×0.2＋小车收入×0.8

＝1 200×0.2＋800×0.8

＝ 880

盈亏平衡点＝(16 000)÷(880 －240)＝ 25(份额)

大车需拉货 ＝ 25×0.2＝5(趟)；小车需拉货 ＝ 25×0.8＝20(趟)

答：该公司每月至少要拉大车5趟货和小车20趟货才可保本。

(4)投资回收分析。投资回收期(Payback Period)就是使累计的经济效益等于最初的投资费用所需的时间。投资回收期就是指通过资金回流量来回收投资的年限。

投资回收期可分为静态投资回收期和动态投资回收期两种不同的算法。

①静态投资回收期。静态投资回收期可根据累计净现金流量求得，也就是在现金流量表中累计净现金流量由负值转向正值之间的年份。其计算公式为：

P_t ＝(累计净现金流量开始出现正值的年份数－1)＋

上一年累计净现金流量的绝对值/出现正值年份的净现金流量　　(8-5)

首先做出现金流量表，如表8-1所示。

表8-1　现金流量表

年份		第1年	第2年	第3年	第4年	第5年	第6年
当年现金净流入量	利润/万元	－5	－2	－1	2	4	7
	折旧/万元	1	1	1	1	1	1
	合计/万元	－4	－1	0	3	5	8
累计现金净流入量		－4	－5	－5	－4	1	9

投资回收期 ＝(5－1)＋|(－4)/5| ＝ 4.8(年)

②动态投资回收期。动态投资回收期是把各年的净现金流量按基准收益率折成现值之后，再来推算投资回收期，这就是它与静态投资回收期的根本区别。动态投资回收期就是净现金流量累计现值等于零时的年份。净现值计算公式：

$$\text{净现值}=\sum_{k=1}^{n}\frac{Ak}{(1+i)^k} \tag{8-6}$$

式中，为第 k 期的现金净流入量；i 为贴现率(可用银行年利率代表)。

动态投资回收期的计算在实际应用中根据项目的现金流量表，用下列公式计算：

P'_t ＝(累计净现金流量现值出现正值的年数－1)＋

上一年累计净现金流量现值的绝对值/出现正值年份净现金流量的现值　　(8-7)

以表8-1的现金数量为例，先把表中的利润和折旧金额换算成净现值，如表8-2所示。

投资回收期 ＝(5－1)＋|(－2.111/4.529)| ＝ 4.466(年)

表 8-2 现金净现值流量表

年份		第1年	第2年	第3年	第4年	第5年	第6年
当年现金总流入量	利润/万元	−4.902	−1.922	−0.942	1.848	3.623	6.216
	折旧/万元	0.980	0.961	0.942	0.924	0.906	0.906
	合计/万元	−3.922	−0.961	0.000	2.772	4.529	7.122
累计现金流入量		−3.922	−4.883	−4.883	−2.111	2.417	7.246

8. 融资计划

主要介绍融资额度及其股权占比、融资期限、融资用途、保障措施、融资要求等。

9. 项目计划与进度

项目计划是创业团队的行动纲领，列出具体的行动计划及其时间进度，以及要达到的目的。

10. 风险评估与防范

创业项目将会遇到的各种风险，以及应对这些的风险的具体措施。

8.1.3 商业计划书案例

我们选用了企业实际案例“一号云配商业计划书”供读者参考学习。

1. 项目概述

深圳市数字物流有限公司创立于2009年，是国内快消品供应链服务体系的先导者，其独创的基于营运中心指挥调度，供应链全程协同作业机制，创建了一个高效率、高质量、低成本的快消品供应链服务平台。为商贸企业提供了云仓为核心场景的供应链物流、供应链信息、供应链金融服务体系。

公司发展历程如图8-3所示。2016年开始，深圳市数字物流有限公司发起了一号云仓项目，并组建了深圳市一号云仓储运有限公司及武汉市一号云仓供应链服务有限公司两家企业。经过四年时间的实践，证明了云仓模式的先进性。为了让云仓模式快速占领市场，加强项目的服务能力，将原来的仓储经营服务企业转型为供应链服务平台企业，现由数字物流、深圳云仓、武汉云仓三家企业共同重组项目运营公司，并引入新的战略投资者，共同打造一个全国快消品供应链服务平台。

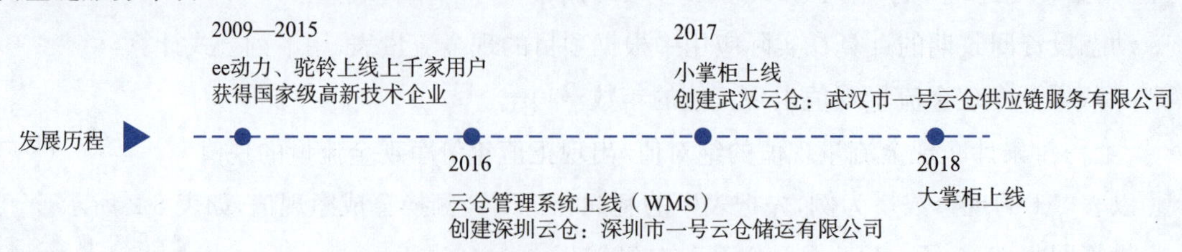

图 8-3 深圳市数字物流有限公司发展历程

2. 团队介绍

一号云仓供应链服务平台项目由数字物流、深圳云仓、武汉云仓三家企业共同重组项目运营公司进行运营。

深圳云仓是葡萄酒仓储标杆企业，占进口葡萄酒 50%的品种，作为葡萄酒行业协会行业数据采集平台，客户数量 1 000 多家，仓储面积达 3 万多平方米，创新了红酒供应链物流服务的云仓模式。2020 年收入约为 2 000 万元，2021 年收入约为 3 000 万元。

武汉云仓是武汉市及湖北省粮油米面等快消品的主要仓储配送企业，客户包括中粮国际、东方粮油、想念、农夫山泉、陈克明、金健米业等上百家大型经销商，创新了城市快销品供应链物流服务的云仓模式，信息化连接了武汉市主要大中型商超系统及粮油米面产品的主要供应商。2020 年收入约为 1 000 万元，2021 年收入约为 2 000 万元。

3. 产品介绍

(1)快消品供应链服务平台的服务体系。一号云仓快消品供应链服务平台的服务体系如图 8-4 所示。该体系由营运中心、云仓(WMS)、集采集配(TMS)、供应链管理系统(SCMS)和供应链金融服务(SCFS)五个功能系统组成。

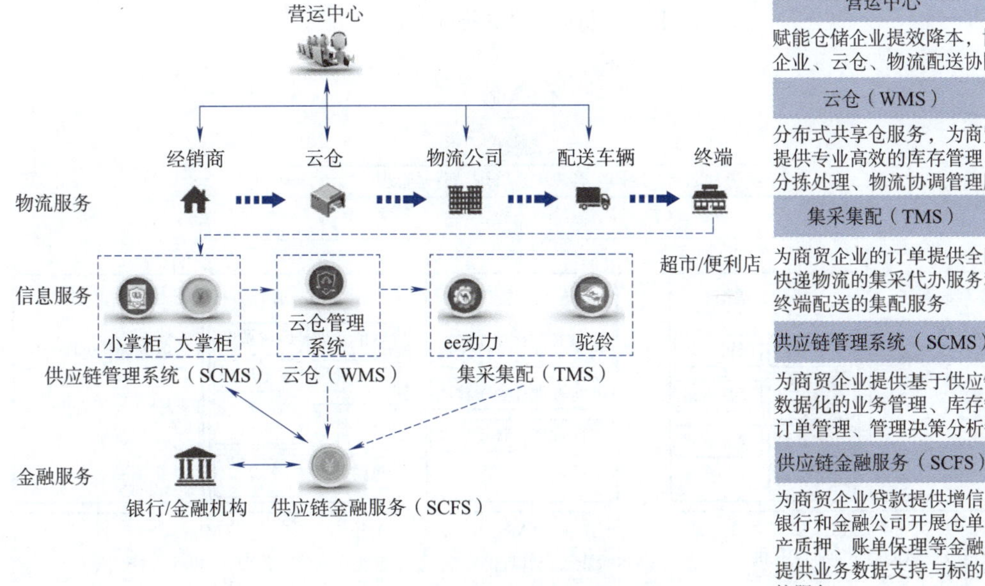

图 8-4　快消品供应链服务平台的服务体系

(2)服务模式。如图 8-5 所示，供应链仓储物流服务包括分布式共享仓、商品库存管理、营运调度中心和物理集采集配服务。

供应链信息和数据服务。如图 8-6 所示，通过信息服务连接、物流服务提效降本、金融服务及数据服务赋能为商贸企业打造全程供应链服务平台，实现全程供应链信息互联，驱动供应链物流协同执行，为客户提供低成本、高效率、优质的供应链服务体系。

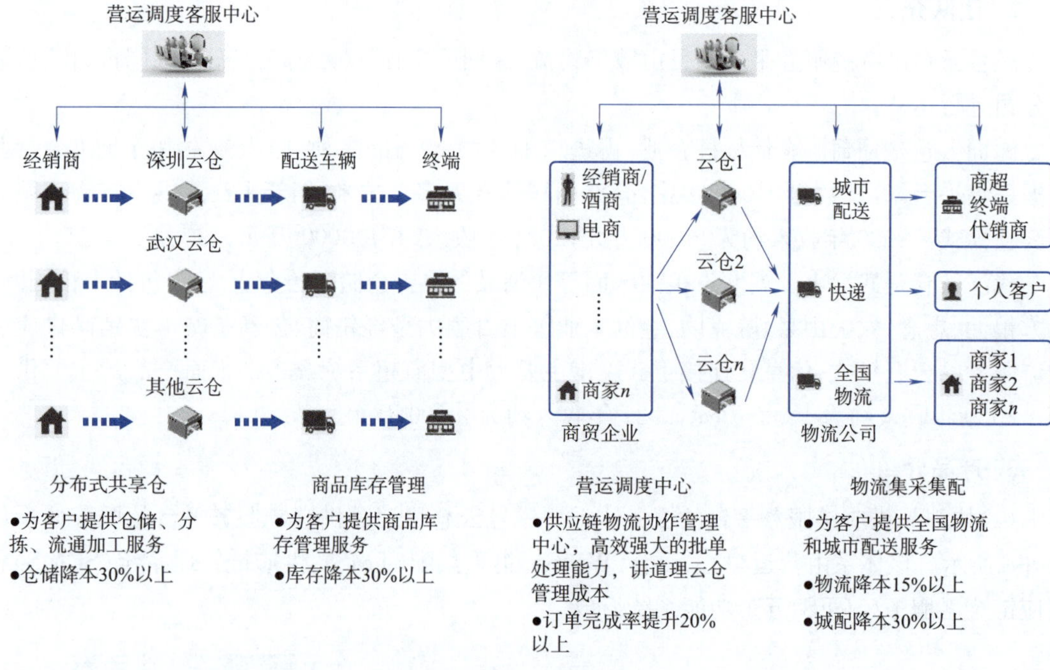

图 8-5　供应链仓储物流服务

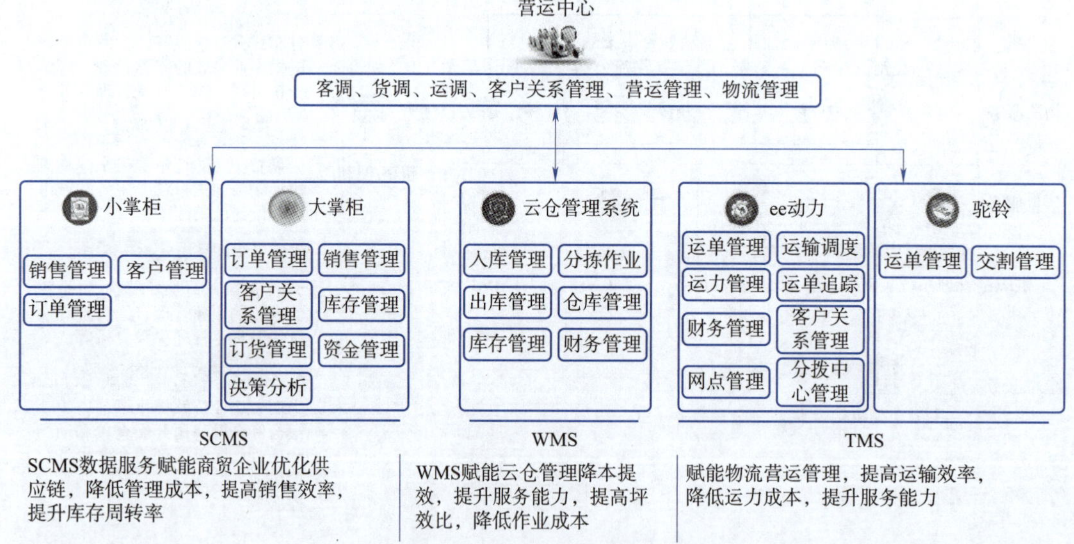

图 8-6　供应链信息和数据服务

供应链金融服务。如图 8-7 所示，供应链信息与供应链金融双轮驱动相互促进，真实供应链场景推动供应链金融，以供应链金融促进客户业务发展。

4. 经营模式

(1)仓储服务。采用“自营仓＋加盟仓”仓储服务模式。省级中心城市设置中心仓与分布

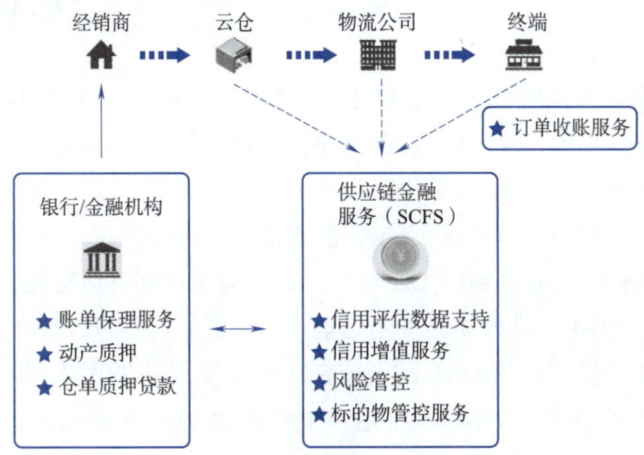

图 8-7　供应链金融服务

式前置仓，其他城市设置分布式前置仓。管理模式为营运调度中心协同作业。

(2)物流服务。城配合作经营，快递与全国物流通过集采优质产品为客户提供一站式全方位物流服务。

(3)信息服务。大掌柜、小掌柜为客户提供经营及销售管理信息化服务，并通过销售终端信息链接与仓储、物流形成从“订单来源—销售管理—库存管理—订单交割”的全链条信息服务。

(4)数据服务。为商贸企业提供基于销售、产品、库存、物流、市场等数据支持的增值服务产品，赋能企业提升其经营及管理能力。

(5)金融服务。全程精准数据及标的物管控服务与银行及金融机构合作，针对云仓信用优质客户，提供仓单、动产质押贷款和账单保理业务。

5. 市场分析

(1)产业背景。快销品是指那些使用寿命较短，消费速度较快的消费品。快销品行业具有产品周转快、周期短、产品价值低及物流成本高的特点。它在一定的时间内重复购买率较高，消费场景主要是大型商超、连锁便利店、社区小商店、专卖店、酒楼饭店等。快销品主要包括米面油大众食品、品牌包装食品、饮料、酒类、洗涤清洁用品、个人护理用品等。

快销品行业规模。快销品销售额 40 万亿，物流成本 10 万亿，几百万家商贸企业，几千万个消费终端。

快销品行业主要存在以下四个痛点：

①仓储及物流集约化程度低，造成高昂的物流成本；

②企业库存管理能力及手段差，导致库存成本偏高；

③供应商、仓储、物流、销售终端都是信息孤岛，致使需求信息形成不了互联，全程供应链协同管理效应无法实现，造成销售效率低、物流成本居高不下；

④资金使用效率低下，企业融资能力及渠道匮乏。

(2)产业现状。零售终端现状。大型商超、连锁店、社区小商店遍布全城，经营产品数量巨大，订单量多，每个 SKU 货量少。订单传统方式下达，导致订单时效差、漏单错货高。物流配送各自为政，物流成本很高。

新零售现状。新零售品牌配送中心集中，经营产品数量巨大，订单量多，每个 SKU 货量少；订单传统方式下达，导致订单时效差、漏单错货高；物流配送各自为政，物流成本很高。

供货商。厂家、经销商和进口商等供货商自有仓或者公共仓遍布全城，仓储利用率低，管理差造成仓储成本高且货损货差严重；订单传统方式下达，导致订单时效差、漏单错货高；物流配送各自为政，物流成本很高；普通的 ERP 管理软件，无法做到供应链优化与提效。

(3)市场规模。全国快消品的物流费用总量 10 万亿/年，城市快消品经营企业数量上千万家。一号云仓中心仓可发展的城市有 32 个，前置仓可发展的城市 1 000 多个。以中心仓 1 亿/年，前置仓 0.2 亿/年测算，每年收入将达到 100 亿元，在全国快消品物流总量占比还非常少，因此市场空间巨大。

竞争对手分析。竞争对手主要有两类。一类是仓配一体化物流服务商。如凯东源、唯捷城配、海格物流等，这些企业的优势是目前已经具备一定规模，仓配效率高，其劣势是只能提供物流服务，无法为用户提供供应链服务，供应链提效降本空间有限。另一类是供应链信息服务商。如一站供应链、友商网等，为商贸企业提供全程供应链信息服务，其劣势是只能为商贸企业提供管理工具，无法提供物流提效降本的服务。

6. 财务分析

如图 8-8 所示，公司收入来源于仓储、物流、信息化、数据服务和金融服务等五个方面。

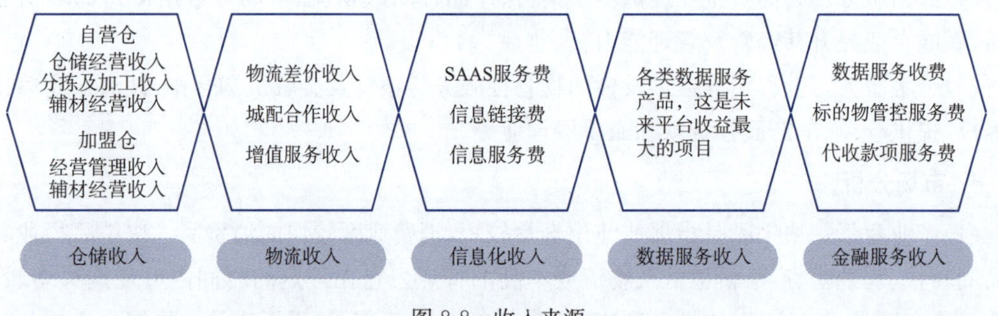

图 8-8　收入来源

(1)仓储收入。仓储收入来源于自营仓和加盟仓服务。自营仓的收入由仓储经营收入、分拣及加工收入、辅材经营收入三部分组成；加盟仓由经营管理收入和辅材经营收入组成。

(2)物流收入。包括物流差价收入、城配合作收入、增值服务收入。

(3)信息化收入。包括 SAAS 服务费、信息链接费、信息服务费。

(4)数据服务收入。各类数据服务产品，这是未来平台收益最大的项目。

(5)金融服务收入。包括数据服务收费、标的物管控服务费、代收款项服务费。

服务内容、收费标准和优势如表 8-3 所示。

公司未来三年发展计划如表 8-4 所示，未来三年的营业收入与利润估算如表 8-5 和图 8-9 所示。

表 8-3　服务内容、收费标准和优势

类　别	服务内容	收费标准	优　势
仓储服务	进口产品，滞销产品等库存管理	0.025 元/件·天	实时、准确的库存数量，标准化的仓库，货损货差低
恒温恒湿仓储服务	酒类及食品类专业化库存管理	0.05 元/件·天	实时、准确地库存数量，专业化的仓库，货损货差低
订单分拣配送	客户订单分拣、配送及货物交割	3 元/件	订单响应速度快、执行准确率高，服务价格低、货损货差低
退货管理	商超退货的物流、再加工、库存管理服务	分类价格	退货数量准确、再加工响应快、利于再次销售
仓单交易	购销双方库内货权交割	未定	物流成本几乎为零
流通加工	进口产品贴标、产品流通加工、电商订单配货	分类价格	国家商检授权服务仓
物流服务	全国物流及快递代办	分类价格	安全、准时、经济的全国代办物流服务
供应链信息服务	小掌柜：客户手机端订单及业务管理	免费	实时在线库存查询、销售下单、可视化管理
供应链金融服务	大掌柜：客户 PC 端订单管理、业务管理、订货管理、退货管理、进销存管理及供应链优化决策数据支持	未定	精准库存的销售管理，大数据支持的库存管理，基于销售数据的供应链优化决策等，使得客户库存最优，订单执行效率高
	信用评估数据支持、信用增信服务，资金端风险管控工具及标的货物的管控	未定	—

表 8-4　公司未来三年发展计划

年度	第一年		第二年		第三年		合计	
项目	经营面积/m^2	营业收入/万元	经营面积/m^2	营业收入/万元	经营面积/m^2	营业收入/万元	经营面积/m^2	营业收入/万元
中心仓数量	13	10 800.00	30.00	25 800.00	60.00	54 000.00	60.00	96 000.00
自营仓/个	10	9 000.00	20.00	18 000.00	30.00	30 000.00	30.00	57 000.00
加盟仓/个	3	1 800.00	10.00	7 800.00	30.00	24 000.00	30.00	33 600.00
大掌柜收入	1 300.00	13.00	6 000.00	120.00	12 000.00	360.00		493.00
小掌柜收入	2 600.00	2.60	12 000.00	24.00	36 000.00	180.00		206.60
数据服务收入		26.00		360.00		1 440.00		1 826.00
金融服务收入		65.00		300.00		1 500.00		1 865.00
其他收入		13.00		30.00		60.00		103.00
总收入		10 919.60		26 634.00		57 540.00		95 093.60

注：经营面积单位是平方米，营业收入单位是万元。

表 8-5　公司未来三年的营业收入与利润估算

单位:万元

仓库经营收入	第一年	第二年	第三年
自营仓	10 800.00	25 800.00	90 600.00
加盟仓	9 000.00	18 000.00	57 000.00
大掌柜收入	1 800.00	7 800.00	33 600.00
小掌柜收入	2.60	24.00	206.60
数据服务收入	26.00	360.00	1 826.00
金融服务收入	65.00	300.00	1 865.00
其他收入	13.00	30.00	103.00
成本及费用	776.40	956.40	1 732.80
利润	423.20	2 457.60	11 820.80

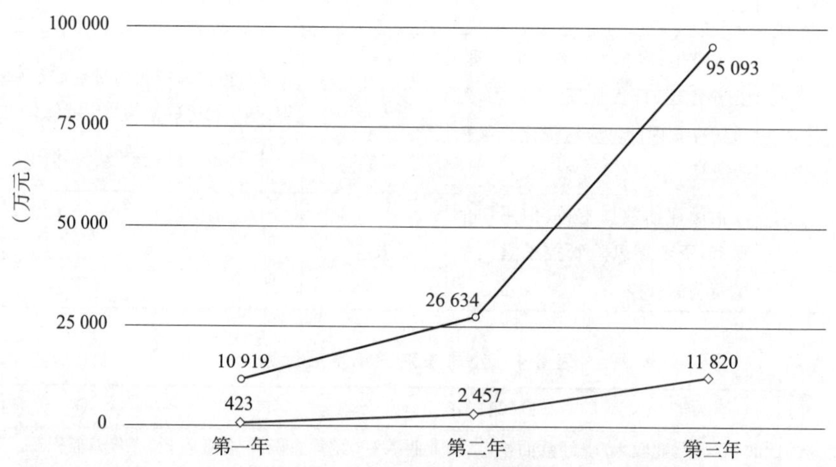

图 8-9　公司三年内的营业额和利润增长估算

7. 融资计划

一号云仓项目,从 2016 年开始由深圳市数字物流有限公司发起并组建了深圳市一号云仓储运有限公司及武汉市壹号云仓供应链服务有限公司两家企业。四年时间的努力,证明了云仓模式的先进性,现在两家企业不但具备了一定的规模,还成为行业标杆;为了能让云仓模式快速占领市场,加强项目的服务能力,并将原来仓储经营服务企业转型为供应链服务平台企业,现由数字物流、深圳云仓、武汉云仓三家企业共同重组项目运营公司,并引入新的战略投资者,共同打造一个全国快消品供应链服务平台。

公司股权架构如图 8-10 所示。新公司注册资本 1 000 万元,数字物流以其云仓经营系统、大掌柜、小掌柜以及开发营运团队注入新公司,占 25%股权;深圳云仓以其经营收入和团队注入新公司,占 34%股权;武汉云仓以其经营收入和团队注入新公司,占 15%股权;投资方现金投入人民币 260 万整,占 26%股权。

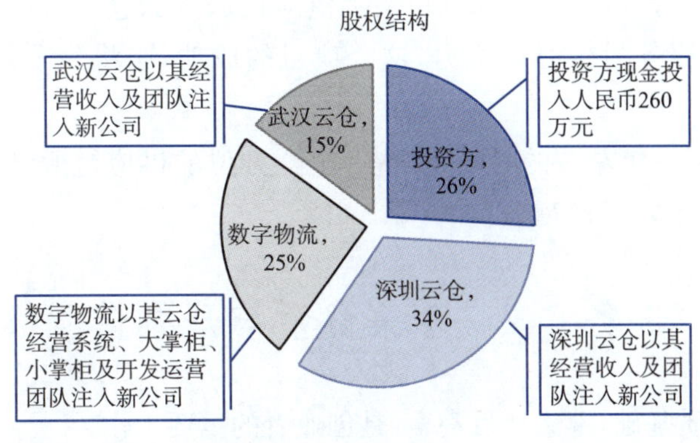

图 8-10　公司股权架构

新公司成立后，其已经是一家具备年营业额 3 000 万元，拥有自主知识产权的高新技术企业，未来价值不可限量。

8. 项目计划与进度

1)项目计划

(1)营运调度客服中心。以深圳云仓及武汉云仓为基础，成立全国营运调度客服中心，并形成客服中心、调度中心、结算中心、营运中心、营销中心组成的服务管理体系。

(2)信息化服务。以目前小掌柜及大掌柜为基础，将大掌柜发展成商贸企业具备经营功能的进销存管理软件，将小掌柜发展成商贸企业的销售管理 App，成为信息服务收费产品。

(3)数据服务。以深圳云仓及武汉云仓为基础，成立全国营运调度客服中心，并形成客服中心、调度中心、结算中心、营运中心、营销中心组成的服务管理体系。

(4)金融服务。以云仓管控为依托，数据服务为基础，建设供应链金融服务平台，吸引更多的金融企业为云仓客户提供资金。

(5)云仓拓展。第一阶段：以深圳云仓为基础，拓展深圳及广州地区的加盟仓，以武汉云仓为基础，拓展武汉及湖北地区的加盟仓；第二阶段：拓展成都、上海、北京、郑州、天津等地区的云仓，一年内云仓规模在 10 万 m^2 以上；第二年在全国中心城市拓展云仓，力争做到云仓营运规模达到 30 万 m^2。在产品研发方面，通过组建服务产品、信息服务产品、数据服务产品、金融服务产品的研发团队，不断挖掘客户需求，逐渐形成公司多产品、多维度、全方位的产品服务能力。

2)项目进度

(1)营运架构。三个月完成营运架构建设，并随市场需求逐步完善客服中心、调度中心、结算中心、营运中心、营销中心，为快速扩张与复制创造条件；营运调度服务中心管理系统升级，完成清分结算系统建设。

(2)产品研发。半年内完成大掌柜及小掌柜的产品升级，并逐步将产品研发成为收费的 SAAS 软件；研发数据服务产品；计划研发商贸企业的订货软件；研发金融服务管理中台。

(3)市场拓展。半年内完成深圳 5 个前置仓，并在广州设置一个中心仓；一年内在成都、上海、北京、天津、郑州等地区成立中心仓，并围绕其发展前置仓；在深圳市与深圳酒协、几家名酒厂家、宁波银行合作，设立深圳市酒类供应链服务云仓，以高效的仓配一体化服务及创新的供应链金融服务为核心竞争力，这个项目的成功，必将为我们全国拓展创造非常有利的条件。

(4)项目目标。用一年左右的时间，打造一个全方位的供应链服务平台，并计划在项目开展的第二年上半年完成A轮融资。

任务8.2 筹集资金与开办企业

资金是创业的物质基础，筹集项目资金，是创业者的重要工作。

企业在创办和经营过程中，会产生各种费用。例如，管理费用，一般是指企业日常经营活动所必需的管理费用，如工资、办公费、差旅费、办公场地租赁费等；销售费用，是指企业在销售商品、提供服务过程中发生的保险费、包装费、广告费、物流费等。如果企业没有足够现金或持续的现金供给，就会导致现金断流。为了维持企业正常运转，就产生了融资的需求。在创业或企业经营过程中，许多企业在利润核算中具备盈利能力，但是因为赊销、预付、应收或其他原因都会造成企业资金短缺。所以，融资需求和现金流的持续，不是以是否有经营利润作为依据的，而是以经营中的现金需要为依据的。现金对于企业的重要性就如血液对于人体的重要性。

【例3】创业启动资金需要多少？

两位刚毕业的大学生，有很好的计算机应用技能。他们想在社区开设一个儿童电脑编程培训班。计划租用一个场地，购买20台计算机。请帮他们列出创办这个培训班的各种开销费用。他们需要为培训班筹集多少资金？（一般来说，在销售收入能够收回成本之前，小微企业事先至少要准备3个月的流动资金。）

8.2.1 融资渠道与方式

1. 融资渠道与方式

融资是一个企业的资金筹集的行为与过程。企业根据自身的生产经营状况、资金拥有状况，以及企业未来经营发展的需要，通过科学的预测和决策，从一定的渠道向企业的投资者和债权人筹集资金，保证企业正常生产和经营活动需要的理财行为。

(1)融资渠道。如图8-11所示，从资金来源的角度看，筹资渠道可以分为企业内部渠道和外部渠道。企业内部筹资渠道是指从企业内部开辟资金来源，主要有三个方面：企业自有资金、企业应付税和利息、企业未使用或未分配的专项基金。外部筹资渠道是指企业从外部获得的资金来源，主要包括：银行信贷资金、非银行金融机构资金、其他企业资金、民间资金和外资。对于初创企业来说，主要是从外部渠道筹措资金，详见“7.1.2 了解创业环境”。

(2)常用融资方式。融资方式是指企业融通资金的具体形式。融资方式越多意味着可供企业选择的融资机会就越多。如图8-12所示，创业企业常用的融资方式有个人创业贷款、融资租赁、不动产抵押、股权转让等。

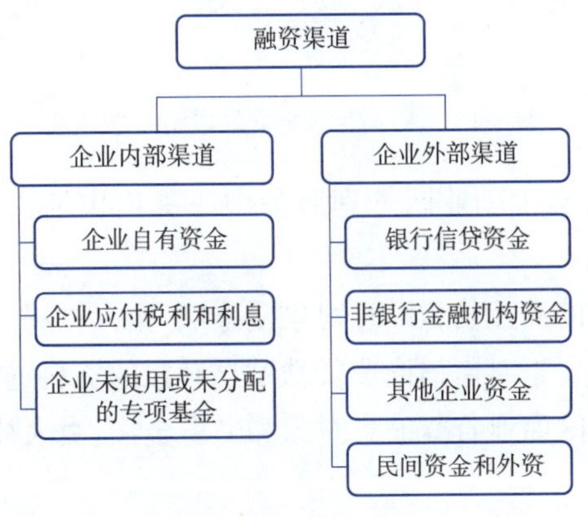

图 8-11　融资渠道

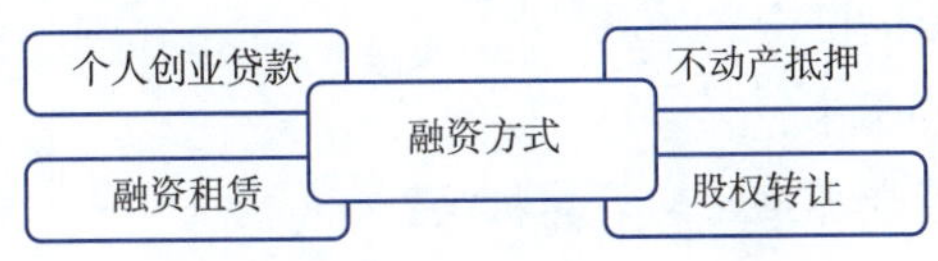

图 8-12　常用融资方式

①个人创业贷款是指具有一定生产经营能力或已经从事生产经营活动的个人，因创业或再创业需要而提出资金需求申请，经银行认可有效担保后而发放的一种专项贷款。

②融资租赁是指出租方根据承租方对供货商、租赁物的选择，向供货商购买租赁物，提供给承租方使用，承租方在契约或者合同规定的期限内分期支付租金的融资方式。

③不动产抵押是以不动产作为抵押品的信用行为。债务人在法律上把不动产所有权转让给债权人，但债权人并不占有不动产。该方式是市场上中小企业运用最多的融资方式。

④股权转让是指企业通过转让公司部分股权而获得资金，从而满足企业的资金需求。中小企业进行企业股权出让融资，既是吸引直接投资，也是引入新的合作者的方式。

2. 大学生创业贷款

对于大学生创业，我们首推“大学生创业贷款”。大学生创业贷款是国家给予大学生的创业优惠办法，为支持大学生创业，国家各级政府出台了许多优惠政策，涉及融资、开业、税收、创业训练、创业辅导等诸多方面。由于各地方经济发展不平衡，各个地方的优惠政策也有所不同，读者可到本学校的创业办公室、当地政府有关部门以及相关网站查询，如应届毕业生网，大学生创业服务网等。

一般要求是高校毕业生毕业后两年内申请从事个体经营或申办私营企业的减免各类费用。除国家限制的行业外，工商部门自批准其经营之日起 1 年内免收其个体工商户登记费(包括注册登记、变更登记、补照费)、个体工商户管理费和各种证书费。大学生创业贷款申请一般流程如图 8-13 所示。

图 8-13　大学生创业贷款申请一般流程

(1)申请。申请人向大学生创业园管理服务中心提出申请,并提交相关申报材料,进行初审。

(2)审核。对初审通过的商业贷款贴息对象及金额,由人社局会同财政局等有关部门按产业导向、注册资本和利税等要素对申请商业贷款贴息对象的资料进行审核,并核定贴息金额。

(3)公示。经评审通过的商业贷款贴息对象和贴息金额,由人社局和申请人所在单位或社区进行公示。

(4)核准。经公示后无异议的,由人社局下发核准通知书。

(5)拨付。根据相关部门核准通知书,财政局在贴息对象提供付息凭证后,从扶持大学生自主创业专项资金中拨付资助资金。

【例 4】续上例。资金哪里来?

①他们能从计算机销售者那里赊购计算机吗?

②如果他们到银行贷款,那么怎样才能增加得到贷款的机会?

③除了银行贷款,他们还可以从哪些渠道获得融资?

3. X 轮融资

X 轮融资是指创业企业在不同成长阶段的融资行为和过程。融资的一般顺序是:种子轮、天使轮、A 轮(1 轮)融资、B 轮(2 轮)融资、C 轮(3 轮)融资等。实际上融资轮次并没有太严格的定义,各轮的说明如图 8-14 所示。

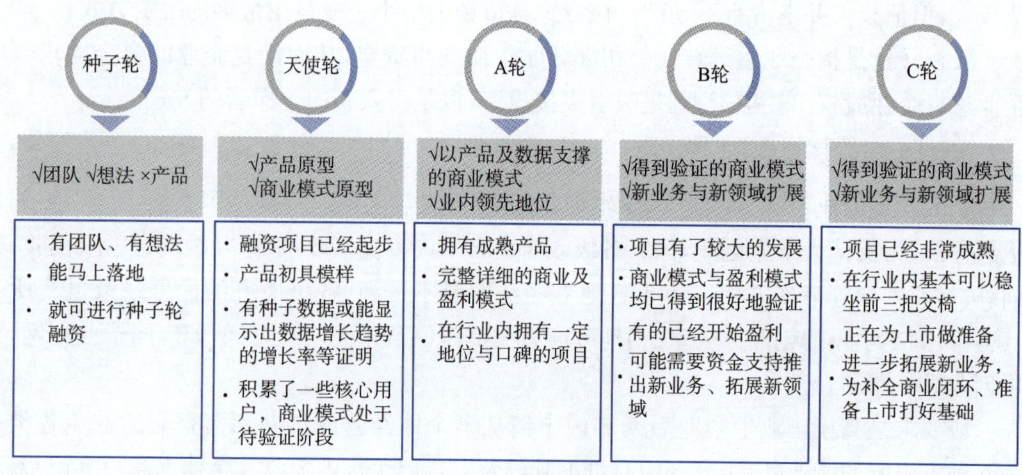

图 8-14　X 轮融资说明

(1)种子轮。当创业者仅有一个想法,需要融资、把想法变成产品的阶段。此阶段的投资人一般是亲戚、朋友。

(2)天使轮。当企业已经起步、但尚未完成产品，商业模式未被验证的阶段。可通过天使投资筹集资金。

(3)A 轮融资。当公司产品有了成熟模样，开始正常运作一段时间并有完整详细的商业及盈利模式，在行业内拥有一定地位和口碑。公司可能依旧处于亏损状态。资金来源一般是专业的风险投资机构。

(4)B 轮融资。当公司经过进一步运作，获得较大发展。一些公司已经开始盈利。商业模式已经被充分验证，公司业务快速扩张。可能需要推出新业务、拓展新领域。资金来源大多是上一轮的风险投资机构跟投、新的风投机构加入、私募股权投资机构加入。

(5)C 轮融资。当公司运营成熟，离上市不远了。应该已经开始盈利，在行业内基本排行前三位。这轮融资，除了拓展新业务，也有补全商业闭环、准备上市的意图。资金来源主要是私募股权投资机构，有些之前的风险投资机构也会选择跟投。

4. 投资类型

投资类型一般包括天使投资、风险投资和私募股权基金。

(1)天使投资(Angel Investment，AI)。是指个人出资协助具有专门技术或独特概念而缺少自有资金的创业者进行创业，并承担创业中的高风险和享受创业成功后的高收益，或者说是自由投资者或非正式风险投资机构对原创项目构思或小型初创企业进行的一次性的前期投资。天使投资是风险投资的一种特殊形式，所投的是一些非常早期的项目，有些甚至没有一个完整的产品和商业计划，或者仅仅只有一个概念。天使投资的金额一般较小。

(2)风险投资(Venture Capital，VC)。又称为创业投资，主要是指向初创企业提供资金支持并取得该公司股份的一种融资方式。风险投资是私人股权投资的一种形式。风险投资公司是专业的投资公司，其资金大多用于投资新创事业或是未上市企业，并提供专业知识与经验，以协助被投资公司获取更大的利润。VC 所投的通常是一些中早期项目，公司经营模式相对成熟，一般有用户数据支持，获得了市场的认可，且盈利能力强，在获得资金后进一步开拓市场，继续爆发式增长。

(3)私募股权基金(Private Equity Fund，PE)。PE 是向特定人募集资金或者向少于 200 人的不特定人募集资金，以股权投资为运作方式(即通过增资扩股或股份转让的方式，获得非上市公司股份，并通过股份增值转让获利)，主要投资于非上市企业股权，以对非上市企业注入资金和管理经验，从而推动非上市企业价值增长，最终通过上市、并购、股权置换等方式退出的一种投资组织。PE 所投的通常是一些是上市前阶段的公司，这些公司已经有了上市的基础，PE 进入之后，通常会帮助公司梳理治理结构、盈利模式、募集项目，使公司至少在 1～3 年内上市。

8.2.2　开办企业的必要工作

1. 了解法律法规

创业者在市场经济活动中会产生相应的产权、经营权及其交换关系，这些均由法律加以规范。创业者应当自觉地增强自身的法律意识，要学法、懂法、依法经营，既不能发生侵权行为，也要学会利用法律保护自身利益。适用于各行各业的法律法规有《公司法》《合伙企业法》《商标法》《劳动法》《企业所得税法》《个人所得税法》《专利法》《著作权法》等。图 8-15 对这些法律的目的做了简要介绍。

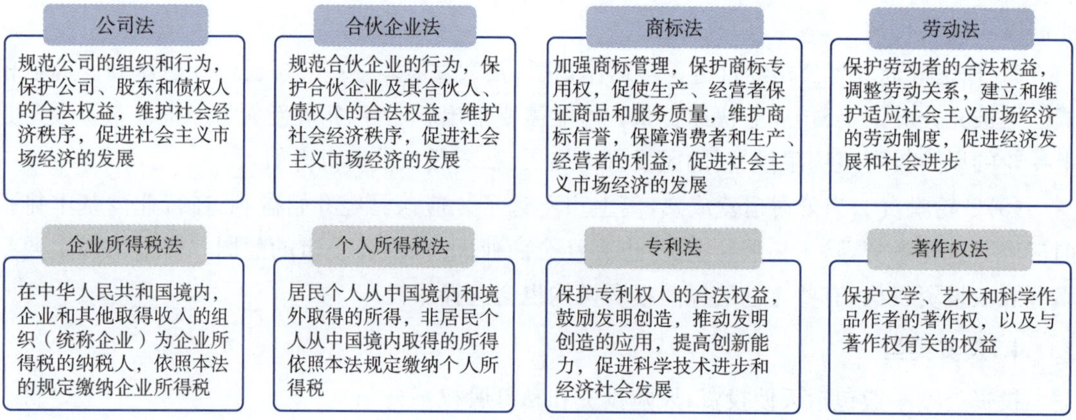

公司法
规范公司的组织和行为，保护公司、股东和债权人的合法权益，维护社会经济秩序，促进社会主义市场经济的发展
合伙企业法
规范合伙企业的行为，保护合伙企业及其合伙人、债权人的合法权益，维护社会经济秩序，促进社会主义市场经济的发展
商标法
加强商标管理，保护商标专用权，促使生产、经营者保证商品和服务质量，维护商标信誉，保障消费者和生产、经营者的利益，促进社会主义市场经济的发展
劳动法
保护劳动者的合法权益，调整劳动关系，建立和维护适应社会主义市场经济的劳动制度，促进经济发展和社会进步
企业所得税法
在中华人民共和国境内，企业和其他取得收入的组织（统称企业）为企业所得税的纳税人，依照本法的规定缴纳企业所得税
个人所得税法
居民个人从中国境内和境外取得的所得，非居民个人从中国境内取得的所得依照本法规定缴纳个人所得税
专利法
保护专利权人的合法权益，鼓励发明创造，推动发明创造的应用，提高创新能力，促进科学技术进步和经济社会发展
著作权法
保护文学、艺术和科学作品作者的著作权，以及与著作权有关的权益

图 8-15　相关法律简介

2. 开办企业的一般流程

开办企业的一般流程如图 8-16 所示。

订立公司章程
申请公司名称预先核准
股东缴纳出资并出具验资证明
申请设立登记
登记机关审核发放企业法人营业执照

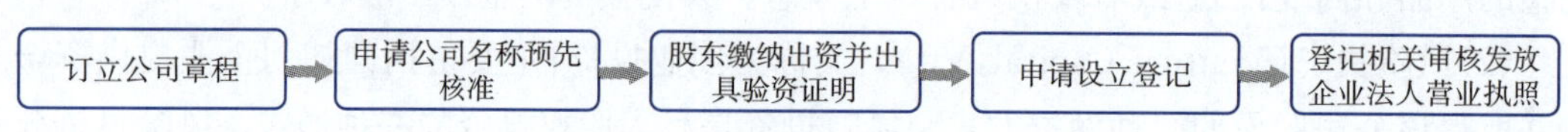

图 8-16　开办企业的一般流程

(1)订立公司章程。公司章程是公司设立的基本文件，只有严格按照法律要求订立公司章程，并报经主管机关批准后，章程才能生效，也才能继续进行公司设立的其他程序。

(2)申请公司名称预先核准。设立公司应当申请名称预先核准。采用公司名称的预先核准制，可以使公司的名称在申请设立登记之前就具有合法性、确定性，从而有利于公司设立登记程序的顺利进行。

(3)股东缴纳出资并出具验资证明。有限责任公司除具有人合因素外，还具有一定的资合性，股东必须按照章程的规定，缴纳所认缴的出资。股东的出资还应当按照法律的规定，采取法定的出资形式，并经法定的验资机构出具验资证明。

(4)申请设立登记。为了获得行政主管部门对其法律人格的认可，公司设立程序中一个必不可少的步骤，即是向登记机关申请设立登记。

(5)登记机关审核发放企业法人营业执照。设立有限责任公司，应当由全体股东指定的代表或者共同委托的代理人向登记机关申请设立登记。登记机关对申请登记时提供的材料进行审查后，认为符合条件的，将予以登记并发给企业法人营业执照，有限责任公司即告成立。

学习小结

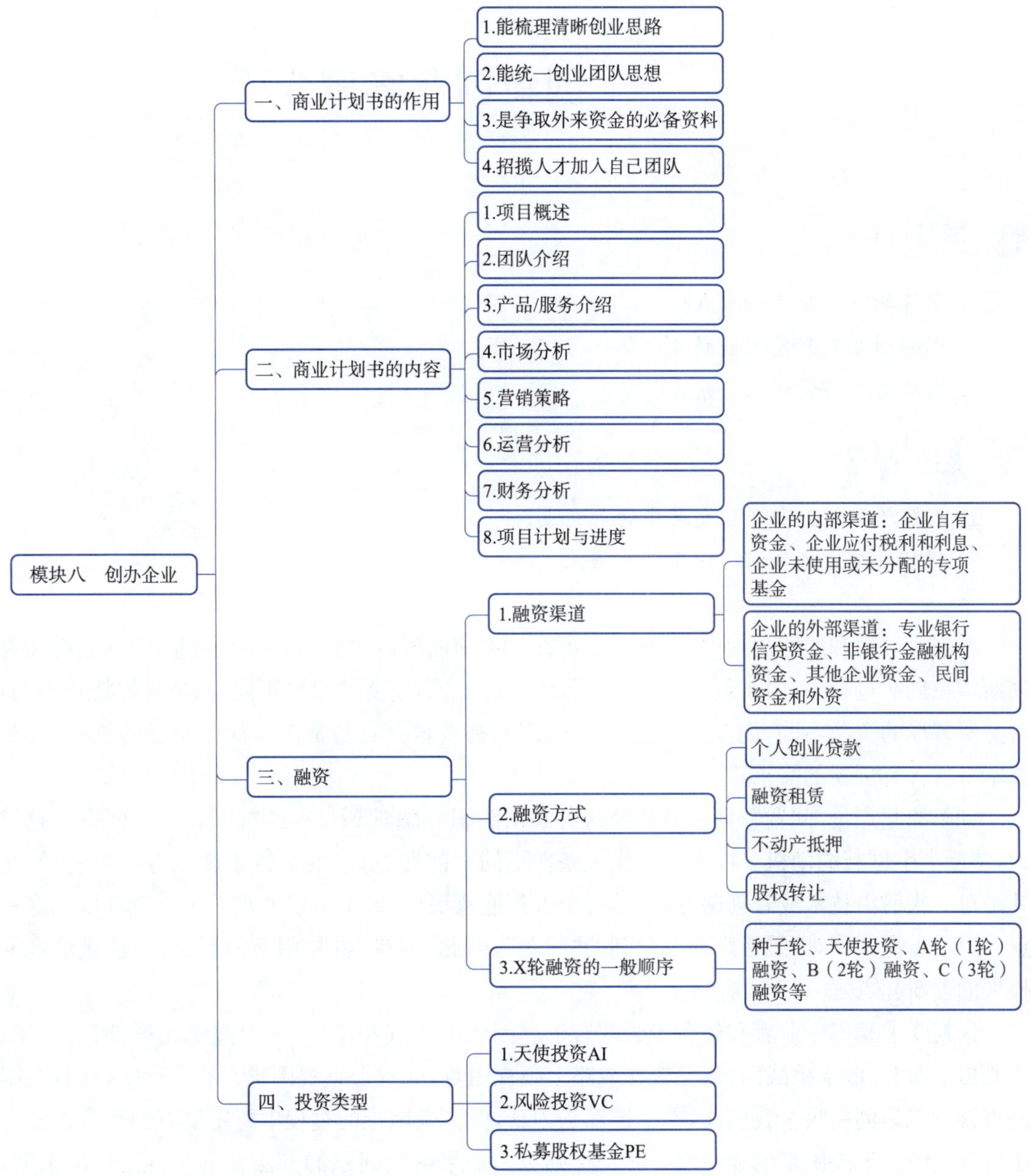

想一想

1.“创业计划书”最核心的问题是什么？

2. 设想自己创办一个公司，起草一份“创业计划书”，其中财务分析可参考“8.1.2 撰写商务计划书”中财务分析相关内容。

模块九　创新创业案例分析

学习目标

1. 了解物流创业的切入点。
2. 理解创业创新案例创新点。
3. 理解创业与创新的关系。

重点与难点

1. 理解物流创业和企业发展中的创新点。
2. 创新思维方法如何运用于创新创业。

在创业过程和经营过程中，创新无处不在。如前面所讲，“创新未必要创业，而创业必须要创新。”在创业过程中，由于创业者的个人先天条件不同，所受的教育不同，兴趣爱好特长不同，自身所掌握的资源不同，创业过程也都不同，因而都要根据自身情况走属于自己的创业之路。这本身就含有创新的需求。

创新的起点是“问题”，创业者和经营者必须意识并感觉到存在的“问题”——即有问题意识，才会产生创新的动机。由于个人先天条件不同，“问题意识”的敏锐程度也有很大差异，尤其是对一些前沿技术或管理课题，不是每个人都能意识到，也不可能要求每个创业者做到这一点。退一步说，“困难”是最容易感觉到的“问题”，因此“困难”也是创新的起点，而且是最容易找到的创新起点之一。

这就要求我们创业者和经营者必须有正视困难的勇气和态度：一要避免无视、回避困难；二要勇于面对、敢于挑战困难；三要在战略上藐视困难，战术上重视困难。有人产生疑问，克服困难就一定是创新吗？我们说，不一定都是创新，但克服困难的过程中肯定要有创新意识和方法贯穿其中。解决困难的途径之一就是想办法。如果解决问题的办法完全是自己想出来的，对自己来说这就是一种创新。解决困难的另一种途径就是学习，学习专业知识、请教懂行的人甚至专家。通过学习解决困难虽不能称为创新，但这里面同样包含创新的意识和方法。因为，你要知道解决困难需要什么知识、技术或方法，以及找什么资料？所以，对所需知识、技术或方法的搜索就是反复的试错过程，这就是创新的意识和方法。

在本模块中，我们一共选取了六个案例进行创新创业分析。选取了两个大学生创新创业案例——小王跑腿公司和张小生包子铺，分析了大学生如何利用有限资源进行创新创业及其创业精神;选取了两个物流领域的创新创业案例——天地汇的“物流淘宝”和 91 智能共享托盘平台,分析了其中的组织创新、模式创新和绿色物流创新;选取了两个企业的物流创新案例——饮料配送中心的逆向分货和物流周转箱 RFID 智能复核,分析了其中的技术创新和管理创新。这些案例既有通过创新实现创业的,也有在企业经营过程中,通过创新提升企业竞争力、推动企业发展的。我们通过分析案例的创新点以及其中运用的创新方法,供读者了解和学习。

任务 9.1　小王跑腿公司

武汉研究生小王开“小王跑腿公司”,你有事我跑腿。

对于身在北京的孙先生来说,“小王跑腿”是他和女朋友爱情的见证人,也是两人的信使。“我经常指定一些咖啡、下午茶或者夜宵,在网店拍下对应金额,请小王帮我买了再送到女朋友那边去。”

“小王跑腿”是武汉一家专门替人跑腿办事的公司,武汉工程大学的硕士毕业生小王从读书时就开始以此名号“闯市场”。5 年时间,“小王跑腿”已经拥有 20 多个成员,代送文件、礼物,甚至送外卖,凡是跑腿的事儿,无所不揽。

“跑腿几乎是零成本的事,也不担心会亏本。”谈及创业的初衷,小王说,读研时自己没有多少资金,想到无需成本的跑腿,就和三个小伙伴行动了起来。“跑”开了之后,小王尝到了甜头,“毕业季业务多的时候,一个月可以接到 20 单,至少挣三四千元钱。”

比起市场上普遍的快递、外卖和中介行业,小王认为自己的业务有独特优势。“只要顾客提出要求,我们就可以立刻去做,而且是一对一服务”。

在北京工作的田女士对此颇有感受,曾在武汉读书的她今年 3 月份办护照时,发现需要去户口所在地武汉取户口簿。没时间专门跑一趟的田小姐找到了“小王跑腿”。“为了确保可靠,我将‘小王跑腿’的微博都翻了个遍,看到他们都是研究生毕业,就放心了。”田小姐说。在“小王跑腿”的认证微博上,小王将每一单生意都写成了简短的故事。

原以为要好几天才能到手的户口簿,第二天就寄到了北京,田女士很是感慨:“180 元钱跑腿费,若是我自己跑一趟武汉,来回高铁要一千块左右。”

“小王跑腿”成员中,有的在高校读书,有的在其他公司有一份正式的工作,学历都不低——王志招人,最低“本科”起步。“跑腿门槛比较低,我们想打造一支高素质的跑腿团队,做行业中的精英。”王志说,由于跑腿服务是个新兴行业,市场上还没有相关规范,大量跑腿公司涌入造成行业内鱼龙混杂,很多客户不敢将重要的事务委托给跑腿公司办理。

“客户直接把证件寄给我们,把隐私告诉我们,甚至有的客户把家门钥匙都交给我们,我们必须尽全力把事情做好才对得起别人的信任。”团队合伙人汪政说,“小王跑腿”正在草拟保护客户隐私的文件,设置安全担保平台,力图“把这份互相的信任维护好”。

在个人微博上,小王的跑腿故事已经写到了第 358 篇,业务范围扩展到了香港、杭州、北京等城市,甚至在韩国和澳大利亚也有了自己的跑腿员。

正如王志所说，跑腿作为新兴行业，面临着开拓市场和规范经营的双重压力。而且公司刚刚起步，很多业务还在探索阶段，定价标准尚不精确。“一般而言会按照距离、跑腿的次数、办事的难度来确定服务费用，因为经常有新业务出现，所以收费还是靠个人来定。”

“小王跑腿”采用“互联网＋服务”的经营模式，客户通过网店、微信联系业务，依据需求商定好价格，顾客满意了再确认付款。目前，“小王跑腿”已将自己的跑腿业务升级为“U-time 时间管家”，“就是打造一个网络平台，让更多愿意销售时间的人入驻其中，把时间卖给客户，帮助客户更好地规划时间”，王志说，他们的目标是逐渐形成多元化的跑腿业务，“跑出个精彩未来”。

【分析】这位研究生的创业项目在当时来讲确实是个服务行业崭新的项目，填补了服务行业的一个空白点，本身就是一项创新。为此，《人民日报》2015 年 7 月 13 日第一版以题为“你有事，我跑腿”的文章详尽地报道和评论了这件事。

这个项目的第一个优点就是创业成本极低，用他们自己的话来说，“跑腿几乎是零成本的事，也不担心会亏本。”其次就是符合现代社会人们生活方式的转变而产生的新需求。就像《人民日报》的评论中说的那样：“不少人喜欢‘宅’在家里，通过跑腿公司来解决自己的吃饭、购物等生活需求。记者调查发现，随着‘懒人经济’的兴起，市民消费方式的转变，老百姓对跑腿公司的认知度正在不断提高。”

随着老龄化社会到来，有这种需求的“老人”将会越来越多，这种服务的需求面也就会越来越广。此外，还给很多因忙于工作，无暇处理个人及家庭私人事务，如接送人、代驾、代送修家电、办理某些私人事务等，带来极大的方便。用一句常话，他们用极其贴近广大群众的方式“为人民服务”。

另外，从经济学的观点来看，这种服务是把众多个人零星需求集合起来统一处理，符合规模经济的原则，是对整个社会时间的节约和优化。

任务 9.2　张小生包子铺

邯郸大学生小张开“张小生包子铺”走红，日卖 4 000 个包子。

9.2.1　开张

刚开张时，小张每天几乎只能睡三小时。

记者辗转联系上包子铺老板小张。他告诉记者，他和同学小韩、小刘都是从中国地质大学毕业的，因为两位同学要考研、要工作，目前包子铺主要由他运营。说起开包子铺，最初的点子也是学市场营销的小张提的。毕业后的他并没有忙于找工作，而是先后到北京、天津考察，最终决定要开包子铺。

“我父母是做生意的，我从小学了不少营销手段。”小张说，除了从小的耳濡目染，他也有经验基础，“我有家人开包子铺，这样，起步就会稍微简单些，成功的可能性也会更大。”而说起最困难的时候，还是刚开张的那几天，因缺乏实战经验，他每天几乎要忙到凌晨 1 点才能把馅料备齐。睡不到 3 个小时，就得起来调馅儿、包包子，到了 7 点才能正常出摊。

9.2.2 影响

开张虽不足一个月，“张小生包子铺”却在当地小有名气，几乎每天都有人排队买包子。“为了保证质量，不论包子的馅料、面，还是油都不会用杂牌的。”小张说，过硬的质量或许是大家迅速认可他的一个原因。

此外他还很注意细节。“店前面有个饮水点，不论买不买包子，你渴了就能去接水，我们还特意放了几个凳子给老人、孕妇排队等待时坐，大家很欢迎。”小张说，为了吸引顾客，从开业到现在，他还经常推出一些活动，比如儿童节期间为福利院的孩子送包子，父亲节期间推出互动活动。

就这样，“90 后大学生卖良心包子”的事儿在邯郸街头传开，“张小生包子铺”也引来众多即将毕业大学生的关注，希望成为其中一员。“我上学的时候，也希望能自己创业，看到他之后，我就想能不能跟着他一起。”今年刚刚从石家庄学院毕业的小部在网上看到了帖子便主动联系小张，甚至有一天，他直接跑到店里，主动帮起忙来。

现在，小张的包子铺每天能卖近 4 000 个包子，如此的销售量也引来 30 多人争取包子铺的加盟权。

9.2.3 声音

“我真没想到，他们真的成功了”。其实，小张三人共同创业的事儿，一直受到大学同学们的关注。“他们几个上大学的时候，就特别喜欢琢磨，经常参加一些商业活动。”小张的同学小赵说。

但小赵初次听说小张他们开了包子铺时，还是被震到了：“我总觉得这个不一定行，包子太普通了，觉得他们玩大了。”可如今见到网上越来越火的“张小生包子铺”，小赵也不得不改变自己之前的观点：“我真没想到，他们就这么火了，真的成功了。”

【分析】这几位大学生创办张小生包子铺的成功之处有三点。

其一，他们没有好高骛远地找高大上的新奇项目，而是开设了极其平凡的，也可以说在市面上举目可见的包子铺。发挥了家庭传给他们的经验和技术的优势。

其二，他们有吃苦耐劳的创业精神。

其三，他们创业成功最重要的一点，就是在平凡的项目中创新了便利顾客的服务，尤其是对那些既有购买愿望，而又有身体活动障碍的顾客提供了“暖心”的服务，如设置了饮水点，放置了老人、孕妇排队等待时座位；还经常推出一些活动，比如儿童节期间为福利院的孩子送包子，父亲节期间推出互动活动。这些就是平凡中的不平凡，这些都是一般包子铺所没有的，这就是创业中的创新。

任务 9.3　天地汇的“物流淘宝”

物流企业组织形式一定要根据企业发展与市场竞争和变化的需要进行调整和创新。从 20 世纪 80 年代起，美国物流管理协会就一直在组织对企业物流绩效衡量和第三方物流价值的研究。根据抽样调查，在过去的 2013 至 2015 年期间的差不多两年时间里，第三方物流企业的客户物流成本平均下降 11.8%，物流资产下降 24.6%，订货周期从 7.1 天下降到 3.9 天，库存总量下降 8.2%，这说明第三方物流服务能从多个方面提升客户价值。物流外包可以使企业资源专注于核心竞争力，做自己擅长的，而将不擅长的交给第三方、第四方等专业组织去做。

在这里，我们选取了天地汇公司作为组织创新案例进行分析和学习。天地汇是一家第四方平台型物流企业。第四方物流负责第三方物流运作之外的功能整合，不仅控制和管理特定的物流服务，而且对整个物流过程提出整合方案，并通过电子商务将这个过程集成起来。因此，第四方物流成功的关键在于为客户提供集时效性和成本适中的性价比高的增值服务。第四方物流通过提供一个综合性供应链解决方案来影响整个供应链，从而获得价值。①

9.3.1 企业简介

天地汇集团成立于 2013 年 7 月，是一家基于物联网科技和实体园区网络联动（即 O2O 线上线下）打造的第四方平台型物流企业。公司致力于打造中国先进的公路货运公共承运平台，赋能中小微物流企业提质降本增效，服务实体经济转型升级、实现产业报国。天地汇打造了天地卡航、优卡、生态与金融三大核心产品。

(1)全国先进的甩挂运输网络 —— 天地卡航；

(2)全国先进的无车承运平台 —— 优卡；

(3)先进的公路运输赋能体系 —— 生态与金融。

公司先后荣获 5A 级物流企业、全国高新技术企业、全国供应链优秀试点单位、首批无车承运人试点单位等多项荣誉和资质。2019 年集团整体收入突破 120 亿元，平台物流运费交易额超过 2 000 亿。

9.3.2 商业模式

天地汇专注于打造三张网和两朵云，即“天网、地网、车网”和“物流云”“数据云”。以供应链协同为核心，以线下园区为基础管理单元，通过互联网、移动互联网、车联网、物联网等信息技术手段进行线上线下的联动，实现园区与园区之间互联互通，进而构建园区之间的高效车网并实现运输过程的透明化管理。如图 9-1 所示，“天网、地网、车网”共同打造“物流淘宝”生态圈。天地卡航业务关系如图 9-2 所示，天地汇会员的发展和服务质量的提升，依托于这个系统所产生的大数据，形成云数据，可服务于每个物流企业甚至每台车。天地汇的商业本质是“天网共享、地网互联、车网互通、生态共赢”。

1. 天网

“天网”是天地汇精心打造的、具有完全自主知识产权的公路港信息化云服务平台，是公路港核心竞争力；是基于互联网、移动互联网、物联网和车联网“四网合一”的物流云服务平台。“天网”平台主要包括“园区通”(RPMS)、智能订单管理系统(OMS)、运输管理系统(TMS)、“天地卡航”管理系统(REMS)、集提集配智能管理系统(PUDMS)、甩挂调度管理系统

① 殷延海，张大成．商贸物流创新案例分析[M].上海：立信会计出版社，2016.

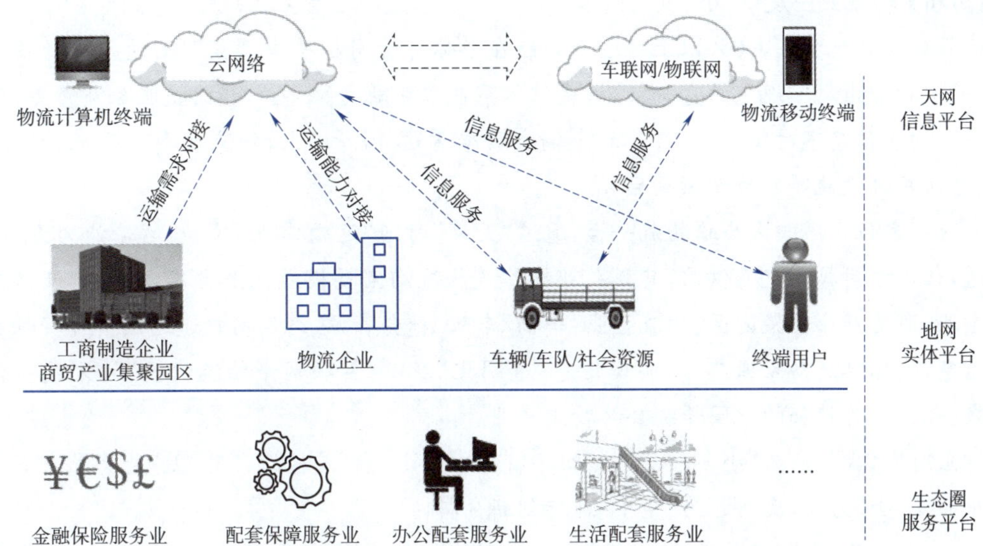

图 9-1　"天网、地网、车网"共同打造"物流淘宝"生态圈

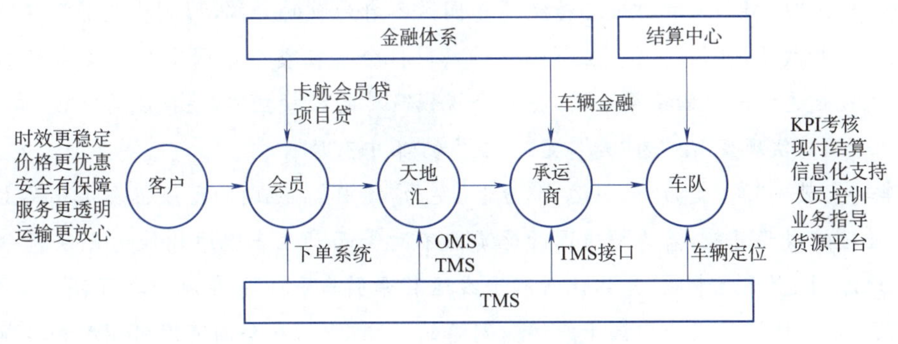

图 9-2　天地卡航关系图

(DTMS)以及会员和诚信管理系统(MCMS)等系统以及在线服务综合而成的,通过天网的核心作用,使地网、车网实现全网协同,最终实现整个供应链体系的优化与协同。

2. 地网

遍布全国的物流枢纽节点城市的公路港连接形成天地汇"地网",地网打破了传统孤岛园区的弊端,形成物流资源在地网平台上的高效流转和共享,使得所有货主、物流企业、司机会员在整个地网中享受各类标准的产品和服务。

3. 车网

"车网"是在"地网"和"天网"的基础上构建的园区之间点点直达的车辆运输网络。天地汇通过"天地卡航"产品让所有干线运营牵引车和车厢在地网之间高效运作,实现全网甩挂运输,天地汇将成为中国干线运输网络的总调度台,在全国范围内调度和控制所有运营车辆,让车与车之间,车与司机之间,司机与物流企业之间,车与总调度之间形成有机的管控关联,使车辆使用效率实现大幅提高,已达到国际先进水平。

【分析】物流业一度以“小、散、乱、差”著称。“小”，是指经营主体规模小、数量多；“散”，指经营运作处于散乱状态，90%以上的运力分散在个体运营司机手中；“乱”，指的是市场秩序混乱，经营中时常出现不规范的竞争行为，诚信体系也常年缺失。“差”，指的是服务质量差，经营效益差。由于信息不对等，物流行业的车辆空驶率曾达40%以上，物流效率十分低，对环境、能耗、交通基础设施等的负面影响巨大。

天地汇定位于第四方公路物流平台，通过“天网”打通“运输需求方”和“运输能力方”的信息通道，让双方对接和交易供需，其模式可看作是物流淘宝类模式。平台各方用户，包括工商制造企业、商贸产业集聚园区、物流企业、车辆/车队/社会资源、终端用户通过该平台实时共享各方信息，使信息流动互通起来，实现信息“透明化”。以“互联网＋物流(园)”的方式整合了“小、散、乱、差”为特征的中国传统公路物流产业。

综上所述，我们认为“小、散、乱、差”四字特征中，“小、散”是根源，“乱、差”是恶果。下面就对其中的变“小”为大，变“散”为“集中”进行创新分析。

(1)经营主体“小”、经营运作“散乱”，变为规模“大”、运作“集中有序”。通过“天网”平台这个信息交互桥梁，而把各方用户“关联”起来。从而把遍布全国的物流枢纽节点城市的公路港连接形成天地汇“地网”，地网打破了传统孤岛园区各自为政的弊端，形成物流资源在地网平台上的高效流转和共享，使得所有货主、物流企业、司机会员在整个地网中享受各类标准的产品和服务。也就是通过平台的桥梁作用，把各个规模“小”的经营主体，连接成为规模“大”的经营主体集合(地网)，实现变“小”为“大”，变“散乱”为“集中有序”。

(2)车辆空驶率“高”变为“低”；运力“分散”变为“集中”。地网的形成将真正意义上让网络型高效甩挂运输成为可能，着力解决因两地货源不对等而产生车辆运输能力无法充分利用的情况。天地汇通过“天地卡航”产品让所有干线运营牵引车和车厢在地网之间高效运作，实现全网甩挂运输，天地汇将成为中国干线运输网络的总调度台，在全国范围内调度和控制所有运营车辆，让车与车之间、车与司机之间、司机与物流企业之间、车与总调度之间形成有机的管控关联。在这样科学、透明、高效的管理下，天地汇车网平台上的车辆使用效率实现大幅提高。

(3)从创新思维方法的角度看天地汇的成功之处。如前面所述，创新思维的本质就是“信息的变形与重组”。天地汇的成功完全运用并验证了这个定义。

首先，天地汇经营从事的并不是实体物流业务，而是从事经营物流多种业务的信息。其次，它是通过多种业务信息之间的整合，实现了信息的重组，具体体现在信息的共享。原来众多的“小、散”物流企业之间无序的相互竞争，即使是自己不成交的业务(分散的信息)，一般也不会告诉可能成交的其他同行，避免养大养强了竞争对手。这样就导致信息隔绝，并因此造成了大量的信息浪费，不但自己丢失了业务成交机会，货主也常因此不得不付出高价运费。这也是物流成本远高于同时期的国外物流成本的重要原因之一。通过天地汇这种“共享”，有效地减少、消除了这种无序竞争，形成了各小企业之间的有效的、合理的价格，以及服务效率和质量的竞争，最终还能达到整合小企业，做大做强的效果。

任务 9.4　91 智能共享托盘平台

中华人民共和国国家标准——物流术语(GB/T 18354—2021)对绿色物流的定义是:通过充分利用物流资源、采用先进的物流技术,合理规划和实施运输、储存、装卸、搬运、包装、流通、加工、配送、信息处理等物流活动,降低物流活动对环境影响的过程。

绿色物流(Environmental Logistics)通过充分利用物流资源,采用先进的物流技术,合理规划和实施运输、储存、装卸、搬运、包装、流通加工、配送、信息处理等物流活动,降低物流对环境影响的过程。"绿色物流"里的绿色是一个特定的形象用语,它泛指保护地球生态环境的活动、行为、计划、思想和观念在物流及其管理活动中的体现。

与传统的物流相比,绿色物流在目标、行为主体、活动范围及其理论基础四个方面都有自身的一些显著的特点。绿色物流的理论基础更广,包括可持续发展理论、生态经济学理论和生态伦理学理论;绿色物流的行为主体更多,它不仅包括专业的物流企业,还包括产品供应链上的制造企业和分销企业,同时还包括不同级别的政府和物流行政主管部门等;绿色物流的活动范围更宽,它不仅包括商品生产的绿色化,还包括物流作业环节和物流管理全过程的绿色化;绿色物流的最终目标是可持续性发展,实现该目标的准则不仅仅是经济利益,还包括社会利益和环境利益,并且是这些利益的统一。

在这里,我们选取了 91 智能共享托盘①作为绿色物流创新案例进行分析和学习。

9.4.1　企业简介

91 托盘网于 2017 年 5 月成立,秉承"让物流更高效"的理念,为货物的运输带来方便,用低廉的价格提供智能共享托盘服务,使货物运输过程更便捷、更透明、更安全,并帮助减少资源消耗,降低环境污染,给社会倡导绿色可持续发展的智能化共享解决方案。

9.4.2　托盘运营的两种模式

托盘运营有传统的封闭式运营和共享的开放式运营两种模式。

1. 封闭式的托盘运营

封闭式的托盘运营指的是由托盘租赁企业在全国设立租赁运营网点,购买托盘建立托盘池。用户从托盘租赁企业租赁托盘,装载货物后不更换托盘,托盘在不同用户间循环共用,用户支付相应的分时租赁费用。送达最终客户后,由当地托盘租赁企业的运营网点回收托盘,再出租给其他企业。封闭式的托盘循环共用系统的托盘所有权全部归属于托盘租赁企业,作为用户的制造企业、物流公司、流通企业和收货企业都不需要拥有托盘,托盘的质量控制、维护修理都由托盘租赁服务公司负责,免去了托盘使用企业的管理和维修的麻烦。但是,组建托盘租赁公司,建立庞大的租赁网络需要较大的投资,需要大量的托盘用于循环共用的周转,运营系

① 徐磊. 创物流[M]. 北京:电子工业出版社,2019.

统只有达到足够的规模后才能产生效益，难以建立覆盖广泛的运营网点。1 000 片和 10 000 片托盘运营三年的收支情况如表 9-1 所示。

表 9-1　1 000 片和 10 000 片托盘运营 3 年的收支情况

（单位：元）

项　　目		1 000 片托盘	10 000 片托盘
收入（三年）	租赁收入	219 000	2 190 000
	残值	70 000	700 000
	收入合计	289 000	2 890 000
支出（三年）	托盘购买成本	135 000	1 350 000
	资金占用费	19 845	198 450
	仓库租赁费	72 000	72 000
	人员成本	216 000	216 000
	设备投入（叉车）	30 000	30 000
	托盘维护费	20 000	20 000
	税费	20 000	20 000
	支出合计	512 845	1 906 450
	利润（三年）	−223 845	983 350

通过对比可以看出，租赁企业进行封闭式运营，1 000 片托盘运营三年仍然是亏损的，但是 10 000 片托盘运营三年的净利润是 983 550 元。运营企业需要不断采购托盘、加大投入规模，才能获得盈利。如果刨去成本、费用，一片托盘的投资回报周期大概是 13 个月。

2. 开放式运营模式

与传统的封闭式租赁模式不同，91 托盘是开放式运营模式，租赁运营商通过平台上各地区网点运营商之间的滚动和交换循环来进行租赁，而不是一味地采购、投入。比如，同样需要 10 000 片托盘，传统封闭式情况下要采购 10 000 片，然后租赁出去；而开放式运营模式下只需采购 500 片就可以满足 10 000 片的租赁需求（按照实际运营情况来看，每个城市 20 个网点、每个网点 1 000 片，单个运营网点可共享的托盘数量在 20 000 片，1 比 20 的比例，通常 1 个网点循环累积的托盘池大概会有 20 个网点进行循环补充）。也就是说如果封闭式运营 1 000 片托盘，那么开放式就可以运营 20 000 片托盘。1 000 片托盘运营三年的收支情况如表 9-2 所示。

表 9-2　1 000 片托盘运营三年的收支情况

（单位：元）

项　目		封闭式	开放式
收入（三年）	租赁收入	219 000	635 100
	残值	70 000	70 000
	收入合计	289 000	705 100

续表

项　　目		封闭式	开放式
支出(三年)	托盘购买成本	135 000	135 000
	资金占用费	19 845	19 845
	仓库租赁费	72 000	72 000
	人员成本	216 000	216 000
	设备投入(叉车)	30 000	30 000
	托盘维护费	20 000	20 000
	税费	20 000	20 000
	支出合计	512 845	512 845
利润(三年)		−223 845	192 255

运营 1 000 个托盘三年，开放式比封闭式运营多获得收益 416 100 元，而三年后的利润也从亏损变为净利润 192 255 元。

带托盘运输前后的财务数据对比如表 9-3 所示。综合来看，以 1 000 吨操作量的同量级分拨成本来看，某物流企业的带托操作成本下降约 60%。

表 9-3　带托盘运输前后的财务数据对比

成本对比(5 装 5 卸)	
1. 带托盘运输前的装卸成本(主要是装卸工人工资)	240 元/次×10 次=2 400 元
2. 带托盘运输后的装卸成本(主要是叉车使用成本)	30 元/次×10 次=300 元
装卸效率对比(一车货)	
1. 带托盘运输前的装卸效率	3 小时
2. 带托盘运输后的装卸效率	半小时
货损、货差的降低及节省的包装费用	
1. 带托盘运输前的情况：使用人工装卸，需 5 层瓦楞纸	
2. 带托盘运输后的情况：有效保障货物运输安全，减少货损、货差，使用叉车装卸，只需 1 层瓦楞纸	

9.4.3　91 托盘的运营模式

91 托盘的运营模式是"产品＋平台＋网点 ＝ O2O 共享服务"，如图 9-3 所示。

1. 产品

91 托盘严格认证生产供应商，选用多种规格托盘产品，"黄金托盘"具有耐高温、阻燃、防静电、智能追踪、免维修、不变形的特点，满足不同场景的使用需求。

2. 平台

91 托盘实施中国国家标准，统一 GS1 编码，实现智能物联全程的系统管理和实时对账结账。全面开放的托盘共享平台，实现了整个物流链的全流程信息共享，托盘无忧调度。提供了基于物联网的实时监控，有效解决了用户对货物管理的难度。

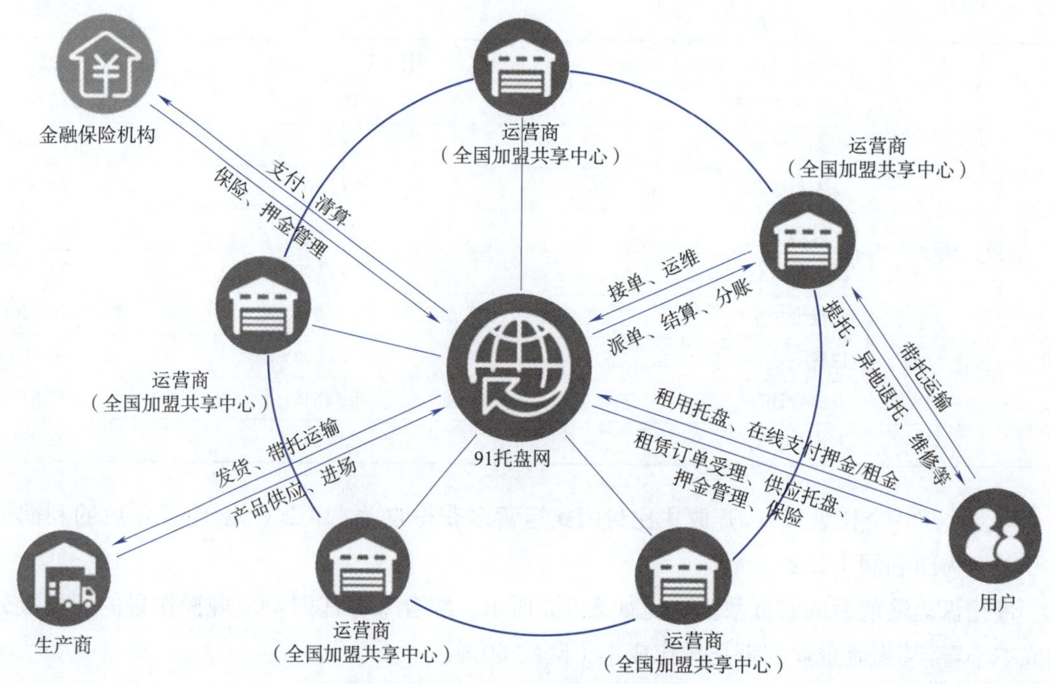

图 9-3　91 托盘的运营模式

3. 网点

覆盖全国的托盘共享中心网点协同运营。不断扩大的共享中心和合作运营商服务网点，提供异地归集、回收、再循环等服务，为用户解决了找托盘的难题，实现了量身定制的网点共享服务。

【分析】究竟什么样的东西最适合共享？经常闲置的资源是最适合的。物流行业占据GDP 超过 17%的比例，但物流人经常会问：钱都到哪里去了？经常听大家说过路费、车辆费、油费、融资成本等，但还有很多的成本被忽视，如器具的闲置、人力资源的浪费以及追求短期利益的危害，等等。正是这些被忽视的成本，隐藏着托盘共享的商业逻辑。我们选取其中的两个创新点进行分析。

(1)创建全球首个智能共享托盘动态租赁模式。“共享”意味着提高资源效用，意味着减少限制和浪费，也就是绿色物流追求的一个方面。因此，“智能共享托盘动态租赁模式”成为 91 托盘创业的切入点。其自主研发的专利智能托盘集成了 GPS 和通信模块，采用了新一代物联网技术，通过智能手机 App 让用户随时随地可以定位并使用最近的托盘，使用完毕后，只需将托盘归还到就近的托盘“共享中心”，入库即实现电子付费结算。

(2)创新开放式的托盘运营。91 托盘平台采用开放式的托盘运营，相比封闭式的托盘运营，其创新点和效益体现在以下方面，如表 9-4 所示。

(3)从创新思维理解开放式的托盘运营。该案例与任务 9.4 天地汇的案例有类似之处，也有不同之处。类似之处是它们都不是直接参与具体物流运作(作业)业务，而是通过建立第四方平台，连接了各托盘租赁商和托盘用户之间的信息，达到提高效率、降低成本的成效。不同之处在于，天地汇建立的平台定位于整合公路运输资源，而本案例的平台定位于整合托盘租赁资源。

表 9-4　封闭式和开放式托盘运营对比点

序号	创新对比点	封闭式的托盘运营	开放式的托盘运营
1	托盘运营主体	独立托盘租赁企业	多个加盟托盘运营商
2	托盘所有权	独立托盘租赁企业所有	多个加盟托盘运营商共有
3	托盘的采购	独立托盘租赁企业投入资金采购	多个加盟托盘运营商共同投入资金采购
4	托盘运营模式	由托盘租赁企业单独运营管理	通过平台上各地区的加盟运营商之间的滚动和交换循环，共同运营管理
5	相同数量托盘，相同运营时间的收益	较低	较高
6	盈利点的托盘投入的数量规模	较大	较小
7	盈亏平衡点规模	规模大	规模小
8	托盘产品技术特点	具有耐高温、阻燃、防静电、智能追踪、免维修、不变形的特点，满足不同场景的使用需求	木制、塑料等材质的普通托盘，没有智能追踪功能，不同的使用场景可能需要不同类型的托盘，易损坏、需维修
9	托盘监控管理和调度	由托盘租赁企业单独监控管理和调度	由 91 托盘平台统一监控管理和调度
10	服务模式	线下服务	线上和线下(O2O)服务结合
11	托盘用户对货物的管理难度	无托盘追踪技术，用户无法实时了解货物状态和轨迹	基于物联网的实时监控。内置智能芯片，实时定位、全程可视化监控托盘及货物在途状态。温度探测、震动统计、异常监控
12	托盘险	无	保险公司认证，全程为用户租用的托盘保驾护航并承保
13	物流企业的带托操作成本和包装费用	使用人工装卸，操作成本和包装费用高	有效保障货物运输安全，减少货损、货差，使用叉车装卸，包装费用低

在这里，我们不知道 91 托盘平台的创业者具体是怎么想的。但从创新思维的角度来分析，其构思过程中涉及了分解思维和重组思维两个步骤，也就是如模块三的分解思维和模块六的信息重组法。

我们假设 91 托盘平台的创业者是一位物流业外人士，企图进入物流行业创业。第一步就是要选择切入点。这就要对物流行业的整个业务链条各个环节、各项业务逐个分别去仔细考察，然后确定适合自己的托盘租赁作为创业初步目标，这就是分解思维的过程。用通俗的话来讲，就是"大处着眼、细处着手"，或者说"细节决定胜负"。当进一步研究时，或者创业者本人就是网络技术人士，或者看到了原有的托盘租赁的痛点问题，并构想到可以运用网络平台技术，沟通连接众多托盘租赁商和托盘用户的信息，以解决原来的单个租赁较难达到规模效应、且托盘空置率高的问题。这种连接就是把多个独立租赁商通过平台重组在一起。表 9-4 里罗列出来的两种经营方式对比就很容易全部显露出来了。

即便创业者原本是物流业内人士，着力提高效率以降低物流成本，同样要通过“大处着眼、小处着手”的分解思考过程，再寻找出连接各个租赁商的平台组合的解决方法。

任务 9.5 饮料配送中心的逆向分货

这个案例①是企业通过技术创新提高配送中心运作效率、降低劳动强度。

位于澳大利亚的可口可乐子公司阿玛提尔公司的配送中心安装了世界领先的订单履行系统。该配送中心采用了全新的“逆向分货”(negative-put)系统，平均每小时可完成拣选作业超过 1 400 次，创历史新高，极大地提升了配送中心的订单处理效率，为公司打造快速反应的供应链提供了技术保障。

作为世界领先的物流系统集成商，德马泰克基于大量实践经验发现，在配送中心每天完成的成千上万个订单中有很多可以同时处理的订单，由此产生了“逆向分货”理念，实现了高效拣选。该系统由功能强大的软件支持，通过一系列复杂的运算将订单重新排序，寻找出最多的被动拣选机会。该系统还集成了特殊设计的货到人拣选功能模块，即把货送到拣选员面前，让货品跟着订单走，而不是让订单循着货品走，同时按高效原则优化了各批次订单的处理顺序。最终，这套全新设计的“逆向分货”系统消除了拣选员不必要的走动，以及等待托盘来回传递所耽搁的时间，不仅大大提高了拣选作业效率，而且减轻了拣选员的工作负担。

“逆向分货”系统软件与配送中心仓库管理系统(WMS)相连，货物跟着订单移动直至订单处理完毕，再跟着下一个订单走或者被送回存货区。载货托盘和空托盘由叉车送到输送线上。一旦订单被启动，输送机将两个载货托盘(donor pallets)和两个分货托盘(put pallets)一起送到拣选员所在的工位。“逆向分货”系统发出指令后，拣选员根据屏幕上显示的操作指示，从第一个载货托盘上拣选出一定数量的货品放在第一个分货托盘上；也可以按订单需要，进一步从第一个载货托盘上拣选一定数量的货品放到第二个分货托盘上；还有可能继续在系统指导下，从第二个载货托盘上取出货物放在第一个以及第二个分货托盘上。

在上述过程中，“逆向分货”系统以最小的货品移动次数同时执行了 4 个订单处理。两个载货托盘里所剩的货品数量满足两个订单对此种货品的数量要求，而分货托盘里的货物也为另外两个订单的进一步拣选打好基础——该分货托盘所代表的两个订单中剩余的货品将由常规拣选方式完成。在复核时，检查拣选员是否拿取了正确数量的货物，如果准确无误，托盘由输送机送至发货站。

数据显示，混放托盘中约有 20%的货品无须搬动就已符合订单要求了。这大幅度提高了拣选效率和周转量，也使兼顾人机工程学和高效运作的货到人拣选方案大展拳脚。该配送中心约 70%的订单需要由“逆向分货”系统处理，其中约 35%的订单经过一次逆向拣选后就已经完成。

---

① 殷延海，张大成. 商贸物流创新案例分析[M]. 上海：立信会计出版社，2016.

【分析】通过分析订单，找出其中的规律，并提出了创新的优化方案，极大提高了订单处理效率，而且降低了拣货员的劳动强度。在此案例中，其构思过程主要运用了流程重组法、分解思维和逆向思维对拣货系统和作业方式进行革新。

1. 流程重组法和分解思维的运用

首先是对订单处理流程重组，打破了常规的"先下单先处理"的顺序，按高效原则优化了各批次订单的处理顺序，一次作业可同时执行 4 个订单处理。

其次是拣货流程重组。设计了"拣货员从载货托盘把货物拣选到分货托盘——从分货托盘拣选货物→常规拣选→复核→托盘输送到发货站"作业流程，以最小的货品移动次数同时执行了 4 个订单处理。

2. 逆向思维的运用

改进前：订单循着货品走，拣货员频繁走动到货架拣货，长时间等待托盘来回传递，拣货员劳动强度大。

改进后：设计了"货到人"拣选功能模块，把货送到拣选员面前，让货品跟着订单走，分货效率提高，拣货员劳动强度降低。

任务 9.6　物流周转箱 RFID 智能复核

在可的公司的冷链物流中，从集货完成到装车，中间还需完成一个周转箱复核的业务流程。周转箱复核的主要功能是检查门店集货位上的周转箱数量是否正确，是否有属于该门店的周转箱不在该门店的集货位上，而不属于该门店的周转箱却在该门店的集货位上。

该流程需要复核人员把所有的周转箱都扫描一次，如果哪个门店的周转箱数量较多的话，则复核所需时间就很长，有可能导致集货完成后，不能及时地装车出货。那么，如何才能提高周转箱复核的效率及准确性，并保证集货完成后及时装车呢？

9.6.1　问题简述

周转箱复核效率提高的瓶颈主要是由于条码技术原因造成的。识别条码时，必须将扫描器对准条码，且一次只能读一组条码。而无线射频识别技术（Radiofrequency Identification，RFID）却能克服条码应用中的上述缺陷。RFID 主要通过无线射频读取或写入 RFID 标签信息，因此，不仅读取距离可近可远，而且可同时识读大量的 RFID 标签。更为重要的是，RFID 可以穿透物体，识别置于物体内部的 RFID 标签。所以，相比条码而言，RFID 具有非常大的技术优势。

9.6.2　RFID 应用方案

基本的 RFID 系统由 RFID 标签（tag）、RFID 阅读器（reader）以及应用支撑软件三部分构成。在可的冷链物流应用中，周转箱识别的距离在 2 m 以内，数据存储容量的需求也不是太大，采用无源的 RFID 标签即可，这样可以节省成本。由于其仓库门的中间距离在 2 m 左右，且不需要穿透周转箱及各种商品，所以采用识读距离为 3～9 m 的超高频门形天线。

将经过不干胶封装方式处理的 RFID 标签贴在周转箱表面不易被撞击到的地方，以便使用 RFID 阅读器对其进行快速而准确的识别。考虑到周转箱在搬运过程中可能会撞击到贴放在表面的 RFID 标签，进而造成标签损毁，可以将 RFID 标签内嵌于周转箱内，因为 RFID 采用无线电波识读技术，可以透过周转箱读取内嵌的 RFID 标签数据。

可的冷链物流需要在短时间内将大量安放有 RFID 标签的周转箱快速、准确地识读。因此，实际应用时，采用阵列天线组（超高频）的方式以保证快速而准确的识读。当工作人员拉着一拖车周转箱通过时，系统自动将通过的 RFID 标签识读，并通过 RS485 网络实时传送到后台服务器处理。后台服务器接收到 RFID 信息后，把这些 RFID 所代表的周转箱信息及时地显示到电子看板上。工作人员只需看一下电子看板，确定一下扫描数量即可。如果发现扫描数量不对，工作人员需要把拖车重新通过一下，以便 RFID 再次被扫描到。如果有移动扫描的需求，比如校验周转箱的信息时，可通过手持式 RFID 数据终端识读。

通过 RFID 进行周转箱识别，最大优势就是可以一次性地把一笼车的周转箱信息读出，与一个一个地扫描条码相比，大大地节约了时间和人力成本。①

【分析】该案例讲的是把 RFID 技术应用于物流周转箱的复核，大大节约了时间和人工成本。下面对其中的创新进行分析。

(1)分解思维中“方法发散”和空间重组法中的“排列组合法”的运用。案例的焦点是“如何提高周转箱复核效率”。引起“复核效率低”这个问题的原因是使用了一维条码，导致识别条码时，必须将扫描器对准条码，且一次只能读一组条码。

可以把上述问题转化为“使用什么方法，提高复核效率”，这就要运用分解思维中的“方法发散”了。

那么就可以继续把上述问题转化为“能不能找到这样的解决方法：不需要扫描器对准条码，而且一次扫描多个(一批)周转箱。”

于是就从众多方案中逐个探讨技术、成本、效率等方面的可行性，最后决定采用的方案是：

①使用无源的 RFID 标签——降低成本；

②将 RFID 标签内嵌于周转箱内——避免标签被损坏；

③采用阵列天线组(超高频)的方式——保证快速而准确的识读；

④通过 RS485 网络实时传送到后台服务器处理——成本低廉，数字通信网络即使在长距离和大的电子噪声情况下也能有效地传输信号，批量识别周转箱；

⑤服务器将周转箱信息及时地显示到电子看板上——数据可视化，工作人员能快速确认周转箱数量。

(2)“信息变形法”中的“功能借鉴变形法”方法的运用。把通常用于通信中的无线电技术借鉴用于物流周转箱的信息识别和传输。首先，构思者有着不满足于现状，总想进一步改进工作，提高效率的责任心，本着强烈的“问题意识”，才能发现工作中不方便之处——面对众多周转箱的扫码识别复核工作过于庞大的工作量，把有超距离通信作用的无线电技术移植到这里使用。

---

① 殷延海，张大成. 商贸物流创新案例分析[M]. 上海：立信会计出版社，2016.

学习小结

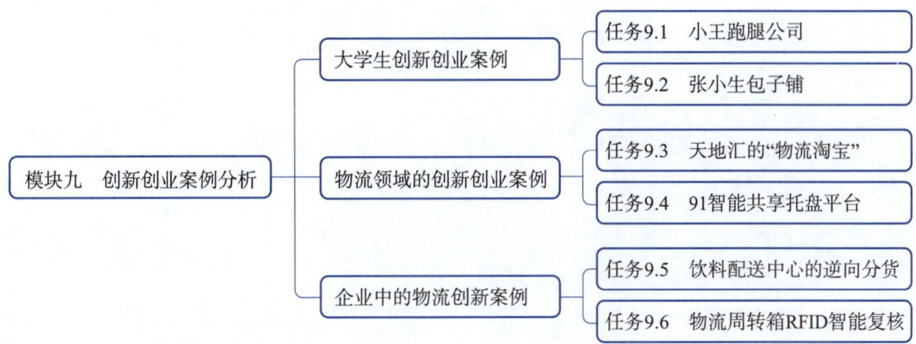

想一想

1. 从参考资料中找一个创业成功的案例，自己分析一下创业者成功的原因。

2. 从电视 CCTV-2 财经频道的“创业英雄汇”栏目上找三个成功的案例，分析他们得以成功所共有的因素和经验。

3. 从电视 CCTV-2 财经频道的“创业英雄汇”栏目上找一个融资失败的案例，分析其失败的原因。如果让你来做这个项目，你会怎么做呢？